從伽利略到尼采，歷史上那些改變科學與哲學面貌的關鍵人物

顛覆者

大師的足跡

Giant

17 世紀中葉至 19 世紀末

他們的貢獻不該被世人忘記｜他們的足跡不該被歲月抹去

解開宇宙奧祕的天文學家，到奠定現代物理學的科學家
到啟蒙時代的哲學思想家，61 位巨人開創現代科學的新紀元
大師如何以非凡才智，引領人類文明邁向一個又一個新高峰

陳志謙
陳樂濛
編著

目錄

目錄

目錄

目錄

後語

參考文獻

時間軸

序

　　我認識陳志謙教授雖然時間不長，但他身為理工科教授，對歷史的了解和分析之獨到早就讓我留下深刻印象。那是 2018 年 5 月在第一屆國際薄膜學會研討會上，志謙教授作為東道主和特邀嘉賓，他別開生面的歡迎詞，圖文並茂，把當地的前世今生、歷史人物講得栩栩如生，為來自幾個國家和地區的學者們上了一堂生動的歷史課。雖然有這個經歷作為鋪墊，當志謙教授發給我他這一本大作的時候，我還是驚訝不已。驚訝的原因有二：一是他的「不務正業」，一個理工科教授竟然在歷史、文學上也有如此多的看法；二是這本書從西元前 600 多年的古希臘「第一天才」泰利斯開始到 2013 年去世的兩次獲得諾貝爾化學獎的桑格，跨度之大，幾近 3,000 年。大師級歷史人物浩如煙海，從中篩選出「大師」加以描述，工程之浩大，難以想像。如今書成，實在不易。付印之際，首先送上我的祝賀。

　　這本書以一個科學家的眼光和角度對在人類文明史上做出過傑出貢獻的 230 位巨匠／大師做了介紹，長短不一，有的詳細一些，有的重點突出、細節略過。畢竟這不是人物傳記，這樣處理，重在「腳印」，緊扣主題。相關歷史重大事件和相關歷史人物分別附於不同的大師後面，更增加了本書的寬度與廣度。全書以時間為主線，人物描寫以貢獻為重點，不偏頗中外，文字樸實流暢，敘述中也有評論，讀來像故事又像科普。其間穿插的人物畫像、插圖很有價值，對人物事件的了解頗有裨益。

　　本書不僅適合青少年了解歷史了解人類文明史，對非歷史系的大學生、研究生，包括對成年人都不失為一本好書。書中的人名索引及時間軸是對讀者貼心的設計，方便迅速查詢、對比以及研究。

　　願讀者朋友們沿著大師們的足跡穿越 3,000 年時空，橫跨東西、縱及南北，享受一次人類文明史的饗宴。

國際薄膜學會會長、新加坡南洋理工大學終身教授

張善勇（Sam Zhang）

前言

在人類文明進化發展的數千年歷程裡，有這樣一群人，他們對科學的發展、文化的進步或思想的啟蒙有著強大的推動作用。在這裡，他們被稱為大師。

還有一些人，他們具有卓絕的想像力、創造力和「力比多」（原生覺悟），他們橫空出世，忽而在天空留下一抹驚豔。他們是天才。

大師往往天賦極高，很多大師是天才。天才的創造力和想像力與生俱來，是無法透過學習得來的。但天才不一定成得了大師。除去天賦外，大師往往受過苦難與挫折，最後戰勝困難，或開啟一個門派，或建立一門學科，或登上頂峰一覽眾山。而天才往往像雨後的彩虹一樣，美麗但短暫，曇花一現，受不了苦難甚至挫折。一旦遭遇苦難，大多夭折。

本書所描述的大師、巨匠或天才，只是那些為人類做出積極的、極大的貢獻，在某個或多個領域有重大創造，其作品、著作或研究成果對人類文明產生了重大而深遠的影響，改變了一個領域的整體面貌或者在科學領域掀起革命的歷史人物。

有的大師像路標，指引後人前進；有的像燈塔，照耀著文明進步的航道。本書無法敘述歷史長河中多如牛毛的巨星，只選擇了少數在思想、科學領域，特別是天文學、數學和物理學領域的大師或天才。

在這些大師或天才中，有的自成鼻祖，有的因為一個發現或發明照亮世界或挽救了無數人的生命；有的是少年成才，有的卻大器晚成；有

前言

的信手拈來便是發現，有的靠堅定、堅持、堅韌做出發明；有的低調嚴
謹，有的刻板孤僻；有的過得像花花公子，有的活得像苦行僧；有的衣
冠楚楚、儀表堂堂，有的相貌猥瑣、舉止扭捏；有的性情溫和、寬宏大
度，有的敏感多疑、尖酸刻薄；有的門庭顯赫、終生富有，有的家境貧
寒、遍嘗薄涼；有的慷慨大方，有的斤斤計較；有的好高騖遠，有的安
分守己；有的重道，有的專術……但他們都有一個共同之處，即他們都
在所處的時代甚至整個文明史上登峰造極、踏石留痕。有些巨人的足印
至今仍清晰可見，但隨著時間的流逝，也有一些巨人的足印已經模糊不
清。他們的貢獻不應該被世人忘記，他們的足跡不應該被歲月抹掉。我
們小心翼翼地把他們的足印拓下來，有的採下一步，有的載下一串，無
論多少，都值得珍藏。

　　這些大師、巨匠或天才，像一顆顆璀璨的珍珠，靜靜地躺在歷史長
河的沙灘上。我們小心地、一顆一顆地將它們撿起來，捧在手裡，卻總
要掉落。作者只好用一根繩子，永恆的時間的繩子，將它們串成一條珍
貴的項鍊。這樣，我們便可以把這串珍珠項鍊掛在脖子上，心滿意足地
帶走了。

　　作者的願望是使本書知識性、趣味性和探索性並存，力圖寫出大師
間的恩怨情仇，以及他們受時代和社會的影響。這也決定了它不會是讀
起來輕鬆，讀完後放鬆的一本書。在書中，描寫各位大師的篇幅不一，
長短不限。長的數千字，濃墨重彩；短的僅數百字，輕描淡寫。有的僅
按年序簡單地記錄大師們的生平，或貢獻，或聲音，或文字，有的卻盡
可能記述他們的時代以及彼此的關係和影響。眾多歷史事件或一些關聯
人物也盡可能附在最早出現的某位大師後面，如泰利斯後面附上學派和
古希臘七賢，希帕索斯後面附的是數學危機，王羲之後面附上顏真卿和

柳公權，桑格後面附的是人工合成牛胰島素等。書中人物眾多，記述的大師和天才共 230 多位，出現的有名有姓者達 600 多。早期（古希臘和古羅馬時期）的大師和天才，他們的生辰可能不會太準確，但不影響他們的順序。閱讀時不妨分成一些有關聯的人物群，如：①畢達哥拉斯、亞里斯多德、歐幾里得，②老子、孔子、莊子，③阿里斯塔克斯、喜帕恰斯、托勒密，④韓愈、劉禹錫、柳宗元，⑤歐陽脩、王安石、沈括、蘇東坡，⑥哥白尼、伽利略、克卜勒，⑦虎克、牛頓、萊布尼茲，⑧尤拉、高斯、柯西，⑨普朗克、愛因斯坦、勞厄，⑩薛丁格、德布羅意、桑格等。這樣可從看似散亂的眾多人物中提綱挈領，也可從任一時期的某位大師開始閱讀，不必拘泥前後順序。

　　作者想像的讀者可能是這樣的。在一個下著小雨的下午，讀者走進書店，有緣地從書架上抽出這本書。看著封底的介紹，感覺內容有點多，但不明就裡，想知道到底有些什麼內容，於是就買回了家。晚上開始閱讀，覺得還有點意思，但不像一些休閒書籍讀起來那麼輕鬆，於是放下了。過幾天後又想起本書，再次捧讀，被大師們的事蹟、言論或語錄所吸引。手不釋卷，讀兩千多年來文明路上的潮起潮落；含英咀華，看大師巨匠的沉浮人生與絕代風騷。

第四篇
黎明後的大師

篇首

　　自伽利略開始，科學進入了新時代。伽利略被譽為「現代觀測天文學之父」、「現代物理學之父」；伽利略的時代，人們爭相傳頌：哥倫布發現了新大陸，伽利略發現了「新宇宙」；霍金 (Hawking) 的評價是：「自然科學的誕生要歸功於伽利略，他這方面的功勞大概無人能及。」

　　自伽利略開始到 20 世紀，西方經過了上千年的徘徊等待後，科學文化思想界曙光隱現，天才魚貫而出；而亞洲在科技的黎明中悄悄等待。

90
伽利略（西元 1564 年－ 1642 年）

日心說的捍衛者，實驗科學的奠基人。

> 　　伽利略‧伽利萊 (Galileo Galilei)，西元 1564 年（明嘉靖
> 四十三年，甲子鼠年）生於義大利比薩，數學家、物理學家、天文
> 學家，科學革命的先驅。伽利略發明了擺針和溫度計，在科學上
> 為人類作出過重大貢獻，是近代實驗科學的奠基人之一。

　　歷史上他首先在科學實驗的基礎上融會貫通了數學、物理學和天文
學，擴大、加深並改變了人類對物質運動和宇宙的認識。伽利略從實驗
中總結出自由落體定律、慣性定律和伽利略相對性原理等。從而推翻了
亞里斯多德物理學的許多臆斷，奠定了經典力學的基礎，反駁了托勒密
的地心體系，有力地支持了哥白尼的日心學說。他以系統性的實驗和觀
察推翻了純屬思辨傳統的自然觀，開創了以實驗事實為根據並具有嚴密
邏輯體系的近代科學，因此被譽為「近代力學之父」、「現代科學之父」。
其工作為牛頓的理論體系的建立奠定了基礎。

　　伽利略倡導數學與實驗相結合的研究方法，這種研究方法是他在科
學上獲得偉大成就的泉源，也是他對近代科學的最重要貢獻。

　　伽利略認為經驗是知識的唯一泉源，主張用實驗─數學方法研究自
然規律，反對經院哲學的神祕思辨。他深信自然之書是用數學語言寫成

的，只有能歸結為數量特徵的形狀、大小和速度才是物體的客觀性質。

伽利略對 17 世紀的自然科學和世界觀的發展發揮了重大作用。從伽利略、牛頓開始的實驗科學，是近代自然科學的開始。

他發明並自製了天文望遠鏡，開始了人類利用儀器觀察天文的先河。他是利用望遠鏡觀察天體並獲得大量成果的第一人。

他利用望遠鏡觀察到天體周相等現象，駁斥了托勒密的地心體系，有力地支持了哥白尼的日心學說。

提出自由落體定律，用一個銅球從阻力很小的斜面上滾下，透過實驗證明了小球的運動是勻變速直線運動。

第一次提出了慣性的概念，提出了慣性和加速度的全新概念，為牛頓力學理論體系的建立奠定了基礎。

西元 1581 年伽利略在比薩大學學醫，但他感興趣的是數學、物理和儀器製造，以數學和物理見長，因善於辯論而聞名全校。

西元 1585 年因家貧退學，擔任家庭教師，仍奮力自學，專心研究古希臘的科學著作。他發明了測定合金成分的流體靜力學天平。

西元 1586 年寫出論文「天平」。這項成就引起全國學術界的注意，人們稱他為「當代的阿基米德」。

西元 1589 年寫了一篇論固體的重心的論文，獲得新的榮譽。比薩大學因此聘他擔任數學教授，時年僅 25 歲。講授幾何學和天文學。

此後，他的生活經歷了三個時期：在比薩大學任教 3 年（西元 1589 年－ 1591 年）；在帕多瓦大學任教 18 年（西元 1592 年－ 1610 年）；自西元 1610 年起，至西元 1642 年去世為止，移居佛羅倫斯，任托斯卡納大公（Ferdinando II de' Medici）的首席哲學家和數學家。他在力學上的貢

獻主要在前兩個時期，而天文學上的發現和對哥白尼學說的宣傳和發展則在第三個時期。

西元 1610 年初，他又將望遠鏡放大率提高到 30 多倍，用來觀察日月星辰，新發現甚多，如月球表面高低不平（親手繪製了第一幅月面圖），月球與其他行星所發的光都是太陽的反射光，木星有 4 顆衛星（現稱伽利略衛星），銀河原是無數發光體的總匯，土星有多變的橢圓外形等，開闢了天文學的新天地。是年 3 月，出版了《星際信使》(Sidereus Nuncius) 一書，震撼全歐。隨後又發現金星盈虧與大小變化，這對日心說是一強而有力的支持。

西元 1611 年他觀察到太陽黑子及其運動，對比黑子的運動規律和圓運動的投影原理，論證了太陽黑子是在太陽表面上。他還發現了太陽有自轉。

西元 1612 年 12 月，伽利略首度觀測並描繪出海王星。

西元 1613 年 1 月他又再次觀測，但因為觀測的位置在夜空中都靠近木星（在合的位置），這兩次機會伽利略都誤認海王星是一顆恆星。伽利略相信是恆星，而不相信自己的發現，是因為西元 1612 年 12 月第一次觀測的，海王星在留轉向退行的位置，因為剛開始退行時的運動還十分微小，以至於伽利略的小望遠鏡察覺不出位置的改變。由於伽利略的疏忽，導致第八大行星海王星晚了兩個世紀直到西元 1846 年才被發現。

西元 1632 年，他的《關於托勒密和哥白尼兩大世界體系的對話》(Dialogo sopra i due massimi sistemi del mondo) 出版。

西元 1633 年 6 月，他被迫雙膝跪地發誓，哥白尼的理論純粹是一派胡言亂語。他要「放棄、詛咒、痛恨」過去的種種錯誤，並保證以後永不宣傳和談到它，違犯了甘願受死。伽利略剛宣布完他的誓言，就大聲喊

道：「不論如何，地球在運動。」這說明伽利略並沒有放棄自己所堅持的學說。

西元 1634 年他的女兒先他而死，他更加孤獨和痛苦。

西元 1636 年，伽利略在監禁中偷偷地完成了他一生中另一部偉大的著作《論兩種新科學及其數學演化》(*Discorsi e dimostrazioni matematiche intorno a due nuove scienze*)。該書於 1638 年在荷蘭出版。這部偉大著作同樣是以三人對話的形式寫的。「第一天」是關於固體材料強度的問題，反駁了亞里斯多德關於落體的速度依賴於其重量的觀點；「第二天」是關於內聚作用的原因，討論了槓桿原理的證明及梁的強度問題；「第三天」討論了勻速運動和自然加速運動；「第四天」是關於拋射體運動的討論。這一鉅著從根本上否定了亞里斯多德的運動學說。

西元 1638 年以後，他雙目逐漸失明，晚景淒涼。

西元 1639 年夏，伽利略獲准接受聰慧好學的 18 歲年輕人維維亞尼 (Vincenzo Viviani) 為他的學生，並可在他身邊照料，這位年輕人使他非常滿意。西元 1641 年托里拆利 (Evangelista Torricelli) 被引薦給伽利略。他們和這位雙目失明的老科學家共同討論如何應用擺的等時性設計機械鐘，還討論過碰撞理論、月球的天平動、大氣壓下礦井水柱高度等問題，因此，直到臨終前他仍在從事科學研究。

91
克卜勒（西元 1571 年－ 1630 年）

在普通人眼裡，克卜勒還沒有都卜勒（Christian Doppler）出名。

> 約翰尼斯・克卜勒（Johannes Kepler），西元 1571 年（明隆慶五年，辛未羊年）生於德國符騰堡的威爾德斯達特鎮。傑出的天文學家、物理學家、數學家。

克卜勒就讀於圖賓根大學，西元 1588 年獲得學士學位，三年後獲得碩士學位。當時大多數科學家拒絕接受哥白尼的日心說。在圖賓根大學學習期間，他聽到對日心學說所作的合乎邏輯的闡述，很快就相信了這一學說。

當伽利略宣布發現木星有 4 顆衛星之後，克卜勒假設，火星一定有 2 顆，土星一定會有 8 顆，這樣才能維持太陽系從內向外衛星數目幾何級數的模式：地球 1 顆，火星 2 顆，木星 4 顆，土星 8 顆。現在我們知道，木星的衛星有 79 顆，土星的衛星有 82 顆。

西元 1596 年克卜勒在宇宙論方面發表了第一本重要的著作：《宇宙的奧祕》（*Mysterium cosmographicum*）。在其中他明確主張哥白尼體系，同時也因襲了畢達哥拉斯和柏拉圖用數來解釋宇宙構造的神祕主義理論。他在序言中指出：「我企圖去證明上帝在創造宇宙並且調節宇宙的次序時，看到了從畢達哥拉斯和柏拉圖時代起就為人們所熟知的五種正多

面體，上帝按照這形體安排了天體的數目、它們的比例和它們運動間的關係。」他認為土星、木星、火星、地球、金星和水星的軌道分別在大小不等的六個球的球面上，六球依次套切成正四面體、正六面體、正八面體、正十二面體和正二十面體，太陽居中心。這種假設儘管荒唐，但卻促使克卜勒去進一步尋找正確的宇宙構造理論。他把這本書分別寄給了一些科學名人。丹麥天文學家第谷雖不同意書中的日心說，卻十分佩服克卜勒的數學知識和創造天才。伽利略也把他引為探索真理的同仁。

但他責備伽利略，不敢公開承認日心說。西元 1597 年，伽利略回信說他還在尋找日心說的證據，克卜勒再回信說：「你擁有著如此卓越的頭腦，伽利萊，堅定你的信念，勇敢地站出來吧！」直到 13 年後，伽利略用自己發明的望遠鏡發現了木星的衛星，這是人們第一次看到，宇宙中存在著不圍繞地球旋轉的天體。伽利略認為證據充足了，便勇敢地站了出來。

此時第谷正在尋找數學才能高超的助手，分析他 20 多年累積的資料，證實他提出的「日心＋地不動」的宇宙模型，即行星圍繞太陽運轉，而太陽再繞地球運轉。這實際上是托勒密地心說的修正版。克卜勒得知第谷需要助手時，極想去這位偉大的天文學家手下工作，他希望利用第谷的資料驗證其多面體理論。於是克卜勒立即去信給第谷，談了自己的看法和設想。於是第谷邀請他去布拉格附近的天文臺給自己當助手，克卜勒立即接受了這一邀請。突如其來的機會讓他欣喜萬分。

這是一次「火星撞地球」的合作，這是科學史上第一次理論與實驗的合作，也是科學史上絕無僅有的合作。這次合作不僅成就了克卜勒，同時也成就了第谷，甚至還可以說成就了牛頓。

西元 1600 年 1 月克卜勒來到布拉格郊外的天文臺，作第谷的助手。

第谷是望遠鏡發明以前最後一位偉大的天文學家，也是世界上前所未有的最仔細、最準確的觀察家。他當時充任神聖羅馬帝國的皇家數學家，隨皇帝魯道夫二世住在布拉格。但最初克卜勒和第谷相處得不是很愉快，因為第谷對克卜勒有所保留，只透露了小部分資料。但是，第二年第谷去世了。臨死前，第谷對克卜勒寄予厚望，希望後者好好挖掘他耗盡畢生心血累積的資料，證明他的天文模型，不讓他一生努力白費。據說第谷還替自己寫了墓誌銘：He lived like a sage and died like a fool。

總之，克卜勒成了第谷的唯一學術繼承人。神聖羅馬皇帝魯道夫不情願地委任他為接替第谷的皇家數學家，臺長的薪俸和執行費都減半。但是，就這樣克卜勒得到了第谷全部的天文資料 —— 被稱為有史以來最準確的天象資料。

第谷的觀測紀錄到了克卜勒手中，竟發揮出意想不到的驚人作用，使克卜勒的工作變得嚴肅而有意義。他發現自己的得意傑作 —— 克卜勒宇宙模型，在分析第谷的觀測資料、制定行星運行表時毫無用處，不得不把它摒棄。不論是哥白尼體系、托勒密體系還是第谷體系，都認為行星作勻速圓周運動，但沒有一個能與第谷的精確觀測相符合。這使他決心查明理論與觀測不一致的原因，全力揭開行星運動之謎。為此，克卜勒決定把天體空間當做實際空間來研究，用觀測方式探求行星的「真實」軌道。於是他放棄了火星作勻速圓周運動的觀念，並試圖用別的幾何圖形來解釋。

西元 1609 年，經過多年的繁複計算和苦思冥想，他發現橢圓形完全適合這裡的要求，能作出同樣準確的解釋，於是得出了克卜勒第一定律：火星沿橢圓軌道繞太陽運行，太陽處於兩焦點之一的位置。發現第一定律，就是說行星沿橢圓軌道運動，需要有擺脫傳統觀念的智慧和毅力，

在此之前所有天文學家，包括哥白尼和伽利略在內都堅持古希臘亞里斯多德和畢達哥拉斯的天體是完美的物體，圓是完美的形狀，一切天體運動都是圓周運動的成見。哥白尼知道幾個圓併起來可以產生橢圓，但他從來沒有用橢圓形來描述天體的軌道。當時由於第谷觀測的精確和克卜勒的努力，終於使日心說向前推進了一大步。

克卜勒主要靠的是火星的資料。當時人們肉眼所見的 5 顆行星，火星是最難處理的。今天我們知道，原因在於它的軌道偏心率較大，為 0.0934，僅次於水星的 0.205。相比之下，地球的軌道偏心率是 0.0167（近似是個圓），而金星則只有 0.00677（幾乎就是圓）。

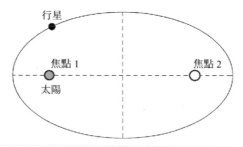

克卜勒第一定律

克卜勒第一定律：行星繞太陽運行的軌道是一個橢圓，太陽位於橢圓的一個焦點

從克卜勒對此運動性質的研究中，我們可以看到萬有引力定律已見雛形。克卜勒在萬有引力的證明中已經證到：如果行星的軌跡是圓形，則符合萬有引力定律；而如果軌道是橢圓形，克卜勒並未證明出來。牛頓後來用很複雜的微積分和幾何方法證出。

克卜勒建立他的第二定律[001]，也幾乎只靠了火星的資料。金星這樣的軌道太接近一個圓，即使第谷的資料也不夠分辨其為橢圓。而木星和土星的軌道週期太長，即使第谷也沒有足夠的資料。

---

(001)　真實情況是，西元 1602 年克卜勒發現第二定律；西元 1605 年發現第一定律。西元 1609 年出版的著作中根據邏輯關係將其顛倒過來。

接著克卜勒又發現火星運行速度是不均勻的，當它離太陽較近時運動得較快（近日點），離太陽遠時運動得較慢（遠日點），但從任何一點開始，向徑（太陽中心到行星中心的連線）在相等的時間所掃過的面積均相等。這就是克卜勒第二定律（面積定律）。這兩條定律發表在西元1609年出版的《新天文學》（*Astronomia nova*）（又名《論火星的運動》）中，該書還指出兩定律同樣適用於其他行星和月球的運動。

在這裡他繼續探索各行星軌道之間的幾何關係，經過長期繁雜的計算和無數次失敗，最後創立了行星運動的第三定律（週期定律）：行星繞太陽公轉運動的週期的平方與它們橢圓軌道的半長軸的立方成正比。這一結果表述在西元1619年出版的《世界的和諧》（*Harmonices Mundi*）中。

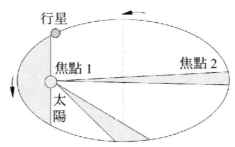

克卜勒第二定律
克卜勒第二定律：行星在軌道上移動的時間相同，
行星與太陽的連線移動前後掃過的扇形面積總是相等

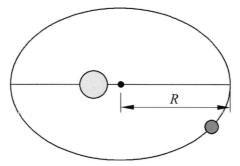

克卜勒第三定律
克卜勒第三定律：行星軌道半長軸的三次方與公轉週期的二次方的比值相等 $R^3/T^2 =$ 常數

　　克卜勒在獲得這一成就時喜不自禁地寫道：「……（這正是）我 16 年以前就強烈希望要探求的東西。我就是為這個而與第谷合作……現在我終於揭示出它的真相。了解到這一真理，這是超出我的最美好的期望。大事告成，書已寫出來了，可能當代就有人讀它，也可能後世才有人讀，甚至可能要等待一個世紀才有讀者，就像上帝等了六千年才有信奉者一樣。這我就管不著了。」他寫得多麼得意呀！

　　西元 1630 年 11 月 15 日，號稱「天空立法者」的一代科學天才，神聖羅馬帝國皇家數學家約翰尼斯‧克卜勒，拖著貧病交加的虛弱軀體，滿懷著被欠薪數月的憤怒與無助，不得不親自前往正在舉行帝國會議的雷根斯堡索取。到達那裡後他突然發熱，幾天以後在神聖羅馬帝國巴伐利亞公國雷根斯堡悲涼地病故，享年 59 歲。他被葬於拉提斯本的聖彼得教堂，後來三十年戰爭的狂潮蕩平了他的墳墓，但是他已證明的行星運行定律是一座比任何石碑都更為久佇長存的紀念碑。

　　克卜勒辜負了第谷。他沒有證實第谷的「日心＋地不動」模型，而是證實和發展了哥白尼模型。克卜勒又成就了第谷，沒有克卜勒的偉大貢獻，第谷的名字早已被遺忘。如今，第谷的名字已經緊緊和克卜勒三大定律相連在一起。克卜勒甚至還成就了牛頓。後來狂傲至極的牛頓，也不能不說自己是站在巨人的肩上。

　　克卜勒前的天文學，總是提出宇宙的整體模型。自克卜勒以後，天文學便研究天體運動的具體規律了。

92
哈維（西元 1578 年－ 1657 年）

發現了血液循環和心臟的功能。

> 威廉・哈維（William Harvey），西元 1578 年（明萬曆六年，戊寅虎年。李時珍撰寫成《本草綱目》）生於英國肯特郡福克斯通鎮。17 世紀著名的生理學家和醫生。他發現了血液循環和心臟的功能，其貢獻是劃時代的，他的工作象徵著新的生命科學的開始，屬於發端於 16 世紀的科學革命的一個重要組成部分。

哈維在坎特伯雷的著名私立學校受過嚴格的初等、中等教育，15 歲時進入劍橋大學學習了兩年與醫學相關的學科。

西元 1602 年，又在義大利帕多瓦大學 —— 當時歐洲最著名的高階科學學府，在著名的解剖學家指導下學習。哈維在此學習期間，不僅刻苦鑽研，積極實踐，被同學們譽為「小解剖家」，而且在解剖學家從事靜脈血管解剖和「靜脈瓣」的研究中，成了老師的得力助手。這一時期的學習和實踐，為哈維後來確立心血管運動的理論奠定了牢固的基礎（值得一提的是哈維就讀於帕多瓦大學時，伽利略正在那裡擔任教授）。此後不久，他又在英國的劍橋大學獲得醫學博士學位，其時年僅 24 歲。

西元 1603 年起，哈維開始在倫敦行醫，不久他與伊莉莎白女王的御醫的女兒結婚。哈維無兒無女。這樁婚姻對於哈維的事業大有幫助。

西元 1607 年，哈維被接受為皇家醫學院成員。

西元 1609 年，經國王詹姆士一世（James I）和皇家醫學院院長的推薦，哈維獲得了聖巴托羅繆醫院候補醫師的職位；當年夏天，醫院的威爾金森博士（Dr. Wilkinson）逝世，哈維彌補了他留下的空缺，開始獨立開診。

西元 1615 年，他被任命為盧姆雷恩講座的講師。同年 8 月，哈維被選為皇家醫學院盧姆雷恩講座的主講人。

西元 1616 年 4 月，哈維在騎士街聖保羅教堂附近的學堂中講學，第一次提出了關於血液循環的理論。講課的手稿用拉丁文寫成，至今仍收藏在大英博物館。在講學時，哈維採用比較的方法，透過解剖動物來說明人體解剖學。他由表及裡，由淺入深地描述了人體的皮膚、脂肪、表層肌肉、腹臟器官，並運用生動的比喻來加深聽講者的印象。在描述胸腔和胸部器官時，哈維以很大的篇幅，論述了心臟的結構、心臟的運動及心臟和靜脈中瓣膜的功能。他明確指出：血液不斷流動的動力，源自於心肌的收縮壓。

哈維的名氣越來越大，法蘭西斯·培根（Francis Bacon）和阿朗得爾伯爵都來請他看病。

西元 1618 年後，哈維受委任，擔任王室御醫，先後為詹姆士一世（西元 1603 年－ 1625 年在位）和查理一世（Charles I，西元 1625 年－ 1649 年在位）服務，但他仍堅持每年都參加盧姆雷恩講學。

西元 1630 年，哈維奉國王之命，陪同倫諾克斯公爵（Duke of Lennox）訪問歐洲大陸，遍遊巴黎、布洛瓦、索姆耳、波爾多和威尼斯等地，並到過西班牙。

西元 1636 年，他又陪同阿朗得爾伯爵出使德國，再次訪問歐洲大陸。

西元 1640 年，英國資產階級革命爆發，哈維因其王室御醫的特別身分，隨同國王流亡在外。

西元 1642 年－1646 年，哈維隨王室在牛津度過了幾年流亡生活。在這裡，他曾受命擔任麥爾頓學院的院長（西元 1645 年），但他更多的時間是從事生理解剖學的研究。他常常訪問神學學士喬治·巴塞爾斯特，兩人一同觀察母雞的生殖和雞雛的發育，累積了大量的實驗紀錄和觀察筆記，這就是他後來發表的〈動物的生殖〉（*De Generatione*）一文的雛形。

西元 1646 年，牛津被革命軍攻占，哈維回到倫敦。他辭去所有的職務後隱居。

西元 1649 年，英國內戰結束後，查理一世被絞死，哈維因為一直忠於查理一世而被處以罰金 200 英鎊，並被禁止進入倫敦城。

西元 1650 年，哈維的朋友和學生恩特博士（西元 1604 年－1689 年），在哈維的弟弟家中見到了哈維。當時，哈維已 72 歲高齡，仍在興致勃勃地從事研究工作。

西元 1651 年，他祕密捐款為醫學院建造了一座圖書館，但這個祕密很快就為眾人所知。這座以哈維的名義修建起來的宏偉的羅馬式建築，於西元 1654 年竣工正式移交使用。

西元 1656 年他決定把自己在肯特郡的世襲產業捐給皇家醫學院，作為圖書館工作人員的開支和鼓勵科學研究。

哈維在晚年常受痛風病的折磨，時常用涼水浸腳以減輕疾病的痛苦。他始終保持著旺盛的思考活動。

西元 1657 年 6 月 3 日，哈維突患中風，雖然失去說話能力，但他神志清醒，並能請人把自己的姪兒們請來，向他們餽贈遺物。就在這天晚間，哈維與世長辭。在哈維親筆寫的遺囑中，把幾十年來累積的書籍和

文獻資料全部捐獻給醫學院圖書館。全體工作人員都參加了哈維的送葬
隊伍，把哈維的遺體送到埃塞克斯郡漢普斯特德哈維家的墓地。這位醫
學史上的偉人，安詳地躺在鉛皮裹著的棺材中。

　　西元 1883 年聖路加節，皇家醫學院院長親自主持了哈維的遷葬儀
式。醫學院同事們把鉛棺放在大理石棺柩中，重新裝殮了哈維的遺體，
將其安放在漢普斯特德大教堂的哈維紀念堂中。

93
徐霞客（西元 1587 年－ 1641 年）

今天，許多人都想做徐霞客。

> 徐霞客，名弘祖，字振之，號霞客，西元 1587 年（明萬曆
> 十五年，丁亥豬年）出生於江陰。明代地理學家、旅行家和文學
> 家，他經 30 年考察撰成的 60 萬字地理名著《徐霞客遊記》，被稱
> 為「千古奇書」。

徐霞客一生志在四方，足跡遍及中國今 21 個省、市、自治區，「達
人所之未達，探人所之未知」，所到之處，探幽尋祕，並記有遊記，記錄
觀察到的各種現象、人文、地理、動植物等狀況。

徐霞客對中國許多河流的水道源進行了探索，如廣西的左右江，湘
江支流瀟、彬二水，雲南南北二盤江以及長江等，其中以長江最為深
入。長江的發源地在哪裡，很長時間都是個謎。戰國時期的一部地理
書《禹貢》中有「岷江導江」的說法，後來的書都沿用這一說法。徐霞客
對此產生了懷疑。他帶著這個疑問「北歷三秦，南極五嶺，西出石門金
沙」，查出金沙江發源於崑崙山南麓，比岷江長一千多里（1 里＝ 500 公
尺），於是斷定金沙江才是長江源頭。在他以後很長時間內也沒有人找
到，直到 1978 年，派出考察隊才確認長江的正源是唐古拉山的主峰格拉
丹冬的沱沱河。

　　徐霞客透過親身的考察，以無可辯駁的史實材料，論證了金沙江是長江的正確源頭，否定了被人們奉為經典的《禹貢》中關於「岷山導江」的說法。同時，他還辨明了左江、右江、大盈江、瀾滄江等許多水道的源流，糾正了《大明一統志》中關於這些水道記載的混亂和錯誤。他認真地觀察河水流經地帶的地形情況，看到了水流對所經地帶的侵蝕作用，並了解到在河岸凹處的侵蝕作用特別厲害。他還注意到植物與環境的關係，觀察在不同的地形、氣溫、風速條件下，植物生態和種屬的不同情況，了解到海拔高度和地球緯度對氣候和生態的影響。對溫泉、地下水等，徐霞客也都有一定的科學認識。

　　徐霞客還是世界上對石灰岩地貌進行科學考察的先驅。徐霞客在湖南、廣西、貴州和雲南都作了詳細的考察，對各地不同的石灰岩地貌作了詳細的描述、記載和研究。他還考察了一百多個石灰岩洞。對桂林七星岩 15 個洞口的記載，與今天地理研究人員的實地勘測，結果大體相符。徐霞客去世後的一百多年，歐洲人才開始考察石灰岩地貌，徐霞客稱得上是世界最早的石灰岩地貌學者。他指出，岩洞是由於流水的侵蝕造成的，石鐘乳則是由於石灰岩溶於水，從石灰岩中滴下的水蒸發後，石灰岩凝聚而成鐘乳石，呈現出各種奇妙的形狀。這些見解，大部分符合現代科學的原理。徐霞客在地理科學上的貢獻很多，對火山、溫泉等地熱現象也都有考察研究，對氣候的變化，對植物因地勢高低不同而變化等自然現象，都作了認真的描述和考察。此外，他對農業、手工業、交通狀況，對各地的名勝古蹟演變和少數民族的風土人情，也都有生動的描述和記載。

　　徐霞客不僅對地理學有重大貢獻，而且在文學領域也有很深的造詣。他寫的遊記，既是地理學上珍貴的文獻，也是筆法精湛的遊記文

學。他的遊記，與他描繪的大自然一樣質樸而綺麗，有人稱讚它是「世間真文字，大文字，奇文字」。

徐霞客經 30 多年旅行，寫有天臺山、雁蕩山、黃山、廬山等名山遊記 17 篇和《浙遊日記》、《江右遊日記》、《楚遊日記》、《粵西遊日記》、《黔遊日記》、《滇遊日記》等著作，除佚散者外，遺有 60 餘萬字遊記資料，在去世後由他人整理成《徐霞客遊記》。

徐霞客不僅是中國的，也是世界的。徐霞客在國際上也具有不同凡響的影響力。《徐霞客遊記》被學術界列為中國最有影響力的 20 部著作之一，除中國與臺灣外，現在美國、日本、新加坡等都建立了徐霞客研究會。徐霞客與 13 世紀西方大旅行家馬可‧波羅有著許多相似之處，分別被推尊為「東、西方遊聖」。

94
宋應星（西元 1587 年－ 1666 年）

《天工開物》被譽為「中國 17 世紀的工藝百科全書」。

> 　　宋應星，字長庚，西元 1587 年（明萬曆十五年，丁亥豬年）出生於江西奉新。宋應星一生致力於對農業和手工業生產的科學考察和研究，收集了豐富的科學資料；同時思想上的超前意識使他成為對封建主義和中世紀學術傳統持批判態度的思想家。

　　宋應星的著作和研究領域涉及自然科學及人文科學等不同學科，而其中最傑出的作品《天工開物》被譽為「中國 17 世紀的工藝百科全書」。

　　西元 1635 年（明崇禎八年），宋應星任江西省袁州府分宜縣學教諭，教授生員，屬未入流的教職人員。該年其兄宋應升調任廣東肇慶府恩平縣令，因有政績，被誥封為文林郎。宋應星在分宜縣任教 4 年，這是他一生中的重要階段，因為其主要著作都發表在此期間。

　　西元 1638 年（明崇禎十一年），宋應星在分宜任期滿，考列優等，旋升任福建汀州府推官（正八品），為省觀察使下的屬官，掌管一府刑獄，俗稱刑廳，亦稱司理。

　　西元 1640 年（明崇禎十三年），宋應星任期木滿，辭官歸里。

　　西元 1643 年（明崇禎十六年），又出任南直隸鳳陽府亳州知州（正五品），然此時已值明亡前夕。宋應星赴任後，州內因戰亂破壞，連升堂處

所都沒有，官員多出走。他幾經努力重建，使之初具規模，又捐資在城內建立書院。

西元 1644 年（明崇禎十七年）初，宋應星辭官返回奉新。當年三月，李自成大軍攻占京師，明亡。四月，清兵入關，建都北京，宋應星成為亡國之民。五月，福王在南京建立南明政權。

西元 1645 年（南明弘光元年），宋應星被薦授滁和兵巡道及南瑞兵巡道（是介於省及府州之間的地區長官），但宋應星均辭而不就。明亡前，宋應升已升任廣州知府，明亡後亦無意戀官，遂掛冠歸里。

西元 1646 年（南明隆武二年），哥哥宋應升服毒殉國。清朝建立後，宋應星一直過著隱居生活，在貧困中度過晚年，拒絕出仕。

西元 1666 年（南明永曆二十年），宋應星去世，享年 79 歲。

《天工開物》記載了明朝中葉以前中國古代的各項技術。

全書分為上、中、下三卷 18 篇，並附有 123 幅插圖，描繪了 130 多項生產技術和工具的名稱、形狀、工序。書名取自《尚書．皋陶謨》「天工人其代之」及《易．繫辭》「開物成務」，作者說是「蓋人巧造成異物也」（五金）。全書按「貴五穀而賤金玉之義」（序）分為乃粒（穀物）、乃服（紡織）、彰施（染色）、粹精（穀物加工）、作鹹（製鹽）、甘嗜（食糖）、膏液（食油）、陶埏（陶瓷）、冶鑄、舟車、錘煅、燔石（煤石燒製）、殺青（造紙）、五金、佳兵（兵器）、丹青（礦物顏料）、麴糵（酒麴）和珠玉。

《天工開物》全書詳細敘述了各種農作物和手工業原料的種類、產地、生產技術和工藝裝備，以及一些生產組織經驗。上卷記載了穀物豆麻的栽培和加工方法，蠶絲棉薴的紡織和染色技術，以及製鹽、製糖工藝。中卷內容包括磚瓦、陶瓷的製作，車船的建造，金屬的鑄鍛，煤

炭、石灰、硫黃、白礬的開採和燒製，以及榨油、造紙方法等。下卷記述了金屬礦物的開採和冶煉，兵器的製造，顏料、酒麴的生產，以及珠玉的採集加工等。

《天工開物》中展現了中國古代物理知識，如在提水工具（筒車、水灘、風車）、船舵、灌鋼、泥型鑄釜、失蠟鑄造、排除煤礦瓦斯方法、鹽井中的吸鹵器（唧筒）、熔融、提取法等涉及了力學、熱學等物理知識。

《天工開物》中記錄了農民培育水稻、大麥等新品種的事例，研究了土壤、氣候、栽培方法對作物品種變化的影響，又注意到不同品種蠶蛾雜交引起變異的情況，說明透過人為的努力，可以改變動植物的品種特性，得出了「土脈歷時代而異，種性隨水土而分」的科學見解。

《天工開物》也在一定程度上反映了西學，如「凡焊鐵之法，西洋諸國別有奇藥。中華小焊用白銅末，大焊則竭力揮錘而強合之，歷歲之久終不可堅。故大砲西番有鍛成者，中國唯恃冶鑄也。」在五金篇中，宋應星是世界上第一個科學地論述鋅和銅鋅合金（黃銅）的科學家。他明確指出，鋅是一種新金屬，並且首次記載了它的冶煉方法。這是中國古代金屬冶煉史上的重要成就之一，使中國在很長一段時間裡成為世界上唯一能大規模煉鋅的國家。宋應星記載的用金屬鋅代替鋅化合物（爐甘石）煉製黃銅的方法，是人類歷史上用銅和鋅兩種金屬直接熔融而得黃銅的最早紀錄。總結提出的煉鐵與炒鐵爐的串連使用，直接把生鐵炒成熟鐵，具有現代冶金技術的重要特色。

《天工開物》詳細記述了家蠶新品種的培育過程：將黃繭蠶與白繭蠶雜交，培育山褐繭蠶，將「早雄」和「晚雌」雜交，培育出「嘉種」。歐洲是在 200 年後才有同類紀錄。

《天工開物》所述活塞式鼓風技術，較歐洲皮囊式鼓風裝置更為先

進。響銅合金、響器成型、鐵錨鍛造、鋼針拉製以及「生鐵淋口」等特殊化學熱處理工藝和金屬複合材料技術，亦為世界最早的明確記載。在現代，其基本原理仍然適用。

在機械動力學方面，《天工開物》記載了中國在機械動力方面的許多發明創造，如紡織花布用的花機。粹精中介紹中國漢代發明的水碓裝置，把動力機、傳動機和工作機三部分連在一起，比英國試用一個水輪帶動兩盤磨要早 1,000 多年。作鹹中的頓鑽打井技術，比俄國鑽井技術早 300 多年。

《天工開物》中的內容首先在 17 世紀逐漸傳到日本。西元 1694 年，日本本草學家見原益軒（西元 1630 年－ 1714 年）在《花譜》和西元 1704 年成書的《菜譜》二書的參考書目中均列了《天工開物》，這是日本提到《天工開物》最早的文字記載。西元 1771 年，日本書商柏原屋佐兵衛（即菅王堂主人）發行了刻本《天工開物》。這是《天工開物》在日本的第一個翻刻本，也是第一個外國刻本。實學派學者佐藤信淵依據宋應星的天工開物思想提出富國濟民的「開物之學」。

18 世紀至 20 世紀《天工開物》在歐美一些國家傳播，在法、英、德、義、俄等歐洲國家和美國大圖書館都藏有此書不同時期的中文版本。其中巴黎皇家文庫（今法國國家圖書館前身）在 18 世紀入藏明版《天工開物》。西元 1830 年法蘭西學院漢學家儒蓮（Stanislas Aignan Julien）將丹青章論銀硃部分譯成法文，是此書譯成西文之始。西元 1832 年轉譯成英文，刊於印度《孟加拉亞洲學會學報》。西元 1833 年儒蓮將此書製墨及銅合金部分譯文發表於法國權威刊物《化學年鑑》及《科學院院報》，後又譯成英文和德文。

18 世紀後半葉，乾隆設四庫館修《四庫全書》時，發現《天工開物》

中有「北虜」、「東北夷」等反清字樣。並在江西進獻的書籍中，發現宋應星之兄宋應升的《方玉堂全集》、宋應星友人陳弘緒等人的一些著作具有反清思想，因此《天工開物》沒有收入《四庫全書》。乾隆末期至嘉慶、道光年後，有逐漸解禁的趨勢，於是公開引用《天工開物》的清人著作才逐漸增多。

95
笛卡兒（西元 1596 年 - 1650 年）

我思故我在。

> 勒內 · 笛卡兒（René Descartes），西元 1596 年（明萬曆二十四年，丙申猴年。李時珍的《本草綱目》首次出版發行）出生於法國安德爾 - 盧瓦爾省的都蘭拉海（現改名為笛卡兒以紀念），逝世於瑞典斯德哥爾摩。笛卡兒是法國著名的哲學家、物理學家、數學家、神學家。

他對現代數學的發展作出了重要貢獻，因將幾何座標體系公式化而被認為是解析幾何之父。他與英國哲學家法蘭西斯 · 培根一同開啟了近代西方哲學的「認識論」轉向。

笛卡兒是二元論的代表，留下了名言「我思故我在」，提出了「普遍懷疑」的主張，是歐洲近代哲學的奠基人之一，黑格爾稱他為「近代哲學之父」。

他的哲學思想深深影響了之後的幾代歐洲人，開拓了所謂「歐陸理性主義」哲學。笛卡兒自成體系，融唯物主義與唯心主義於一體，在哲學史上產生了深遠的影響，同時，他又是一位勇於探索的科學家，他所建立的解析幾何在數學史上具有劃時代的意義。

笛卡兒堪稱 17 世紀歐洲哲學界和科學界最有影響的巨匠之一，被譽

為「近代科學的始祖」。他創立了著名的平面直角座標系。

　　幼時父親希望笛卡兒將來能夠成為一名神學家，於是在笛卡兒 8 歲時將其送入歐洲最有名的貴族學校 —— 位於拉弗萊什的耶穌會的皇家大亨利學院學習。校方為照顧身體孱弱的他，特許他不必受校規的約束，早晨不必到學校上課，可以在床上讀書。因此，他從小養成了喜歡安靜，善於思考的習慣。他在該校學習 8 年，接受了傳統的文化教育，學習了古典文學、歷史、神學、哲學、法學、醫學、數學及其他自然科學。他學習到了數學和物理學，包括伽利略的工作。但他對所學的東西頗感失望，因為在他看來教科書中那些微妙的論證，其實不過是模稜兩可甚至前後矛盾的理論，只能使他頓生懷疑而無從得到確鑿的知識，唯一能給他安慰的是數學。

　　畢業後，他遵從父親希望他成為律師的願望，進入普瓦捷大學學習法律與醫學，對各種知識特別是數學深感興趣。畢業後笛卡兒一直對職業選擇猶豫不定，於是決心遊歷歐洲各地，專心尋求「世界這本大書」中的智慧。

　　笛卡兒對幾何學與物理學的興趣，是在荷蘭當兵期間產生的。

　　西元 1618 年，笛卡兒加入荷蘭拿索的毛里茨（Maurits van Nassau）的軍隊。但是荷蘭和西班牙之間簽訂了停戰協定，於是笛卡兒利用這段空閒時間學習數學。在軍隊服役和周遊歐洲期間他繼續注意收集各種知識，對遇見的種種事物注意思考。在笛卡兒的時代，拉丁文是學者的語言。他也照當時的習慣，在他的著作上簽上他的拉丁化的名字 ——Renatus Cartesius。正因如此，由他首創的笛卡兒座標系也稱卡提修座標系。

　　西元 1618 年 11 月，他偶然在路旁公告欄上看到用佛萊芒語提出的

數學問題徵答。這引起了他的興趣，並且請身旁的人將他不懂的佛萊芒語翻譯成拉丁語。這位身旁的人就是大他 8 歲的比克曼 (Isaac Beeckman)。比克曼在數學和物理學方面有很高的造詣，很快成為了他的導師。4 個月後，他寫信給比克曼：「你是將我從冷漠中喚醒的人……」，並且告訴他，自己在數學上有了 4 個重大發現。

西元 1628 年笛卡兒移居荷蘭，在那裡住了 20 多年。在此期間，笛卡兒對哲學、數學、天文學、物理學、化學和生理學等領域進行了深入的研究，且致力於哲學研究，發表了多部重要的文集，並透過數學家梅森神父 (Mersenne，西元 1588 年 1648 年) 與歐洲主要學者保持密切聯絡。

他的主要著作幾乎都是在荷蘭完成的。

西元 1628 年，寫出《指導心智的規則》(*Rules for the Direction of the Mind*)。

西元 1634 年完成了以哥白尼學說為基礎的《論世界》(*The World*)。書中總結了他在哲學、數學和許多自然科學問題上的看法。

西元 1637 年，用法文寫成三篇論文「屈光學」、「氣象學」和「幾何學」，並為此寫了一篇序言「科學中正確運用理性和追求真理的方法論」，哲學史上簡稱為《談談方法》(*Discours de la méthode*)。

西元 1641 年，寫成《形上學的沉思》(*Méditations métaphysiques*)。西元 1644 年，寫成《哲學原理》(*Principia Philosophiae*)。

就此笛卡兒成為歐洲最有影響力的哲學家之一。

西元 1650 年 2 月去世，享年 54 歲。由於教會的阻止，僅有幾個友人為其送葬。

　　西元 1663 年他的著作在羅馬和巴黎被列入梵蒂岡教宗頒布的禁書目錄之中。但是，他的思想的傳播並未因此而受阻，笛卡兒成為 17 世紀及其以後對歐洲哲學界和科學家最有影響的巨匠之一。

　　西元 1740 年，巴黎才解除了禁令，那是為了對當時在法國流行起來的牛頓世界體系提供一個替代的東西。

　　西元 1789 年法國大革命後，笛卡兒的骨灰和遺物被送進法國歷史博物館。

　　西元 1819 年，其骨灰被移入聖日耳曼德佩教堂中。

　　他的哲學與數學思想對歷史的影響是深遠的。人們在他的墓碑上刻下了這樣一句話：「笛卡兒，歐洲文藝復興以來，第一個為人類爭取並保證理性權利的人。」

　　笛卡兒與牛頓、萊布尼茲一樣，終身未婚，沒有享受到家庭生活所帶來的快樂。他有一私生女，但不幸夭折，為其終生憾事。

　　他的名言「我思故我在」經常被錯誤地解釋為一個人存在是因為他思考，其實他的意思是：正在思考這個行為是唯一存在的真實情況。

96
費馬（西元 1601 年－ 1665 年）

費馬的定理自己不證明，卻吸引了無數後人來證明。

> 皮埃爾·德·費馬（Pierre de Fermat），西元 1601 年（明萬曆二十九年，辛丑牛年）生於法國，法國律師和業餘數學家。300 年來，費馬的名字一直和費馬大定理緊緊相連在一起。

他在數學上的成就不比職業數學家差，他似乎對數論最有興趣，亦對現代微積分的建立有所貢獻。其被認為是 17 世紀最偉大的數學家，同時被譽為「業餘數學家之王」。在數論方面做了很多工作，提出了引起很多數學家與挑戰者注意的費馬大定理（他聲稱已經證明了該定理，不過它的證據從未被發現）。也創立了後來被發現不一定是質數的「費馬數」，但高斯對費馬大定理不感興趣。

費馬獨立於笛卡兒發現了解析幾何的基本原理。笛卡兒是從一個軌跡來尋找它的方程式，而費馬則是從方程式出發來研究軌跡的，這正是解析幾何基本原則的兩個相對的方面。在西元 1643 年的一封信裡，費馬也談到了他的解析幾何思想。他談到了柱面、橢圓拋物面、雙葉雙曲面和橢球面，指出：含有三個未知量的方程式表示一個曲面，並對此做了進一步研究。

16、17 世紀，微積分是繼解析幾何之後最璀璨的明珠。人所共知，

牛頓和萊布尼茲是微積分的締造者，並且在其之前，至少有數十位科學家為微積分的發明做了奠基性的工作。但在諸多先驅者當中，費馬仍然值得一提。費馬建立了求切線、求極大值和極小值以及定積分方法，對微積分作出了重大貢獻。

　　17 世紀初，歐洲流傳著西元 3 世紀古希臘數學家丟番圖所寫的《算術》一書。西元 1621 年費馬在巴黎買到此書，他利用業餘時間對書中的不定方程式進行了深入研究。費馬將不定方程式的研究限制在整數範圍內，從而開創了數論這門數學分支。

▎費馬大定理

　　西元 1637 年左右，法國的圖盧茲，每當夜幕降臨，安靜的小鎮裡只剩下一盞昏暗的蠟燭。閱讀數學是費馬的習慣。費馬在閱讀丟番圖《算術》的拉丁文譯本時，曾在第 11 卷第 8 命題旁寫道：「將一個立方數分成兩個立方數之和，或一個四次冪分成兩個四次冪之和，或者一般地，將一個高於二次的冪分成兩個同次冪之和，這是不可能的。關於此，我確信已發現了一種美妙的證法，可惜這裡空白的地方太小，寫不下。」這就是費馬大定理，表達成數學語言就是當 $n > 2$ 是整數，則方程 $x^n + y^n = z^n$ 沒有滿足 x，y，$z \neq 0$ 的整數解。正如數學家安德烈・韋伊（André Weil，1906 年－ 1998 年）曾寫下的那樣：「他怎能料到，筆落之處，抒寫的便是永恆！」

　　不管費馬是否真的證明了，但他的猜想對數學貢獻良多，由此激發了許多數學家對這一猜想的興趣。數學家們的相關工作豐富了數論的內容，推動了數論的發展。自從費馬大定理提出以來，以其優美的形式和神祕的內涵吸引了無數專業或業餘的數學家。有的投入畢生精力卻仍然

不能最後證明。

1908 年，哥廷根皇家科學協會公布保羅·沃爾夫斯凱爾（Paul Wolf-skehl，西元 1856 年－1908 年）獎：凡在 2007 年 9 月 13 日前（在他逝世後 100 年內）解決費馬大定理者將獲得 10 萬馬克獎勵。

從此世界每年都會有成千上萬人宣稱證明了費馬大定理。但全部都是錯的，一些數學權威機構，不得不預寫證明否定書。

最終這個不定方程式由英國數學家懷爾斯（Andrew John Wiles）所證明，證明的過程是相當艱辛的。1995 年，他把證明過程發表在《數學年刊》第 141 卷上，證明過程包括兩篇文章，共 130 頁，占滿了全卷，題目分別為 Modular elliptic curves and Fermat's Last Theorem（「模形橢圓曲線和費馬大定理」）以及 Ring-theoretic properties of certain Hecke algebras（「某些赫克代數的環理論性質」）。

費馬大定理是史上最精彩的一個數學謎題，證明過程就是一部數學史。費馬大定理起源於 300 多年前，挑戰人類 3 個世紀，多次震驚全世界，耗盡人類眾多最傑出大腦的精力，也讓千千萬萬業餘者痴迷。

回顧一下：

西元 1637 年，費馬在書本空白處提出費馬猜想。

西元 1770 年，尤拉證明 $n = 3$ 時定理成立

西元 1823 年，勒壤得（Adrien-Marie Legendre）證明 $n = 5$ 時定理成立。

西元 1832 年，狄利克雷（Johann Peter Gustav Lejeune Dirichlet）試圖證明 $n = 7$ 時失敗，但證明了 $n = 14$ 時定理成立。

西元 1839 年，拉梅（Gabriel Lamé）證明 $n = 7$ 時定理成立。

西元 1850 年，庫默爾（Ernst Eduard Kummer）證明 $2 < n < 100$ 時除 37、59、67 三數外定理成立。

1955 年，范迪維爾（Vandiver）以電腦計算證明 $2 < n < 4002$ 時定理成立。

1976 年，瓦格斯塔夫（Wagstaff）以電腦計算證明 $2 < n < 125000$ 時定理成立。

1985 年，羅瑟以電腦計算證明 $2 < n < 41000000$ 時定理成立。

1987 年，格朗維爾以電腦計算證明了 $2 < n < 10^{1800000}$ 時定理成立。

1994 年，懷爾斯證明 $n > 2$ 時定理成立。

評論：350 年全人類的智商接力，只因他留下的那個「證明：略」。

費馬自己真的證明了嗎？答案是肯定的：「沒有」。韋伊認為：可以肯定的是，費馬做出了 $n = 4$ 的證明，或許相信他能找到一個類似尤拉在 $n = 3$ 時的證明。但從 $n = 5$ 開始，這一問題就發生了意義重大的改變。要做出 $n = 5$ 的證明，需要有 19 世紀複數與代數數域的方法，寫下那段話時，可能費馬心中更多的是直覺。

費馬一生身體健康，只是在西元 1652 年的瘟疫中險些喪命。西元 1665 年元旦一過，費馬感到身體有變，因此於 1 月 10 日停職。三天後，費馬去世。費馬被安葬在卡斯特雷斯公墓，後來改葬在圖盧茲的家族墓地中。

費馬一生從未受過專門的數學教育，數學研究也不過是業餘愛好。然而，在 17 世紀的法國還找不到哪位數學家可以與之匹敵：他是解析幾何的發明者之一；對於微積分誕生的貢獻僅次於牛頓和萊布尼茲，他還是機率論的主要創始人，以及獨撐 17 世紀數論天地的人。

2011 年 8 月 17 日，Google 塗鴉又更新了，這次的較有意思，塗鴉上寫著：「我發現了一個美妙的關於這個定理的證法，可惜這裡地方太小，寫不下。」這次 Google 是為了紀念業餘數學家之王費馬誕辰 410 週年。

97
托里拆利（西元 1608 年－ 1647 年）

伽利略最後的學生。

埃萬傑利斯塔·托里拆利（Evangelista Torricelli），義大利物理學家、數學家。西元 1608 年（明萬曆三十六年，戊申猴年）生於法恩扎，西元 1647 年卒於佛羅倫斯。以提出托里拆利定理和發明氣壓計而聞名。托里拆利是伽利略的學生和晚年的助手（西元 1641 年－ 1642 年），西元 1642 年繼承伽利略任佛羅倫斯學院數學教授。但他在正當 39 歲生日之際，突然病倒，與世長辭。可他在短短的一生中，獲得了多方面傑出的成就，贏得了很高的聲譽。

　　大約在西元 1641 年，一位著名的數學家、天文學家曾用一根 10 公尺多長的鉛管進行了一個真空實驗。托里拆利受到這個實驗的啟發，想到用較大密度的海水、蜂蜜、水銀等做實驗。他選用的水銀實驗，獲得了最成功的結果。他將一根長度為 1 公尺的玻璃管灌滿水銀，然後用手指頂住管口，將其倒插進裝有水銀的水銀槽裡，放開手指後，可見管內部頂上的水銀下落，留出空間，而下面的部分則仍充滿水銀。為了進一步證明管中水銀面上部確實是真空，托里拆利又改進了實驗。他在水銀槽中將水銀面以上直到缸口注滿清水，然後把玻璃管緩緩地向上提起，當玻璃管管口提高到水銀和水的界面以上時，管中的水銀便很快地瀉出來，同時水猛然向上竄入管中，直至管頂。由此可見，原先管內水銀柱以上部分確實是空無

所有的空間。之前水銀柱和現在的水柱都不是被什麼真空力所吸引住的，而是被管外水銀面上的空氣重量所產生的壓力托住的。托里拆利的實驗是對亞里斯多德力學的最後致命打擊，於是有些人便妄圖否定托里拆利的研究成果，提出玻璃管上端內充有「純淨的空氣」，並非真空。大家各抒己見，眾說紛紜，引起了一場激烈的爭論。爭論一直持續到帕斯卡的實驗成功證實托里拆利的理論後才逐漸統一起來。

托里拆利在實驗中還發現不管玻璃管長度如何，也不管玻璃管傾斜程度如何，管內水銀柱的垂直高度總是 76 公分，於是他提出可以利用水銀柱高度來測量大氣壓，並於西元 1644 年與維維亞尼合作，製成了世界上第一具水銀氣壓計。這個發現使他的名望永存，而真空測量的單位「托」就是用他的名字來命名的。

托里拆利還發現了托里拆利定律，這是一個關於流體從開口流出的流速的定律，即水箱底部小孔液體射出的速度等於重力加速度與液體高度乘積 2 倍的平方根。這後來被證明是白努利定律的一種特殊情況。

當時，水力學權威卡斯德利（Castaly）認為水流的速度跟孔到水面的距離成正比，且這一見解又得到伽利略的贊同，無人敢懷疑。托里拆利為弄清楚這一原理，認真地做了實驗，進行了仔細的測量。結果發現，從器壁小孔流出的水流的速度不是跟孔到水面的距離成正比，而是跟此距離的平方根成正比。水流初速度 v 與桶中水面相對於孔口高度差 h 的關係式為 $v=A\sqrt{h}$（A 為常數）。後人稱此式為托氏的射流定律。約在他之後的一個世紀，丹尼爾・白努利才得出 $v=\sqrt{2gh}$ 的結果。托里拆利後來又透過實驗證明了從側壁細孔噴出來的水流的軌跡是拋物線。托里拆利的這些發現，為使流體力學成為力學的一個獨立的分支奠定了基礎。

98
黃宗羲（西元 1610 年－ 1695 年）

天下之治亂，不在一姓之興亡，而在萬民之憂樂。

黃宗羲，西元 1610 年（明萬曆三十八年，庚戌狗年。伽利略發現木星的四顆衛星）生於紹興府餘姚縣通德鄉黃竹浦，明末清初經學家、史學家、思想家、地理學家、天文曆算學家、教育家。「東林七君子」之一黃尊素長子。

黃宗羲提出「天下為主，君為客」的民主思想。他說「天下之治亂，不在一姓之興亡，而在萬民之憂樂」，主張以「天下之法」取代皇帝的「一家之法」，從而限制君權，保證人民的基本權利。黃宗羲的政治主張抨擊了封建君主專制制度，有極其重要的意義，對後來的反專制抗爭發揮了積極的推動作用。

黃宗羲與顧炎武、王夫之並稱「明末清初三大思想家」，與顧炎武、方以智、王夫之、朱舜水並稱為「明末清初五大家」，與陝西李顒、直隸容城孫奇逢並稱「海內三大鴻儒」，亦有「中國思想啟蒙之父」之譽。他學問極博，思想深邃，著作宏富，一生著述多達 50 餘種，300 多卷，其中最為重要的有《明儒學案》、《宋元學案》、《明夷待訪錄》、《孟子師說》、《葬制或問》、《破邪論》、《思舊錄》、《易學象數論》、《明文海》、《行朝錄》、《今水經》、《大統曆推法》、《四明山志》等。

黃宗羲多才博學，於經史百家及天文、算術、樂律以及釋、道無不研究。尤其在史學上成就很大，而在哲學和政治思想方面，更是一位從「民本」的立場來抨擊君主專制制度者，堪稱中國思想啟蒙第一人。他的政治理想主要集中在《明夷待訪錄》中。

《明夷待訪錄》共 13 篇，該書透過抨擊「家天下」的專制君主制度，向世人傳遞了光芒四射的民主精神，這在當時黑暗無比的社會環境下是極其難能可貴的！〈原君〉是《明夷待訪錄》的首篇。

黃宗羲在開篇就闡述了人類設立君主的本來目的，「使天下受其利」、「使天下釋其害」，也就是說，產生君主，是要君主負擔起抑私利、興公利的責任。對於君主，他的義務是首要的，權力是從屬於義務之後為履行其義務服務的。君主只是天下的公僕而已，「古者以天下為主，君為客，凡君之畢世而經營者，為天下也」。然而，後來的君主卻「以為天下利害之權益出於我，我以天下之利盡歸於己，以天下之害盡歸於人」，並且更「使天下之人不敢自私，不敢自利，以我之大私，為天下之大公」「視天下為莫大之產業，傳之子孫，受享無窮」。對君主「家天下」的行為從根本上否定了其合法性。

黃宗羲認為要限制君主的權力，首先得明辨君臣之間的關係。他認為：「原夫作君之意，所以治天下也。天下不能一人而治，則設官以治之。是官者，分身之君也。」從本質上來說，「臣之與君，名異而實同」，都是共同治理天下的人。因此，君主就不應該高高在上，處處獨尊。就應該盡自己應盡的責任，即為天下興利除害。否則就該遜位讓賢，而不應「鰓鰓然唯恐後之有天下者不出於其子孫」。至於為臣者，應該明確自己是君之師友，而不是其僕妾，「我之出而仕也，為天下，非為君也；為萬民，非為一姓也」。如果認為臣是為君而設的，只「以君一身一姓起

見」、「視天下人民為人君囊中之私物」，自己的職責只在於替君主當好看家狗，而置「斯民之水火」於不顧，那麼，這樣的人即使「能輔君而興，從君而亡，其於臣道固未嘗不背也」，同樣是不值得肯定的。因為「天下之治亂，不在一姓之興亡，而在萬民之憂樂」。這就是黃宗羲的君臣觀。他對傳統的「君為臣綱」、「君要臣死，臣不得不死」的封建綱常，無疑是一個有力的衝擊。

顧炎武（西元 1613 年－ 1682 年）

本名絳，乳名藩漢，別名繼坤、圭年，字忠清、寧人，亦自署蔣山傭；南明敗後，因為仰慕文天祥學生王炎午的為人，改名炎武。因故居旁有亭林湖，學者尊為亭林先生。明朝南直隸蘇州府崑山千燈鎮人。明末清初傑出的思想家、經學家、史地學家和音韻學家，與黃宗羲、王夫之並稱為「明末清初三大思想家」。

他一生輾轉，行萬里路，讀萬卷書，創立了一種新的治學方法，成為清初繼往開來的一代宗師，被譽為清學「開山始祖」。顧炎武學問淵博，於國家典制、郡邑掌故、天文儀象、河漕、兵農及經史百家、音韻訓詁之學都有研究。晚年治經重考證，開清代樸學風氣。其學以博學於文，行己有恥為主，合學與行、治學與經世為一。詩多傷時感事之作。

「博學於文」、「行己有恥」二語，分別出自《論語》的〈顏淵〉篇和〈子路〉篇，是孔子在不同場合答覆門人問難時所提出的兩個主張。顧炎武將二者結合起來，並賦予了時代的新內容，成了他的為學宗旨與處世之道。他說：「愚所謂聖人之道者如之何？曰『博學於文』，曰『行己有恥』。自一身以至天下國家，皆學之事也；自子臣弟友以至出入往來、辭受取與之間，皆有恥之事也。」

所謂「行己有恥」，即要用羞惡廉恥之心來約束自己的言行。顧炎武把「自子臣弟友以至出入往來、辭受取與」等處世待人之道都看成是屬於「行己有恥」的範圍。

其主要作品有《日知錄》、《天下郡國利病書》、《肇域志》、《音學五書》、《韻補正》、《古音表》、《詩本音》、《唐韻正》、《音論》、《金石文字記》、《亭林詩文集》等。

■ 王夫之（西元 1619 年－ 1692 年）

字而農，號薑齋、又號夕堂。生於西元 1619 年（明萬曆四十七年），湖廣衡州府衡陽縣人。他與顧炎武、黃宗羲並稱「明末清初三大思想家」，著有《周易外傳》、《黃書》、《尚書引義》、《永曆實錄》、《春秋世論》、《噩夢》、《讀通鑑論》、《宋論》等。

王夫之自幼跟隨自己的父兄讀書，青年時期積極參加反清起義，晚年隱居於石船山，著書立傳，自署船山病叟、南嶽遺民，學者遂稱之為船山先生。

99
帕斯卡（西元 1623 年－ 1662 年）

人，是一根脆弱的但是有思想的蘆葦。

布萊茲・帕斯卡（Blaise Pascal），西元 1623 年（明天啟三年，癸亥豬年。湯若望抵北京）出生於多姆山省奧弗涅地區的克萊蒙費朗，法國數學家、物理學家、哲學家、散文家。

16 歲時發現著名的帕斯卡六邊形定理：內接於一個二次曲線的六邊形的三雙對邊的交點共線。17 歲時寫成《圓錐曲線論》（*Essai pour les coniques*）（西元 1640 年），是一本研究笛沙格（Girard Desargues）射影幾何工作心得的論文，包括上述定理。這些工作是自古希臘阿波羅尼斯（Apollonius of Perga）以來圓錐曲線論的最大進步。

西元 1642 年他設計並製作了一臺能自動進位的加減法計算裝置，被稱為世界上第一臺數字計算機，可以計算六位數的加減法，為以後的電腦設計提供了基本原理。其後十年裡他對此繼續進行改進，共造出 50 多臺，現在還存有 8 臺。為了紀念他的這項偉大發明，一種電腦語言 —— Pascal 語言就是以他的名字命名的。

西元 1648 年，他發表了關於真空問題的論文。西元 1648 年帕斯卡設想並進行了對同一地區不同高度大氣壓強測量的實驗，發現隨著高度降低，大氣壓強增大的規律。隨後幾年，帕斯卡在實驗中不斷獲得新發

現，並且有多項重大發明，如發明了針筒、水壓機，改進了托里拆利的水銀氣壓計等。

西元 1649 年－ 1651 年，帕斯卡與他的合作者詳細測量了同一地點的大氣壓變化情況，成為利用氣壓計進行天氣預報的先驅。西元 1651 年帕斯卡開始總結他的實驗成果，到西元 1654 年寫成了《液體平衡及空氣重量的論文集》（*Traités de l'equilibre des liqueurs et de la pesenteur de la masse de l'air*），西元 1663 年正式出版。

西元 1654 年他開始研究幾個方面的數學問題，在無窮小分析上深入探討了不可分原理，得出求不同曲線所圍面積和重心的一般方法，並以積分學的原理解決了擺線問題，於西元 1658 年完成《論擺線》（*Traitégeneral de la roulette*）。他的論文手稿對萊布尼茲建立微積分學有很大啟發。在研究二項式係數性質時，寫成《算術三角形》（*Traité du triangle arithmétique*），向法國科學院提交，後收入他的全集，並於西元 1665 年發表。其中給出的二項式係數展開後人稱為「帕斯卡三角形」（在中國稱「楊輝三角形」），實際它已在約西元 1100 年由中國的賈憲所知。在與費馬的通信中討論賭金分配問題，對早期機率論的發展頗有影響。

他還製作了水銀氣壓計（西元 1646 年），撰寫了液體平衡、空氣的重量和密度等方面的論文（西元 1651 年－ 1654 年）。

此後帕斯卡轉入了神學研究，西元 1655 年他進入神學中心披特壘阿爾。他從懷疑論出發，認為感性和理性知識都不可靠，從而得出信仰高於一切的結論。自西元 1655 年隱居修道院，寫下《思想錄》（*Pensées*）（西元 1658 年）等經典著作。

▌帕斯卡語錄

（1）思想：人的全部尊嚴就在於思想。

（2）把生命給時光，而不是把時光給生命。

（3）人既不是天使，又不是禽獸，但不幸就在於想表現為天使的人卻表現為禽獸。

（4）人，只不過是一根蘆葦，是自然界最脆弱的東西，但他是一根能思考的蘆葦。

（5）一個人越有思想，發現有個性的人就越多。普通人是看不出人與人之間的差別的。

為紀念帕斯卡在壓力壓強方面的貢獻，國際單位制中，壓強的單位就叫帕斯卡（Pascal），簡稱帕（Pa）。1 帕斯卡＝ 1 牛頓／平方公尺（1 N/m^2）。

100
波以耳（西元 1627 年－ 1691 年）

英國皇家學會的建立人之一。

羅伯特・波以耳（Robert Boyle），西元 1627 年（明天啟七年，丁卯兔年）生於愛爾蘭的利茲莫城。化學家、化學史家都把西元 1661 年作為近代化學的開始年代，因為這一年有一本對化學發展產生重大影響的著作出版問世，這本書就是《懷疑派化學家》（*The Sceptical Chymist*），它的作者就是波以耳。

波以耳出生在一個貴族家庭，家境優裕為他的學習和日後的科學研究提供了較好的物質條件。童年時，他並不顯得特別聰明，很安靜，說話還有點口吃。沒有哪樣遊戲能使他入迷，但是比起他的兄長們，他卻是最好學的，酷愛讀書，常常書不離手。8 歲時，父親將他送到倫敦郊區的伊頓公學，在這所專為貴族子弟辦的寄宿學校裡，他學習了 3 年。隨後他和哥哥一起在家庭教師的陪同下來到當時歐洲的教育中心之一的日內瓦過了 2 年。在這裡他學習了法語、實用數學和藝術等課程。

西元 1641 年，波以耳兄弟又在家庭教師的陪同下，遊歷歐洲，年底到達義大利。旅途中即使騎在馬背上，波以耳仍然是手不釋卷。也正是在這次旅遊中，他確立了人生一大偶像：科學巨匠伽利略。也就在義大利，他閱讀了伽利略的名著《關於托勒密和哥白尼兩大世界體系的對話》。這本書讓他留下了深刻的印象，20 年後他的名著《懷疑派化學家》

就是模仿這本書的格式寫的。他對伽利略本人更是推崇備至。

　　一批對科學感興趣的人，其中包括教授、醫生、神學家等，從西元 1644 年起定期地在某一處聚會，討論一些自然科學問題。他們自稱它為無形學院。不久經國王查理二世 (Charles II) 批准，這個學院變成以促進自然科學知識為宗旨的英國皇家學會。皇家學會根據培根的思想，十分強調科學在工藝和技術上的應用，建立起新的自然哲學，成為著名的學術團體。

　　波以耳西元 1646 年在倫敦就參加了無形學院的活動。在牛津，波以耳一直是無形學院的核心人物，正式成立一個促進實驗科學的學術團體也是波以耳的主張。不過當皇家學會在倫敦成立時，波以耳身在牛津，所以沒有成為該學會的第一批正式會員，但是大家都公認波以耳是皇家學會的發起人之一，因而被任命為首任幹事之一。

　　西元 1669 年，波以耳的身體狀況變得很糟，他開始停止與英國皇家學會的交流，宣稱自己不願意接待客人，要在剩餘的時間裡思索他的論文和信仰。在這段時間，波以耳從尿液中提取出了磷元素；預測了 24 項未來技術，其中就包括「延長壽命」和「整容手術」。

　　西元 1671 年他因勞累而中風，經過很長時間的治療才痊癒。

　　西元 1680 年波以耳被選為皇家學會會長時，他因體弱多病又討厭宣誓儀式而拒絕就任。

　　波以耳的女友去世後，他一直把女友最愛的紫羅蘭花帶在身邊。在一次緊張的實驗中，放在實驗室內的紫羅蘭被濺上了濃鹽酸，愛花的波以耳急忙把冒煙的紫羅蘭用水沖洗了一下，然後插在花瓶中。過了一會，波以耳發現深紫色的紫羅蘭變成了紅色。這一奇怪的現象促使他進行了許多花木與酸鹼相互作用的實驗。由此他發現了大部分花草受酸或

鹼作用都能改變顏色，其中以石蕊地衣中提取的紫色浸液最明顯，它遇酸變成紅色，遇鹼變成藍色。利用這一特點，波以耳用石蕊浸液把紙浸透，然後烤乾，這就製成了實驗中常用的酸鹼試紙 —— 石蕊試紙。

也是在這一類實驗中，波以耳發現五倍子水浸液和鐵鹽在一起，會生成一種不生沉澱的黑色溶液。這種黑色溶液久不變色，於是他發明了一種製取黑墨水的方法，這種墨水幾乎用了一個世紀。

在實驗中，波以耳發現，從硝酸銀中沉澱出來的白色物質如果暴露在空氣中，就會變成黑色。這一發現，為後來人們把硝酸銀、氯化銀、溴化銀用於照相術上，做了先導性工作。

晚年的波以耳在製取磷元素和研究磷、磷化物方面也獲得了許多成果，他根據「磷的重要成分，乃是人身上的某種東西」的觀點，頑強努力地鑽研，終於從動物的尿中提取出磷。經進一步研究後，他指出：磷只在空氣存在時才發光；磷在空氣中燃燒形成白煙，這種白煙很快和水發生作用，形成的溶液呈酸性，這就是磷酸，把磷與強鹼一起加熱，會得到某種氣體（磷化氫），這種氣體與空氣接觸就燃燒起來，並形成縷縷白煙。這是當時關於磷元素性質的最早介紹。

▌17 世紀三大學院

英國皇家學會

The Royal Society of London for Improving Natural Knowledge，簡稱皇家學會（Royal Society），是英國資助科學發展的組織，成立於西元1660年，並於西元1662年、西元1663年、西元1669年領到皇家的各種特許狀。學會宗旨是促進自然科學的發展，它是世界上歷史最長而又

從未中斷過的科學學會，在英國發揮著國家科學院的作用。英國女王是學會的保護人。

皇家學會一開始是一個約 12 名科學家的小團體，當時稱作無形學院。他們在許多地方聚會，包括成員們的住所以及格雷沙姆學院。其中知名的成員有約翰・威爾金斯（John Wilkins）、喬納森・戈達德（Jonathan Goddard）、羅伯特・虎克、克里斯多福・雷恩（Christopher Wren）、威廉・配第（William Petty）和羅伯特・波以耳。

西元 1660 年查理二世復辟以後，倫敦重新成為英國科學活動的重要中心。此時，對科學感興趣的人數大大增加，人們覺得應當在英國成立一個正式的科學機構。因此倫敦的科學家於西元 1660 年 11 月在格雷沙姆學院克里斯多福・雷恩一次講課後，召集了一個會，正式提出成立一個促進物理－數學實驗知識的學院。約翰・威爾金斯被推選為主席，並起草了一個「被認為願意並適合參加這個規畫」的 41 人的名單。

不久，羅伯特・莫雷（Robert Moray）帶來了國王的口諭，同意成立「學院」，莫雷就被推為這個集會的會長。兩年後查理二世在許可證上蓋了印，正式批准成立「以促進自然知識為宗旨的皇家學會」，布隆克爾勛爵（William Brouncker, 2nd Viscount Brouncker）當上皇家學會的第一任會長，第一任的兩個學會祕書是約翰・威爾金斯和亨利・奧爾登伯格（Henry Oldenburg）。

起初，學會的院士都是選舉產生的，但是規則模糊，大部分的院士都不是專業科學家。西元 1731 年訂立了規矩，所有院士候選人都必須獲得書面推舉，並需要得到支持者的簽名。到了西元 1847 年，學會決定將來院士的獲選提名必須根據他們的科學成就。

這個決定讓皇家學會從一個「會社」搖身變為實際上的科學家學會。

英國政府在西元 1850 年發給學會一千英鎊的資助，以幫助科學家進行研究和添置器材。政府資助制度從此成立，學會與政府的關係也從此開始。

法國科學院

法國科學院是法蘭西學院下屬的五個學院之一，前身為西元 1666 年太陽王路易十四（Louis XIV）的財政大臣柯爾貝（Jean-Baptiste Colbert）建立的學會，惠更斯被聘為首任院長。西元 1699 年，在法國王室的贊助下改組學會，改用現名並遷往羅浮宮。

法蘭西學院（Institut de France）是法國最高的學術權威機構，由 5 個院組成：

法國學術院（主要負責法國語言）—— 建於西元 1635 年。

法國文學院（負責文學）—— 建於西元 1663 年。

法國科學院（負責自然科學）—— 建於西元 1666 年。

法國藝術院（負責藝術）—— 建於西元 1816 年。

法國人文院（負責道德和政治）—— 建於西元 1795 年，西元 1803 年查封，西元 1832 年重新設立。

科學院院士按照學部（divisions）和學科（sections）組織。現有兩個學部：

數學和物理科學、宇宙科學及其應用學部：數學科、物理學科、機械和資訊科學科、宇宙科學科。

化學、生物和醫藥科學及其應用學部；仆學科，分子、細胞和遺傳生物學科，整合生物學科，人類生物學和醫藥科學科。

另有科學應用交叉學科。

德國國家科學院

　　德國國家科學院（後稱柏林科學院）源於西元 1652 年成立的利奧波
第那科學院，是世界上最古老的科學院，以神聖羅馬帝國皇帝利奧波德
一世 [002] 命名，是德國最古老的自然科學和醫學方面的聯合會，也是世界
上存續時間最長的學術機構（研究中心）。西元 1700 年普魯士科學院（德
國國家科學院）由萊布尼茲倡議成立，並任首任院長。

---

(002)　利奧波德一世（Leopold I，西元 1640 年－ 1705 年），哈布斯堡王朝的神聖羅馬帝國皇帝（西
　　　元 1658 年－ 1705 年在位）及匈牙利和波希米亞國王。

101
惠更斯（西元 1629 年－ 1695 年）

光的波動說的創始人，能量守恆的提出者。馬赫說：「惠更斯擁有和伽利略一樣不可超越的崇高地位。」

克里斯蒂安‧惠更斯（Christiaan Huygens），西元 1629 年（明崇禎二年，己巳蛇年。崇禎詔龍華民編修新曆法，徐光啟監督）生於海牙，荷蘭物理學家、天文學家、數學家。他是介於伽利略與牛頓之間一位重要的物理學先驅，是歷史上最著名的物理學家之一，他對力學的發展和光學的研究都有傑出的貢獻，在數學和天文學方面也有卓越的成就，是近代自然科學的一位重要開拓者。他建立了向心力定律，提出動量守恆原理，並改進了計時器。

惠更斯自幼聰慧，13 歲時曾自製一臺車床，表現出了很強的動手能力。在阿基米德等人的著作及笛卡兒等的直接影響下，致力於力學、光波學、天文學及數學的研究。在擺鐘的發明、天文儀器的設計、彈性體碰撞和光的波動理論等方面都有突出成就。他還推翻了牛頓的微粒說。西元 1663 年他被聘為英國皇家學會第一個外國會員，西元 1666 年剛成立的法國科學院選他為院士。惠更斯體弱多病，一心致力於科學事業，終生未婚。西元 1695 年 7 月 8 日在海牙逝世。

父親是大臣和詩人，與笛卡兒等學界名流交往甚密。他的祖父，也叫克里斯蒂安‧惠更斯，作為祕書效力於威廉（Willem I）以及拿索的毛里

茨。西元 1625 年，他的父親康斯坦丁（Constantijn Huygens）成為親王弗雷德里克‧亨德里克（Friderik Hendrik）的祕書，而且正如克里斯蒂安的哥哥，另一位康斯坦丁那樣，在隨後的生涯中，一直服務於奧蘭治家族。

惠更斯家族有一個堅實的教育和文化傳統。他的祖父積極參與到對孩子們的教育中，於是惠更斯的父親在文學和科學方面都極為博學。康斯坦丁曾與梅森和笛卡兒有過通信，而笛卡兒在海牙受到過惠更斯對他的很好的招待。康斯坦丁是一個對藝術很有品味的人，有繪畫才能，也是一位音樂家、多才的作曲家，而尤其是，一個傑出的詩人；他那些用荷蘭文和拉丁文寫下的篇章，令他在荷蘭文學史上獲得了經久不衰的地位。

從西元 1645 年 5 月到西元 1647 年 3 月，惠更斯在萊頓大學學習法律與數學。在這一時期，他的父親告訴梅森其子對落體問題的研究，這引起了梅森的注意，也從而開始了在惠更斯與梅森之間的直接通信。笛卡兒的工作在這些年深深地影響了年輕的惠更斯，也對惠更斯的工作表示出興趣與欣賞。

最初惠更斯集中於數學：面積和體積的確定，以及由帕普斯（Pappus）的工作所啟發的代數問題。在西元 1651 年，「雙曲線、橢圓和圓的求積定理」寫成，包括對聖文森特的格里高利（Gregory of St. Vincent）的圓求積的反駁。而後是西元 1654 年的「圓大小的發現」。在接下來的歲月中，惠更斯研究了拋物線求長、求拋物線旋轉面的面積、許多曲線如蔓葉線、擺線（與帕斯卡在西元 1658 年公開提出的一個問題有關聯）和對數曲線的切線和面積問題。西元 1657 年，惠更斯關於機率問題的論文發表，即「論賭博中的計算」。

西元 1650 年，一個關於流體靜力學的手稿已經完成。而在西元 1652 年，惠更斯將彈性碰撞的規律公式化，並開始學習幾何光學。在西元

1655 年他與哥哥一起磨製鏡片，他們製造了顯微鏡和望遠鏡。而惠更斯在西元 1655 年－ 1656 年的冬天，發現了土星的衛星並辨識出了土星光環，兩者分別報告於「土星之月新觀察」和「土星系統」中。

西元 1656 年惠更斯發明了擺鐘。這在西元 1658 年發表的「時鐘」中有記述。這也造就了一些機會讓他發現擺線等時性（西元 1659 年）、研究漸曲線和擺動中心的理論。惠更斯對離心力的研究也從西元 1659 年開始。在這些年中，他與許多學者的通信大量增多，如聖文森特的格里高利、沃利斯（Wallis）、凡司頓（Frans van Schooten）和斯呂塞（Sluse）。在西元 1660 年之後，對擺鐘在海上確定經度的應用研究占據了他很多的時間。

西元 1655 年 7 月到 9 月，惠更斯來到巴黎，在那裡遇見了伽桑狄（Pierre Gassendi）、羅伯威爾（Roberval）、索畢耶（Sorbiere）以及布利奧（Boulliau）—— 也就是後來組建法蘭西科學院的那些學者。他第二次在巴黎停留，是西元 1660 年 10 月到西元 1661 年 3 月，他見到了帕斯卡、奧祖（Auzout）以及笛沙格。後來他去了倫敦，待到西元 1661 年 5 月。在那裡，惠更斯參加了格雷欣學院的會議，遇見了莫雷、沃利斯以及奧登堡（Oldenburg），而波以耳的空氣幫浦實驗讓他留下了深刻的印象。第三次來巴黎，是從西元 1663 年 4 月到西元 1664 年 5 月，中間有一次去倫敦的旅行（西元 1663 年 6 月到 9 月）。他在倫敦成為了新成立的皇家學會的會員。接著他回到巴黎，在那裡從路易十四處獲得了科學工作的第一筆薪俸。

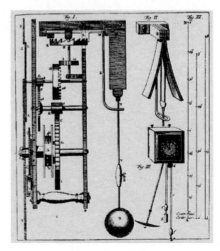

惠更斯設計的鐘擺

　　西元 1666 年，法國科學院成立，惠更斯接受了會員資格，並在那年 5 月前往巴黎。此後在巴黎一直待到西元 1681 年，中間僅因為健康原因，有兩次在海牙待了一段時間。惠更斯身體不太好，在西元 1670 年初，他被一場嚴重的疾病所折磨。9 月，他部分痊癒並前往海牙，西元 1671 年 6 月回到巴黎。而在西元 1675 年秋，疾病復發，從西元 1676 年 7 月到西元 1678 年 6 月惠更斯再次待在海牙。

　　西元 1694 年，惠更斯再一次生病，這一次他沒有恢復過來。次年夏天在海牙去世。

102
史賓諾沙（西元 1632 年－ 1677 年）

人心不是靠武力征服，而是靠愛和寬容。

> 巴魯赫・德・史賓諾沙（Baruch de Spinoza），西元 1632 年（明崇禎五年，壬申猴年）出生於荷蘭阿姆斯特丹。猶太裔荷蘭籍哲學家，近代西方哲學公認的三大理性主義者之一，與笛卡兒和萊布尼茲齊名。

史賓諾沙出生於阿姆斯特丹的一個從西班牙逃往荷蘭的猶太家庭。年輕時進入培養拉比⁽⁰⁰³⁾的宗教學校，在艱難的生活環境下，他仍然堅持哲學和科學的研究，他的思想透過通信方式傳播到歐洲各地，贏得了人們的尊重。西元 1677 年不幸死於肺癆，年僅 45 歲。他的主要著作有《笛卡兒哲學原理》（*Principia philosophiae cartesianae*）、《神學政治論》（*Tractatus Theologico-Politicus*）、《倫理學》（*Ethica, ordine geometryo Demonstrata*）、《知性改進論》（*Treatise on the Emendation of the Intellect*）等。

一開始，史賓諾沙是個堅定的猶太人。他在猶太教堂內度過了他的青春，認真學習本民族的宗教和歷史。摩西的上帝與宇宙同一的觀點讓他留下了深刻的印象。但是隨著研究的深入，他發現的是更多的迷霧。

---

(003) 拉比（Rabbi）是猶太人中的一個特別階層，是老師也是智者的象徵，指接受過正規猶太教育，系統性學習過《塔納赫》（*Tanakh*）、《塔木德》（*Talmud*）等猶太教（Judaism）經典，擔任猶太人社團或猶太教教會精神領袖或在猶太經學院中傳授猶太教教義者，主要為有學問的學者。

在宗教上，史賓諾沙發現的問題遠遠多於他解決的問題。思考得越多，他單純的信仰也就變成了日益增長的懷疑和迷惘。好奇心驅使他了解基督教思想家們關於上帝和人類命運這類問題的著作。在掌握了拉丁文後，他開始接觸歐洲古代和中世紀的文化遺產。他研究了蘇格拉底、柏拉圖和亞里斯多德、原子論者、斯多葛學派。他還讀了經院哲學家們的作品，掌握了哲學術語並運用幾何學方法證明自己的觀點。布魯諾也影響了他：哲學的目的就是要從多樣性中看出統一性，發現對立中的統一，並上升到對普遍統一性的最高認知。但是對史賓諾沙產生決定性影響的是近代哲學的主觀唯心主義之父 —— 笛卡兒。

笛卡兒的核心思想是意識的第一性，也就是精神對自身的理解比對所有其他事物的理解更敏捷和直接。精神對外部世界的認識，只限於外部世界以感覺和知覺的方式讓精神留下的印象。所以，哲學必須從個體精神和自我開始。然而史賓諾沙感興趣的不是笛卡兒認識論的迷宮。他關注的是笛卡兒的一種構想，即在一切物質形式和一切精神形式背後，分別有一個均質的實體。笛卡兒用機械和數學法則去解釋上帝和靈魂之外的世界的願望，也吸引著他。

當這位外表文靜、內心活躍的年輕人開始展示自己的思考時，猶太教會驅逐了他，並開除其教籍。對於猶太人，沒有比被排斥於自己的民族之外更加孤獨的事情。史賓諾沙平靜地接受了被驅逐的命運，儘管曾有和教會和諧相處的機會，他坦言：「這件事不能迫使我做任何我不願意做的事情。」後卜居於海牙，過著艱苦的生活。他最後搬出猶太人居住區，以磨鏡片為生，同時進行哲學思考。史賓諾沙此後一直過著隱居的生活。他不承認神是自然的創造主，認為自然本身就是神的化身，其學說被稱為「史賓諾沙的上帝」，對 18 世紀法國唯物論者和德國的啟蒙運

動有著很大的影響，同時也促使了唯心到唯物，宗教到科學的自然派過渡。他開始陸續發表自己的思想成果，成為影響社會的人物。被他思想吸引的讀者願意向他提供年金，各地名流也願意和他打交道。整體上，史賓諾沙的生活有一定經濟保障，也有一些聲名顯赫、志趣相投的朋友。西元 1673 年普魯士選帝侯曾邀請他到海德堡大學擔任哲學教授，條件是不可提及宗教，不過史賓諾沙婉拒。他在 45 歲時因肺癆去世。哲學家和政府官員加入了送葬隊伍，不同信仰的人聚集到了他的墓旁。

史賓諾沙沒有成立一個學派，但是後代的一切哲學都滲透了他的思想。正是因為將史賓諾沙與康德的認識論結合在一起，才使費希特（Fichte）、謝林（Schelling）和黑格爾提出了各不相同的泛神論。而從「自我保存的努力」之中，則產生了費希特的自我、叔本華（Schopenhauer）的生命意志、尼采的權利意志和柏格森（Bergson）的生命衝動。引用《舊約》的一段話來評論史賓諾沙：「第一個人不能完全讀懂他，最後一個人也不能完全理解他，因為他的思想比海洋還寬廣，他的智慧比海洋還深邃。」

▌史賓諾沙語錄

（1）理性能使人自由。

（2）慾望即人類的本質。

（3）人心不是靠武力征服，而是靠愛和寬容。

（4）如果你希望現在與過去不同，請研究過去。

（5）自卑雖是與驕傲相反，但實際卻與驕傲最為接近。

（6）最大的驕傲與最大的自卑都表示心靈的最軟弱無力。

（7）如果你不想做，會找一個藉口；如果你想做，會找一個方法。

（8）對於涉及人類事務的東西，不要笑，不要哭，不要生氣，要理解。

（9）教育之目的，在使兒童成為自主自治之人物，而非受治於他人之人物。

（10）自由人最少想到死，他的智慧不是關於死的默念，而是對於生的沉思。

（11）人類最無力控制的莫過於他們的舌頭，而最不能夠做到的，莫過於節制他們的慾望。

（12）正如光既暴露了自身，又暴露了周圍的黑暗一樣，真理既是自身的標準，又是虛假的標準。

103
雷文霍克（西元 1632 年－ 1723 年）

首先發現微生物，最早記錄肌纖維、微血管。

安東尼・雷文霍克（Antony van Leeuwenhoek），西元 1632 年
（明崇禎五年，王申猴年。伽利略著作《關於托勒密和哥白尼兩大
世界體系的對話》出版）出生於荷蘭代爾夫特，顯微鏡學家、微生
物學的開拓者。

20 歲時回到代爾夫特自營綢布。中年以後被代爾夫特市長指派做
市政事務工作。這種工作收入不少且很輕鬆，使他有較充裕的時間從事
他自幼就喜愛的磨透鏡工作，並用之觀察自然界的細微物體。由於勤奮
及本人特有的天賦，他磨製的透鏡遠遠超過同時代其他人。透鏡的材料
有玻璃、寶石、鑽石等。其一生磨製了 400 多個透鏡，有一架簡單的透
鏡，其放大率竟達 270 倍。

雷文霍克對於在放大透鏡下所展示的顯微世界非常感興趣，觀察的
對象十分廣泛，主要有晶體、礦物、植物、動物、微生物、汙水、昆蟲
等。西元 1674 年他開始觀察細菌和原生動物，即他所謂的「非常微小的
動物」。他還測算了牠們的大小。西元 1677 年首次描述了昆蟲、狗和人
類的精子。西元 1684 年他準確地描述了紅細胞，證明馬爾皮吉（Malpi-
ghi）推測的毛細血管層是真實存在的。西元 1702 年他在細心觀察了輪蟲
以後，指出在所有露天積水中都可以找到微小生物，因為這些微生物附

著在微塵上、飄浮於空中並且隨風轉移。他追蹤觀察了許多低等動物和昆蟲的生活史，證明牠們都自卵孵出並經歷了幼蟲等階段，而不是從沙子、河泥或露水中自然發生的。

　　他透過友人的介紹和英國皇家學會建立了聯絡，自西元 1673 年－ 1723 年曾將他的發現陸續以通信的方式報告給學會，其中絕大多數都發表在《皇家學會哲學學報》上；由他提供的第一幅細菌繪圖也於西元 1683 年在該學報上刊出。他於西元 1680 年被選為英國皇家學會的會員。

　　他是第一個用放大透鏡看到細菌和原生動物的人。儘管他缺少正規的科學訓練，但他對肉眼看不到的微小世界的細膩觀察、精確描述和眾多的驚人發現，對 18 世紀和 19 世紀初期細菌學和原生動物學研究的發展發揮了奠基作用。他根據用簡單顯微鏡所看到的微生物而繪製的影像，今天看來依然是正確的。

　　由於基礎知識薄弱，使他所報導的內容僅僅限於觀察到的一些事實，未能上升為理論。他的顯微鏡製法也由於保密，有些至今還是未解之謎。他製造的透鏡，小的只有針頭那樣大。適當的透鏡配合起來最大的放大倍數可達 300 倍。

　　他的劃時代的細膩觀察，使他舉世聞名。許多名人，如英國安妮女王（Queen Anne，西元 1702 年－ 1714 年在位）、俄國彼得大帝（Peter the Great，西元 1689 年－ 1725 年在位）都曾拜訪過他。

　　首次發現微生物「狄爾肯」，原是拉丁文 Dierken 的譯音，意即細小活潑的物體。這是雷文霍克第一次發現微生物時，替牠們取的奇怪名字。

　　西元 1673 年的一天，英國皇家學會收到了一封厚厚的來信。打開一看，原來是一份用荷蘭文書寫的、字跡工整的紀錄，標題是「雷文霍克

用自製的顯微鏡觀察皮膚、肉類以及蜜蜂和其他蟲類的若干紀錄」。

雷文霍克這樣寫道：「大量難以相信的各種不同的極小的『狄爾肯』……牠們活動相當優美，牠們來回地轉動，也向前和向一旁轉動……」

他最後向英國皇家學會擔保說：「一個粗糙沙粒中有 100 萬個這種小東西；而一滴水 —— 在其中，狄爾肯不僅能夠生長良好，而且能活躍地繁殖 —— 能夠寄生大約 270 多萬個狄爾肯。」顯赫的皇家學會覺得這是件太令人不可思議的事了，以至於不得不委託他們的兩個祕書 —— 物理學家羅伯特·虎克（西元 1635 年 — 1703 年）和植物學家格魯（Nehemiah Grew，西元 1641 年 — 1721 年），為皇家學會弄一個品質最好的顯微鏡來，以進一步證實雷文霍克所報告的事實是否屬實。

經過幾番周折，雷文霍克的科學實驗終於得到了英國皇家學會的公認。

於是，雷文霍克的這份紀錄被譯成了英文，並在英國皇家學會的刊物上發表。這份研究報告轟動了英國學術界，雷文霍克也很快成了英國皇家學會的會員。

104
虎克（西元 1635 年－ 1703 年）

虎克定律奠基人，還發現並命名了細胞。

羅伯特・虎克（Robert Hooke），西元 1635 年（明崇禎八年，乙亥豬年）生於英國懷特島的弗雷斯沃特村，西元 1703 年卒於倫敦。英國科學家，博物學家，發明家。在物理學研究方面，他提出了描述材料彈性的基本定律 —— 虎克定律，在機械製造方面，他設計製造了真空幫浦、顯微鏡和望遠鏡，並將自己用顯微鏡觀察所得寫成《顯微圖譜》（*Micrographia*）一書，細胞一詞即由他命名。在新技術發明方面，他發明的很多裝置至今仍然在使用。除去科學技術，虎克還在城市設計和建築方面有著重要的貢獻。但由於與牛頓的爭論導致他去世後少為人知。虎克也因其興趣廣泛、貢獻重要而被某些科學史家稱為「倫敦的達文西」。

虎克不僅在科學上出類拔萃，在建築學上也是頗有建樹，西元 1666 年，倫敦大火燒毀了一萬多間民房，虎克作為助手隨建築大師雷恩爵士投入倫敦重建，設計了一批古樸優美的建築，後來的格林威治皇家天文臺就出自他們之手。

虎克是 17 世紀英國最傑出的科學家之一。他在力學、光學、天文學等多方面都有重大成就。他所設計和發明的科學儀器在當時是無與倫比的。他本人被譽為英國的「雙眼和雙手」。

　　在光學方面，虎克是光的波動說的支持者。西元 1655 年，虎克提出了光的波動說，他認為光的傳播與水波的傳播相似。西元 1672 年虎克進一步提出了光波是橫波的概念，與法國科學院掌門人惠更斯齊名。在光學研究中，虎克更主要的工作是進行了大量的光學實驗，特別是致力於光學儀器的創製。改進了望遠鏡，第一次觀測了木星大紅斑和月球環形山；改進了顯微鏡，發現並命名了細胞，他的鉅著《顯微圖譜》出版時一時洛陽紙貴。該書於西元 1665 年 1 月出版，每本定價為昂貴的 30 先令，引起轟動。虎克出生之前很久顯微鏡就被發明和製造出來，但是，顯微鏡發明後半個多世紀過去了，卻沒有像望遠鏡那樣為人們帶來科學上的重大發現。直到虎克出版了他的《顯微圖譜》一書，科學界才發現顯微鏡為人們帶來的微觀世界與望遠鏡帶來的宏觀世界一樣豐富多彩。在《顯微圖譜》中，虎克繪畫的天分得到充分展現，書中包括 58 幅圖畫，在沒有照相機的當時，這些圖畫都是虎克用手描繪的顯微鏡下看到的情景。可惜的是，虎克自己的畫像卻一張也沒有留存下來，據說唯一的一張虎克畫像毀於牛頓的支持者之手。《顯微圖譜》一書為實驗科學提供了前所未有的既明晰又美麗的紀錄和說明，開創了科學界借用圖畫這種最有力的交流工具進行闡述和交流的先河，為日後的科學家們所效仿。西元 1684 年時任英國皇家學會會長的山繆‧皮普斯（Samuel Pepys）就是因看到虎克的這本書，才對科學發生了濃厚的興趣，於是立即購買儀器於西元 1665 年 2 月加入英國皇家學會。他稱讚《顯微圖譜》為他一生中所讀過的最好的書。

　　虎克在力學方面的貢獻尤為卓著。他建立了彈性體變形與力成正比的定律，即虎克定律。西元 1660 年他在實驗中發現螺旋彈簧伸長量和所受拉伸力成正比。西元 1676 年在他的〈關於太陽儀和其他儀器的描述〉一文中用字謎形式發表了這一結果，謎面是 ceiiinosssttuv（這是當時的慣

例，如果還不能確認自己的發現，則先把發現打亂字母順序發表，確認後再恢復正常順序）。兩年後公布了謎底 ut tensio sic vis，意思是「力如伸長（那樣變化）」，即應力與伸長量成正比的虎克定律。

他還與惠更斯各自獨立發現了螺旋彈簧的振動週期的等時性。他曾協助波以耳發現了波以耳定律。他曾為研究克卜勒學說作出了重大成績。在研究引力可以提供約束行星沿閉合軌道運動的向心力問題上，西元 1662 年－1666 年，虎克做了大量實驗工作。他支持吉爾伯特的觀點，認為引力和磁力相類似。西元 1664 年虎克曾指出彗星靠近太陽時軌道是彎曲的。他還為尋求支持物體保持沿圓周軌道的力的關係而做了大量實驗。西元 1674 年他根據修正的慣性原理，從行星受力平衡觀點出發，提出了行星運動的理論，在西元 1679 年給牛頓的信中正式提出了引力與距離平方成反比的觀點，但由於缺乏數學方法，沒有得出定量的表示。

但虎克的性格又是傲慢的，比如對待小自己 7 歲的牛頓。牛頓 27 歲成為劍橋大學教授，29 歲成為英國皇家學會會員。當年輕的牛頓向學會遞交一份「見面禮」，寫了一篇「關於光和色的新理論」，提出了光的粒子說時，沒想到遭到提出光波說的虎克劈頭蓋臉的批駁。牛頓有牛脾氣，一度為此要退出皇家學會。西元 1675 年，33 歲的牛頓發表了一篇光學論文，又招致虎克更猛烈的嘲諷。虎克認為牛頓論文中的大部分內容是從他 10 年前出版的《顯微圖譜》中搬來加以發揮而已。於是，牛頓「決定」不再發表光學論文，直到虎克去世也後第二年，也就是整整 29 年後，才發表光學論著。

虎克對萬有引力定律的發現發揮了重要作用。西元 1679 年，虎克與牛頓之間進行了關於引力問題的交流，在西元 1679 年 11 月，牛頓致信虎克說：「自己關於發現周日運動的想像，即設想一個自由落體落到地球

上，通過地面進入地球內部，而不受任何物質的阻礙，則該落體將沿著
一條螺旋形軌道運行，在旋轉數圈後，最終旋入（或十分接近）地心。」
虎克回信說，物體不會按螺線運動，而是按「一種帶橢圓狀的曲線」運
動，它的軌道將「像一橢圓」。西元 1679 年 12 月 13 日，牛頓寫信給虎
克說：「如果假定它的重力是均勻的，（物體將）不按螺線下沉那個真正的
中心，而是以交替升降的形式運行。」虎克相信，天體的運動是由於有中
心引力拉住的結果，而且認為引力與距離平方成反比。按照這個想法，
地球表面拋體的軌道應該是橢圓，如果地球能穿透，物體將回到原處，
而不像牛頓所說的，物體的軌跡是一條螺旋線，最終將繞到地心。請注
意虎克所說的這個橢圓概念，當時「蘋果還沒有落在牛頓的頭上」，萬有
引力定律還沒有提出，虎克的說法就是萬有引力定律和平方反比率的雛
形，虎克勇於學界稱雄並非偶然，是他第一次感覺到了萬物之理。牛頓
對此沒有回信，但接受了虎克的觀點。

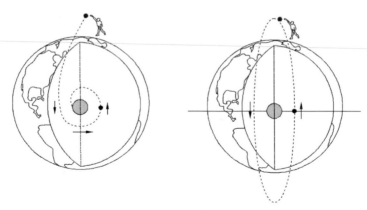

牛頓（左）與虎克（右）關於拋體進入地球後的軌跡的想像

　　虎克此時已經意識到他觸碰到了萬物之理，在和哈雷彗星的命名人
哈雷以及帶著虎克重建倫敦的建築大師雷恩爵士喝咖啡閒聊時，談起了
行星軌道計算問題。雷恩慷慨地提出，要是他們中間誰能找到這個答

案，他願意發給他價值 40 先令（相當於兩星期薪資）的獎品。虎克以好大喜功聞名，聲稱他已解決了這個問題，但現在不願意告訴大家，他的理由有趣而巧妙：不讓別人失去自己找出答案的機會。虎克一口咬定行星軌道符合平方反比率，是橢圓形，而自己早就證明了這個問題。哈雷看不慣虎克的驕橫跋扈，但又爭不過虎克。經過兩個月閉門計算無果後，哈雷敲響了牛頓家的門。

「橢圓形，」牛頓淡定地說道。「為什麼？」「我算過。」哈雷簡直要瘋了，怎麼都是這種人？在哈雷的強烈要求下，牛頓答應給出證明過程。三個月後，論文「繞轉物體的研究」寄到了皇家學會，這是一篇開天闢地的論文，第一次揭示了萬物同理。在物理學歷史上，也只有愛因斯坦的「論動體的電動力學」能與之相提並論。後來，牛頓以此論文為綱，擴充而成鉅著《自然哲學的數學原理》（*Philosophiæ Naturalis Principia Mathematica*，下文簡稱《原理》）。西元 1686 年牛頓將載有萬有引力定律的《原理》卷一的稿件送給英國皇家學會時，審閱會上，虎克提出 12 年前自己就發表了關於引力的論文，提出三條假設。西元 1679 年，虎克代表英國皇家學會向牛頓約稿，信件中提到了引力大小與距離平方成反比的觀點。牛頓承認虎克的來信，但認為自己早在西元 1665 年就發現了這一定律（事實確實如此）。在哈雷的斡旋下，牛頓做了妥協：在《原理》中注解說明雷恩、虎克、哈雷曾各自獨立地發現了引力反比定律。但紛爭並未緩解，後來發展到虎克和牛頓不願一同參會，甚至相互諷刺挖苦的地步。但《原理》的出版，為牛頓帶來了極大的聲響，虎克更加不平衡。於是他透過演講、文章拘怨攻擊牛頓，但沒人理睬，這讓虎克更加憂鬱、多疑。到西元 1693 年英國皇家學會會議上，虎克再次正式提出他發現萬有引力的優先權。面對虎克如此糾纏，牛頓一氣之下把《原理》裡大部分涉及對虎克的引用都通通刪掉。虎克即以學會經費吃緊為由拒絕出版。

此時又是哈雷籌集經費出版了《原理》。牛頓在後來給虎克的信中諷刺道：「笛卡兒踏出了很好的一步（指光學研究），而你則推進了許多方面的發展……如果我看得更遠一點的話，是因為我站在巨人的肩膀上。」因為虎克不僅身材矮小，而且還駝背，牛頓的意思是我都不會站在你的肩上，我是站在克卜勒的肩上。

西元 1703 年 3 月 3 日，虎克在落寞中去世，在他死後不久，牛頓就當上了英國皇家學會的會長（主席）。隨後，英國皇家學會中的虎克實驗室和虎克圖書館被解散，虎克的所有研究成果、研究資料和實驗器材或被分散或被銷毀，沒多久，這些屬於虎克的東西就全都消失了。

愛因斯坦曾說過：我不能容忍這樣的科學家，他拿出一塊木板來，尋找最薄的地方，然後在容易鑽透的地方鑽許多孔。虎克就是這樣的科學家，他涉獵頗多，但所有貢獻都不是獨創性的，力學上提出了虎克定律，但也僅是淺嘗即止；光學領域貢獻頗大，但公認的光學代表卻是惠更斯；他改進了望遠鏡和顯微鏡，卻是在別人的基礎上；他發現並命名了細胞，對於微生物的研究卻是荷蘭工匠雷文霍克首先完成的。虎克真的是一個在大海邊玩耍的孩子，撿起了很多美麗的貝殼，但是又隨手丟棄。如果在任何一方面深入下去，他完全有可能和牛頓一起閃耀星空。

其實，後人對虎克也有頗多誤解。他先作為波以耳的助手（簡單說就是實驗員）發現波以耳－馬略特定律，卻不能署名。後來到剛成立的皇家學會，其工作職責（按合約）就是必須在每次會議上（除了在夏季假期外，會議每週一次）展示三到四個新的自然規律的實驗。他必須和眾多科學家通信，了解他們的最新工作，並用適當的實驗來展示，讓學會成員信服。他要領會他人在自然科學的全部發現，又必須自己用展示來證明這些發現。這就是虎克的公務工作，他做得盡心盡責。在快到生命結束

時，他算了一下他所作出的發現達 500 項之多。虎克這麼大量的工作足可以構成現代科學的基礎，其中很多或多或少與其他學者的發現是平行的。但絕大多數卻歸到別人的名下，只有彈性定律用了虎克的名字，這或多或少對虎克不太公平。因此，他不可能像其他學者那樣專心致志地在一個領域深耕。

■ 倫敦大火（西元 1666 年）

倫敦大火發生於西元 1666 年 9 月 2 日至 5 日，是倫敦歷史上最嚴重的一次火災，燒掉了許多建築物，包括聖保羅大教堂，但也切斷了自西元 1665 年以來倫敦的鼠疫問題。

大火蔓延了整座城市，連續燒了 4 天，包括 87 間教堂、44 家公司以及 13,000 間民房盡被焚毀，歐洲最大城市倫敦大約六分之一的建築被燒毀。後來在起火點普丁巷附近立了一個紀念碑，高 61.5 公尺，共有 311 階，頂端為火焰飾圍繞的圓球，是英國天文學家和建築師克里斯多福・雷恩所設計，重建的工作由雷恩主導，其中有 51 間是他重新設計的，包括著名的聖保羅大教堂。

在倫敦大火的前一年（西元 1665 年），歐洲爆發鼠疫，僅倫敦地區就死亡六萬人以上。西元 1665 年 6 月以來的 3 個月內，倫敦的人口減少了約十分之一。鼠疫由倫敦向外蔓延，英國王室逃出倫敦暫住牛津，市內的有錢人紛紛攜家帶眷出逃，有病人的住房都用紅粉筆打上十字標記。

西元 1666 年 9 月 2 日凌晨 2 點，一位普丁巷的麵包師傅忘了關上烤麵包的爐子，使得火勢一發不可收拾，普丁巷位於倫敦舊城擁擠地區的中心，也是附近的伊斯特奇普市場的垃圾堆放地，很多老百姓住在那裡。

　　倫敦大火只有 5 個人喪生火難，大多數市民有充裕的時間逃離災區，是不幸中的大幸，倫敦的驛道上擠滿了裝載著各種家產的手推小車。而且倫敦大火徹底切斷了自西元 1665 年以來倫敦的鼠疫問題，這場大火燒死了數量龐大的老鼠，地窖中的老鼠根本沒有藏身之處。

　　重建後的倫敦市以石頭房子代替了原有木屋，個人衛生環境也得到改善，瘟疫不再爆發。科學家出身的虎克這時成為一位建築大師，倫敦大火後他擔任測量員及倫敦市政檢察官。西元 1666 年 10 月 1 日，建築師雷恩爵士提出了倫敦市災後的修復方案，其中的聖保羅大教堂工程從西元 1675 年開始，直到西元 1710 年才告完工，共花費了 75 萬英鎊。雷恩參與的建築工程還包括皇家的肯辛頓宮、漢普頓宮、大火紀念柱、皇家交易所、格林威治皇家天文臺。這些工程使得英國的經濟開始突飛猛進，笛福（Daniel Defoe）說過，如果沒有那場大火，倫敦乃至整個英國的經濟不會有那麼快的起色。

105
牛頓（西元 1642 年－ 1727 年）

牛頓的一生是發現和戰鬥的一生。

艾薩克・牛頓（Issac Newton），西元 1642 年（明崇禎十五年，壬午馬年。《徐霞客遊記》纂成）生於英格蘭林肯郡鄉下的一個小村落伍爾索普村的伍爾索普莊園。英國皇家學會會長，著名的物理學家，「百科全書式」的全才，著有《自然哲學的數學原理》和《光學》（*Opticks*）。

他在西元 1687 年發表的論文「自然定律」裡，對萬有引力和三大運動定律進行了描述。這些描述奠定了此後 3 個世紀裡物理世界的科學觀點，並成為現代工程學的基礎。他透過論證克卜勒行星運動定律與他的引力理論間的一致性，展示了地面物體與天體的運動都遵循著相同的自然定律；為太陽中心說提供了強而有力的理論支持，並推動了科學革命。

在力學上，牛頓闡明了動量和角動量守恆的原理，提出牛頓運動定律。在光學上，他發明了反射望遠鏡，並基於對三稜鏡將白光發散成可見光譜的觀察，發展出了顏色理論。他還有系統地表述了冷卻定律，並研究了音速。

在數學上，牛頓與萊布尼茲分享了發明微積分學的榮譽。他還證明了廣義二項式定理，提出了「牛頓法」以趨近函數的零點，並為冪級數的

研究作出了貢獻。

　　牛頓出生時，英格蘭並沒有採用教宗的最新曆法，因此他的生日被記載為西元 1642 年的聖誕節。牛頓出生前 3 個月，他同樣名為艾薩克的父親才剛去世。由於早產的緣故，新生的牛頓十分瘦小。據傳聞，他的母親漢娜‧艾斯庫（Hannah Ayscough）曾說過，牛頓剛出生時小得可以把他裝進一夸脫（容量單位，主要在英國、美國及愛爾蘭使用）的馬克杯中。當牛頓 3 歲時，他的母親改嫁並住進了新丈夫巴納巴斯‧史密斯（Barnabus Smith）牧師的家，而把牛頓託付給了他的外祖母瑪傑里‧艾斯庫（Margery Ayscough）。

　　西元 1648 年，牛頓被送去讀書。少年時的牛頓並不是神童，他成績一般，但很喜歡讀書，喜歡看一些介紹各種簡單機械模型製作方法的讀物，並從中受到啟發，自己動手製作些奇奇怪怪的小玩意，如風車、木鐘、摺疊式提燈等。

　　當時英國社會滲透著基督教新思想，牛頓家裡有兩位以神父為職業的親戚，這個因素可能影響到牛頓晚年的活動。僅從這些平凡的環境和活動中，還看不出幼年的牛頓是個才能出眾異於常人的兒童。

　　後來迫於生活困難，母親讓牛頓停學在家務農，贍養家庭。但牛頓一有機會便埋首書卷，以至經常忘了做事。每次，母親叫他和傭人一道上市場，熟悉做交易的生意經時，他便懇求傭人一個人上街，自己則躲在樹叢後看書。有一次，牛頓的舅父起了疑心，就跟蹤牛頓上市鎮去，發現他的外甥伸著腿，躺在草地上，正在聚精會神地鑽研一個數學問題。牛頓的好學精神感動了舅父，於是舅父勸服母親讓牛頓復學，並鼓勵他上大學讀書。牛頓又重新回到了學校，如飢似渴地汲取著書本上的營養。

據《數學大師》(*Men of Mathematics*)（貝爾〔Eric Temple Bell〕著）記載：牛頓在鄉村學校開始學校教育的生活，後來被送到格蘭瑟姆的國王中學，並成為該校最出色的學生。在國王中學時，他寄宿在當地的藥劑師威廉・克拉克（William Clarke）家中，並在 19 歲前往劍橋大學求學前，與藥劑師的繼女安妮・斯托勒（Anne Storer）訂婚。之後因為牛頓專注於他的研究而使愛情冷卻，斯托勒小姐嫁給了別人。據說牛頓對這次戀情保有一段美好的回憶，但此後便再也沒有其他的羅曼史，牛頓也終生未娶。

在該校圖書館的窗臺上還可以看見他當年的簽名。他曾從學校退學，並在西元 1659 年 10 月回到伍爾索普村，因為他再度守寡的母親想讓牛頓當一名農夫。牛頓雖然順從了母親的意思，但據牛頓的同儕後來的敘述，耕作工作讓牛頓相當不快樂。所幸金格斯皇家中學的校長亨利・斯托克斯（Henry Stokes）說服了牛頓的母親，牛頓又被送回學校以完成他的學業。他在 18 歲時完成了中學的學業，並得到了一份完美的畢業報告。

西元 1661 年 6 月，他進入劍橋大學的三一學院。在那時，該學院的教學基於亞里斯多德的學說，但牛頓更喜歡閱讀笛卡兒等現代哲學家以及伽利略、哥白尼和克卜勒等天文學家更先進的思想。西元 1665 年，他發現了廣義二項式定理，並發展出一套新的數學理論，也就是後來為世人所熟知的微積分學。在西元 1665 年，牛頓獲得了學位，但大學為了預防倫敦大瘟疫而關閉了。在此後兩年裡，牛頓在家中繼續研究微積分學、光學和萬有引力定律。

據他的好友說，他確實是由於花園裡一個掉落的蘋果想到了萬有引力，並引發了一系列永遠改變科學界的事件，以至於蘋果後來成了萬有

引力的象徵。但是，蘋果以及其他任何水果，都不能保證他一定發現萬有引力，真正導致他有此偉大發現的是他的信念，以及他在花園裡禱告和默想的習慣。

西元 1669 年，牛頓被授予盧卡斯數學教授席位。

西元 1689 年，牛頓當選為國會議員。他從西元 1671 年起成為英國皇家學會會員，在西元 1703 年成為皇家學會會長，並任職 24 年之久，在歷任會長中僅次於約瑟夫・班克斯（Joseph Banks），同時也是法國科學院的會員。

西元 1696 年，牛頓透過當時的財政大臣查爾斯・孟塔古（Charles Montagu）的提攜遷到了倫敦作皇家鑄幣廠的監管，一直到去世。年薪 2,000 英鎊（牛頓在劍橋的年薪為 200 英鎊）。他主持了英國最大的貨幣重鑄工作，此職位一般都是閒職，但牛頓卻非常認真的對待。身為皇家鑄幣廠的主管官員，牛頓猜想大約有 20% 的硬幣是偽造的。為那些惡名昭著的罪犯定罪是非常困難的；不過事實證明牛頓做得很好。

在 17 世紀，英國一直實行銀本位的制度。換句話說，銀幣是英國的主要貨幣。但銀幣有一個很大的缺點，那就是特別容易受到磨損而逐漸發生貶值。牛頓經過仔細的調查研究，指出白銀的衰落已經不可逆轉，不如乾脆放棄銀幣，把金幣作為國家的主要貨幣。西元 1717 年，英國議會通過決議，把黃金和英鎊正式掛鉤，這就是著名的金本位制度的起源。牛頓將每盎司黃金的價格固定在 3 英鎊 17 先令 10.5 便士，也因此而被後人稱為「金本位之父」。

當然，牛頓也不是神。西元 1711 年，牛津伯爵（羅伯特・哈利〔Robert Harley〕）建立了南海公司，其初衷是恢復英國政府的公債信用。一群商人同意承擔陸軍和海軍約 1,000 萬英鎊的債券，而政府則以對進

口品徵收的關稅向商人們提供每年 6% 的利息。南海公司被授予了與南方各海岸進行貿易的壟斷權 —— 特別是南美洲東海岸，那裡的墨西哥和祕魯儲藏有大量的黃金和白銀礦藏。為了吸引投資者的目光，南海公司的董事們四處散布謠言。流行的說法是，墨西哥人和南美人只是在等待別人把羊毛和羊毛服飾介紹給他們，他們就會用大量的珠寶和黃金來與之交換。擁有南海貿易特權的公司毫無疑問將成為世界上最富有的公司。

西元 1720 年，南海公司宣布對高達 3,100 萬英鎊的全部國債提供資金的舉動，不僅深受英國政府的歡迎，也迎合了眾多投機者的需求，南海公司股價由此開始了自己的「瘋狂旅程」：當年 1 月 1 日一天之內，南海公司股價便翻了 3 倍漲至 128 英鎊，公眾的投機熱忱得以點燃，各階層人士接連加入「炒股」大軍。在不斷地買入推動下，南海公司股價持續攀升 —— 即由西元 1720 年年初的 128 英鎊急升至同年 8 月初的 1,050 英鎊，漲幅近 10 倍！

此時，英國重演了「鬱金香泡沫」瘋狂時的社會現象：當時的英國人，政治家忘記了政治，律師不打官司，醫生把病人放在一邊，店老闆讓自己的店鋪關門歇業，牧師放下《聖經》離開神壇，就連深居簡出的貴婦都放下高傲和虛榮，所有人都湧入到了這場股價的投機盛宴當中，人類歷史上第一次「全民炒股」就此誕生！

作為一名科學家，牛頓對事物的認識比常人更具有理性，正因為如此，眼見人們瘋狂地購買南海公司的股票，牛頓於當年 4 月 20 日出售了所持有的南海公司的全部股票，從中獲得了 100% 的利潤，約為 7,000 英鎊。但是剛剛賣掉股票，牛頓就後悔了，南海公司的股票價格達到了它的巔峰 —— 1,050 英鎊！而僅僅 3 個月之前，股價還只是每股 330 英鎊。

相比 1 月份的 120 英鎊，股價在短短半年時間裡竟然上漲了 8 倍。眼看當年春季和夏季人們都在瘋狂地投資股票，牛頓還是沒能抑制住自己的慾望，在貪婪面前屈服了。他衝動地再次入場買入了更大數量的股票，指望再次大撈一把。

西元 1720 年 6 月，為了制止各類「泡沫公司」的膨脹，英國國會通過了《泡沫法案》。南海公司股價泡沫最終於 8 月份開始破裂。在南海公司 8 月初創下近 1,050 英鎊的巔峰價格後，便一路向下，到了 12 月，便回到了西元 1720 年 1 月份上漲的起點 128 英鎊。

牛頓因為買了很多南海公司的股票而鉅虧兩萬英鎊，相當於他在劍橋大學工作 100 年或皇家鑄幣廠廠長 10 年的薪水。牛頓事後感嘆道：「我能計算天體的軌跡，卻無法預測人性的瘋狂。」不過，這兩萬英鎊對當時的牛頓已經不算什麼了。他當時是皇家學會會長兼皇家鑄幣廠廠長，相當於今天的科學院院長兼中央銀行行長。

西元 1705 年，牛頓被安妮女王封為爵士，成了世界上第二個被冊封為爵士的科學家（第一個是法蘭西斯‧培根）。

西元 1727 年 3 月 31 日（公曆），偉大的艾薩克‧牛頓逝世，與很多傑出的英國人一樣被埋葬在西敏寺，並成了世界上第一個享受國葬待遇的科學家。他的墓碑上鐫刻著：讓人們歡呼這樣一位多麼偉大的人類榮耀曾經在世界上存在。著名的法國啟蒙思想家伏爾泰目睹了牛頓的葬禮，並在回憶錄中寫道：「英國人悼念牛頓就像悼念一位國王。人們所瞻仰的……是國家為感謝那些為國增光的最偉大人物建立的紀念碑，這便是英國人民對於才能的尊敬。」

後世對牛頓有數不清的讚美。其中流傳最廣的是英國詩人亞歷山大‧波普（Alexander Pope）的一首詩：道法自然，舊藏玄冥。天生牛頓，

萬物生明。（Nature and nature's laws lay hid in night; God said "Let Newton be" and all was light.）

牛頓之墓，位於西敏寺的「科學家之角」。墓碑由威廉‧肯特（William Kent，西元 1685 年－ 1748 年）設計，邁克‧里斯布拉克（Michael Rysbrack，西元 1694 年－ 1770 年）雕刻，所用材料為灰白相間的大理石。石棺上鑲有圖板，描繪的是一群男孩在使用牛頓的數學儀器。石棺上方為牛頓斜臥姿態的塑像，他的右肘支靠處，繪列著他為人熟知的幾項創舉。他的左手指向一幅由兩個男孩持握的卷軸，卷面展解著一項數學設計。背景雕塑是一個圓球，球上畫有黃道十二宮和相關星座，還描繪著出現於西元 1680 年那顆彗星的運行軌跡。

墓碑上的拉丁銘文翻譯如下：

牛頓爵士，他用近乎神聖的心智和獨具特色的數學原則，探索出行星的運動和形狀、彗星的軌跡、海洋的潮汐、光線的不同譜調和由此而產生的其他學者以前所未能想像到的顏色的特性。以他在研究自然、古物和聖經中的勤奮、聰明和虔誠，他依據自己的哲學證明了至尊上帝的萬能，並以其個人的方式表述了福音書的簡明至理。人們為此欣喜：人類歷史上曾出現如此輝煌的榮耀。

不管牛頓的生平有過多少謎團和爭議，但這都不足以降低牛頓的影響力。西元 1726 年，伏爾泰曾說過牛頓是最偉大的人，因為「他用真理的力量統治我們的頭腦，而不是用武力奴役我們」。

事實上，如果你查閱一部科學百科全書的索引，你會發現關於牛頓和他的定律及發現的資料要比任何一位科學家都多兩、三倍。萊布尼茲並不是牛頓的朋友，他們之間曾有過非常激烈的爭論。但他寫道：「從世界的開始直到牛頓生活的時代為止，對數學發展的一半貢獻是牛頓作出的。」

偉大的法國科學家拉普拉斯寫道：「《自然哲學的數學原理》是人類智慧的產物中最卓越的傑作。」拉格朗日經常說牛頓是有史以來最偉大的天才。

▌三一學院

三一學院（Trinity College），是劍橋大學中規模最大、財力最雄厚、名聲最響亮的學院之一，擁有約 600 名大學生，300 名研究生和 180 名教授。同時，它也擁有劍橋大學最優美的建築與庭院。

三一學院是由英國國王亨利八世（Henry VIII）於西元 1546 年所建，前身是西元 1324 年建立的米迦勒學院以及西元 1317 年建立的國王學堂。也因如此，今天學院中依然保留著的最古老的建築，可一直追溯到中世紀時期國王學堂所使用的學院鐘樓，直到今天還在為學院報時。

三一學院的教堂是由亨利八世的女兒瑪麗一世（Mary I）於西元 1554年修建的，雖然整個教堂的內部裝潢到 18 世紀才全部完成。教堂前廳擺著從三一學院畢業的著名畢業生的玉石雕像，包括牛頓、培根、丁尼生（Alfred Tennyson）等人。

如果說三一學院的名人堂突顯出的是學院至高無上的學術成就，那麼三一學院的萊恩圖書館則讓人讀到的是三一學院橫貫近 500 年的傳統。

巴羅（Isaac Barrow）是牛頓的老師，西元 1673 年他在擔任三一學院的院長時，為三一學院主持建造了幾百年後被聯合國教育科學文化組織評定為世界文化遺產的萊恩圖書館（Wren Library）。圖書館屋頂佇立著由加布里爾設計的四尊石雕，分別象徵著四門最古老的學科：神學、法學、醫學和數學。而另一位建築大師雷恩則設計了圖書館的整體架構，如今我們看到的古樸而又獨具匠心的書架、書桌和書托全都出自他的構思，圖書館也因他而得名。

三一學院的萊恩圖書館不僅藏有古埃及的木乃伊和中世紀的聖保羅信徒的書信手稿等一批珍貴的文物，還有蘇格拉底等幾十尊西方偉大思想家的雕像。《失樂園》(*Paradise Lost*)的作者米爾頓(John Milton)亦是劍橋大學的學生，所以他的手稿自然成了圖書館的新寵。

　　拜倫(George Gordon Byron)於西元1805年以貴族的身分入學三一學院，但很快他便對學院的生活厭倦了。他風流倜儻，熱衷於酒色。為了戲弄「不准養狗」的院規，他竟養了一頭小熊而成為三一學院歷史上最具反叛精神的學生。但是，驚世駭俗的一代詩聖卻是身後飄零不堪回首。他死後朋友欲將他的一尊玉石雕像放進西敏寺卻遭拒絕，理由是此人生前有傷風化。最後又是三一學院念舊情，再次接納了拜倫，並將其放在萊恩圖書館的最醒目處。

　　三一學院在學術成就上是劍橋所有學院中最頂尖的，也因擁有眾多著名的畢業生而聲名顯赫，到目前為止該學院共培養出了32名諾貝爾獎得主，著名的畢業生包括法蘭西斯‧培根(哲學家)、安德魯‧馬維爾(Andrew Marvell)(詩人)、艾薩克‧牛頓、拜倫(詩人)、愛德華‧菲茲傑拉德(Edward FitzGerald)(詩人)、詹姆斯‧克拉克‧馬克士威(物理學家)、阿佛列‧懷海德(Alfred North Whitehead)(哲學家)、G. H. 哈代(Godfrey Harold Hardy)(數學家)、A. A. 米恩(Alan Alexander Milne)(作家)、路德維希‧維根斯坦(Ludwig Wittgenstein)(哲學家)、伯特蘭‧羅素(Bertrand Russell)(哲學家)、尼赫魯(Pandit Jawaharlal Nehru)(印度首任總理、政治家)、喬治六世(George VI)(英國國王)、拉吉夫‧甘地(Rajiv Gandhi)(印度總理)、查爾斯三世(Charles III)(英國國王)、艾迪‧瑞德曼(Eddie Redmayne)(奧斯卡影帝)、麥可‧艾提亞(Michael Atiyah)(數學家)、斯里尼瓦瑟‧拉馬努金(Srinivasa Ramanujan)(數學家)等。

▌西敏寺

The Collegiate Church of St Peter at Westminster，通稱西敏寺（Westminster Abbey，音意合譯為威斯敏斯特修道院），坐落在倫敦泰晤士河北岸，原是一座天主教本篤會隱修院，始建於西元 960 年，西元 1045 年進行了擴建，西元 1065 年建成，西元 1220 年至西元 1517 年進行了重建。

宏偉壯觀的西敏寺是英國的聖地，在英國眾多的教堂中地位顯赫，可以說是英國地位最高的教堂。除了王室成員，英國許多領域的偉大人物也埋葬於此。因此英國人把西敏寺稱為「榮譽的寶塔尖」，認為死後能在這裡占據一席之地是至高無上的光榮。其中著名的「詩人角」就位於教堂中央往南的甬道上，在這裡長眠著許多著名的詩人和小說家，如英國 14 世紀的「詩聖」喬叟（Geoffrey Chaucer）就安葬於此。陵墓周圍還有一扇專門的「紀念窗」，上面描繪著他的名作《坎特伯雷故事集》（The Canterbury Tales）裡的情景。伴他長眠的有丁尼生和白朗寧（Browning），他倆都是名噪一時的大詩人。著名的小說家哈代（Thomas Hardy）和 1907 年諾貝爾文學獎得主吉卜林（Rudyard Kipling）也葬在這裡。「詩人角」中央，並排埋葬著德國著名的作曲家韓德爾（Georg Friedrich Händel）和 19 世紀最傑出的現實主義作家狄更斯（Charles Dickens）。還有些文學家死後雖葬身別處，但在這裡仍為他們樹碑立傳，如著名的《失樂園》的作者米爾頓和蘇格蘭詩人伯恩斯（Robert Burns），就享受著這種榮耀。

在教堂的北廊裡，還佇立著許多音樂家和科學家的紀念碑。其中最著名的是牛頓，他是人類歷史上第一個獲得國葬的自然科學家。他的墓地位於西敏寺正面大廳的中央，墓地上方聳立著一尊牛頓的雕像，旁邊還有一個巨大的地球造型以紀念他在科學上的功績。此外，進化文化的奠基人、生物學家達爾文，天王星的發現者、天文學家赫雪爾（Frederick

William Herschel）等許多科學家也都葬於此。在物理與化學領域均作出傑出貢獻的法拉第在去世後本來也有機會在西敏寺下葬，但因他信仰的教派不屬當時統領英格蘭的國教聖公會，西敏寺正是聖公會的御用教堂，因此拒絕接受他在教堂內受饗。

雪萊和拜倫這兩位舉世聞名的大詩人也因為驚世駭俗的言行被教堂拒之門外。在西敏寺內還安置著英國著名的政治家邱吉爾、張伯倫（Neville Chamberlain）等許多知名人士的遺骸。2018 年 3 月 31 日下午兩點，霍金的骨灰被安放在西敏寺牛頓墓的旁邊。

▋史上著名的三大經濟泡沫

第一次是著名的「鬱金香泡沫」：它是人類歷史上第一次有記載的金融泡沫。鬱金香原產於土耳其，西元 1593 年傳入荷蘭。17 世紀前半期，由於鬱金香被引種到歐洲的時間很短，數量非常少，因此價格極其昂貴。在崇尚浮華和奢侈的法國，很多達官顯貴家裡都擺有鬱金香，作為觀賞品和奢侈品向外人炫耀。比如在西元 1608 年，法國有人用價值 3 萬法郎的珠寶去換取一株鬱金香球莖。不過與荷蘭比起來，這一切都顯得微不足道。

當鬱金香開始在荷蘭流傳後不久，在輿論的鼓吹下，人們對鬱金香表現出一種病態的追逐，開始競相搶購鬱金香球莖。西元 1634 年，炒買鬱金香的熱潮蔓延為荷蘭的全民運動。當時 1,000 荷蘭盾一株的鬱金香花根，不到一個月後就升值為 2 萬荷蘭盾了。西元 1636 年，一株稀有品種的鬱金香竟然達到了與一輛馬車、幾匹馬等值的地步。面對如此暴利，所有的人都沖昏了頭腦。為了方便鬱金香交易，荷蘭人甚至在阿姆斯特丹的證券交易所內開設了固定的鬱金香交易市場。無論是貴族、市

民、農民，還是工匠、船夫、隨從、夥計，甚至是掃煙囪的工人和舊衣店裡的老婦，都加入了鬱金香的投機。西元 1637 年，鬱金香的價格已經漲到了駭人聽聞的水準。與上一年相比，鬱金香總漲幅高達 5,900% ！

西元 1637 年 2 月，泡沫開始破滅，人們的信心開始動搖。不久前還奇貨可居的鬱金香合約一下子就變成了燙手的山芋，鬱金香價格立刻開始下跌。結果導致鬱金香市場全線崩潰，很快從 1,000 多荷蘭盾一株降到了 10 荷蘭盾一株，很多普通品種的鬱金香甚至不如一顆洋蔥的售價。由於很多人都是賒帳和借錢購買的，導致荷蘭全國人不是在討債就是在躲債。

荷蘭政府不得不出面干預，在西元 1637 年 4 月，荷蘭政府決定中止所有的鬱金香買賣合約。一年之後，荷蘭政府通過一項規定，允許鬱金香的最終買主在支付合約價格的 3.5% 後終止合約。也就是說，很多人要損失掉 96.5% 的資金。這次鬱金香泡沫對荷蘭造成了相當大的打擊，3 年內荷蘭的經濟都陷於癱瘓。

第二次是「密西西比公司」泡沫：西元 1715 年 9 月 1 日路易十四駕崩後，王位由 5 歲的曾孫路易十五 (Louis XV) 繼承，路易十四的姪子奧爾良公爵菲利普二世 (Philippe II, Duke of Orléans) 為攝政王。路易十五繼承了 39 億里弗爾（法國舊幣單位，當時 1 利弗爾的幣值約為半公斤白銀）的債務。情急之下，攝政王邀請蘇格蘭經濟學家約翰・羅 (John Law) 擔任法國財政大臣。

約翰・羅一直主張建立國家銀行，發行紙幣。國家壟斷資源，用國有公司的經營利潤支付外債。西元 1716 年，約翰・羅發起建立了法國皇家銀行，創新的用紙幣取代金幣，並且承諾銀行任何分行發出的紙幣都可以立刻兌換相當於同等面值的金幣。為了解除害怕貨幣貶值的擔憂，

他還宣傳保證價值不變，可以用來交稅。由於「羅氏紙幣」不像貴金屬貨幣那樣需要擔心成色，又有黃金擔保，擁有很高的信譽。國民開始對它產生信任，逐漸使用新發行的紙幣。

紙幣的充沛客觀上使人們手上的錢多了起來，消費能力的提升刺激了內需，使商業重獲活力。與此同時，金銀幣重新回到政府手中，法國政府也能用它償還外債，居然還有餘款供宮廷奢華享受。此前的經濟蕭條、面臨崩塌的局面彷彿瞬間迎刃而解。一時間「羅氏銀行」和「羅氏紙幣」深得人心。約翰‧羅對這個成績還不滿足，他又成立了以做「新世界」也就是美洲新大陸生意為賣點的「密西西比公司」，公司壟斷了法國在美洲殖民地的所有業務，還有法國菸草公司的銷售權。

羅氏開始公開發行密西西比公司股票。先是發行了 20 萬股的新股票，每股面值 500 里弗爾 [004]。而且，雖然面值是 500 里弗爾，但是市場價格僅 160 里弗爾，打折優惠力度空前。這還不夠，他還為眾多股民繪製了一幅無比絢麗的藍圖。他承諾，每份股票每年都會派發高達 200 里弗爾的紅利。而且股民想要出手股票，只要持有期超過半年，公司便可按照票面價值（500 里弗爾）回購。當時法國人搶購股票，主要是因為紙幣持續貶值，人們認為購買股票可以保值。於是，巧舌如簧的約翰‧羅勸說奧爾良公爵不斷印鈔，稱通貨膨脹可以刺激經濟和就業。印的紙幣越多，通貨膨脹越嚴重，人們越瘋搶密西西比公司股票。「百萬富翁」一詞就是這時出現的。

一時間，法國陷入癲狂的全民炒股狀態，很快，約翰‧羅發行的 20 萬新股就被搶購一空。而且股價在一年內漲了近 3 倍，讓法國民眾更加瘋狂，約翰‧羅的家每天都被圍得水洩不通，都是等著約翰‧羅繼續發

---

(004)　里弗爾，法國的古代貨幣單位名稱之一，又譯作「鋰」或「法鎊」。

行股票的股民們。而每次增發股票都需要大量貨幣購買股票，皇家銀行都會跟著增發紙幣。不到一年時間，就有 10 億面值的紙幣被印了出來。

就這樣，股票一路暴漲，紙幣繼續增發。「密西西比泡沫」卻破了。

當紙幣的嚴重超發導致了嚴重的通貨膨脹。法國老百姓也漸漸察覺到，手裡的錢越來越多，能買得起的東西卻在變少，紙幣根本不值錢！而密西西比公司根本就不賺錢，實際上這個公司一分錢收入也沒有，就是替法國國王圈錢的殼子。人們明白這一點後，就像一開始瘋狂購買股票那樣，瘋狂地賣掉股票。最後公司破產、銀行倒閉，紙幣也成了廢紙。約翰・羅一時成為法國的全民公敵，不得不化妝逃到布魯塞爾。後來他在歐洲各地以賭博為生，最終窮困潦倒死在威尼斯。

第三次就是「英國南海泡沫」，正文裡已有敘述。

106
萊布尼茲（西元 1646 年－ 1716 年）

靠二進位制，萊布尼茲終於在 300 年後掰贏了牛頓。

哥特弗利德‧威廉‧萊布尼茲（Gottfried Wilhelm Leibniz），西元 1646 年（清順治三年，丙戌狗年）生於神聖羅馬帝國的萊比錫，德國哲學家、數學家。萊布尼茲一生涉獵領域十分廣泛，包含政治學、法學、倫理學、哲學、邏輯學、生物學、醫學、地質學、機率論、心理學、歷史學、語言學和資訊科學等諸多方面。在他的每個研究領域裡，均獲得了許多人一輩子都完成不了的成就，是歷史上少有的通才，被譽為 17 世紀的亞里斯多德。他本人是一名律師，經常往返於各大城鎮，他許多的公式都是在顛簸的馬車上完成的，他也自稱具有男爵的貴族身分。

在數學上，他和牛頓先後獨立發現了微積分，而且他所使用的微積分的數學符號被更廣泛地使用，萊布尼茲所發明的符號被普遍認為更綜合，適用範圍更加廣泛。萊布尼茲還對二進位制的發展作出了貢獻。

在哲學上，萊布尼茲的樂觀主義最為著名；他認為「我們的宇宙，在某種意義上是上帝所創造的最好的一個」。他和笛卡兒、史賓諾沙被認為是 17 世紀三位最偉大的理性主義哲學家。

祖父三代人均曾在薩克森政府供職，父親是弗里德里希‧萊布尼

茲（Friedrich Leibniz），母親是凱薩琳娜‧施馬克（Catherina Schmuck）。長大後，萊布尼茲名字的拼法才改成「Leibniz」，但是一般人習慣寫成「Leibnitz」。晚年時期，他的簽名通常寫成「von Leibniz」，以示貴族身分。萊布尼茲去世後，他的作品才公諸於世，作者名稱通常是「Freiherr〔Baron〕 G. W. von Leibniz」，但沒有人確定他是否確實有男爵的貴族頭銜。

西元 1666 年萊布尼茲於阿爾道夫拿到博士學位後，拒絕了教職的聘任，並經由當時政治家的介紹，任職服務於美茵茨選侯國的高等法庭。

西元 1667 年，萊布尼茲發表了他的第一篇數學論文「論組合的藝術」。這是一篇關於數理邏輯的文章，其基本思想是把理論的真理性歸結於一種計算的結果。這篇論文雖然不夠成熟，但卻閃耀著創新的智慧和數學的才華。後來的一系列工作使他成為數理邏輯的創始人。

西元 1671 年他發表兩篇論文「抽象運動的理論」及「新物理學假說」，分別題獻給巴黎的科學院和倫敦的皇家學會，在當時歐洲學術界增加了知名度。

西元 1672 年，萊布尼茲被約翰‧菲利普（Johann Philipp）派至巴黎，以動搖路易十四對入侵荷蘭及其他西歐日耳曼鄰國的興趣，並轉投注精力於埃及。這項政治計畫並沒有成功，但萊布尼茲卻進入了巴黎的知識圈，結識了馬勒伯朗士（Malebranche，西元 1638 年－ 1715 年）和數學家惠更斯等人。這一時期的萊布尼茲特別熱衷於數學研究，此後發明了微積分。

西元 1673 年，萊布尼茲因為帶了一篇論文和一臺自製的電腦到倫敦作了不到三個月的旅行，被英國皇家學會招募為外籍會員；儘管萊布尼茲在巴黎居留了四年，並在那裡完成了主要的數學發現，但是直到西元

1700 年，法國科學院才選舉他為外籍院士（這並非他敵視法國的後果，牛頓也是在那一年才當選）。此後發生了萊布尼茲與牛頓之間所謂發明微積分學的「優先權」之爭。由於在這場爭論中，法國人始終站在萊布尼茲一邊，使他在英國備受責難的同時（英國數學界此後中斷了一個多世紀的對外學術交流），在歐洲大陸名聲大振。

西元 1686 年，完成《形上學論》(*Discourse on Metaphysics*)。

西元 1689 年，為完成 Braunschweig-Lüneburg 族譜研究，遊歷於義大利。期間結識了耶穌會派遣去中國的傳教士，開始對中國事物產生強烈的興趣。

西元 1700 年，萊布尼茲說服布蘭登堡選帝侯腓特烈三世 (Friedrich III) 在柏林成立普魯士科學院，並擔任首任院長。

西元 1704 年，完成《人類理智新論》(*Nouveaux Essais sur L'entendement Humain*)。該書針對洛克 (John Locke) 的《人類理智論》(*An Essay Concerning Human Understanding*)，用對話的體裁，逐章節提出批評。然因洛克的突然過世，萊布尼茲不願被落入欺負死者的口實，所以該書在萊布尼茲生前一直都沒有出版。

和牛頓一樣，萊布尼茲終生未婚。但與牛頓不同的是，萊布尼茲從未在大學執教。西元 1716 年 11 月，萊布尼茲於漢諾威因痛風和膽結石引發的腹絞痛臥床一週後，逝世在他的祕書和馬車大面前。因為他從不去教堂，教士以此為藉口不予理睬。與牛頓死後厚葬於西敏寺形成鮮明對照，萊布尼茲下葬於一個無名墓地，「只有他的祕書和揮舞鐵鏟的工人聽到泥土落在棺木上發出的聲音」。整個世界都未意識到一顆巨星的隕落！

▎初識惠更斯

西元 1672 年萊布尼茲到巴黎時，拜訪了當時已是法國科學院院士的惠更斯。惠更斯見到萊布尼茲後，覺得他思考清晰、談吐清楚，有數學天賦。為了進一步證實他的看法，於是向萊布尼茲出了一道數學題。

這是一道求三角形數的倒數和的題。畢達哥拉斯把 1，3，6，10，15，21，……這些數量（的石子），都可以排成三角形，像這樣的數稱為三角形數。比如 10 個點可以組成一個等邊三角形，因此 10 是一個三角形數：

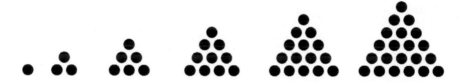

開始的 18 個三角形數是 1，3，6，10，15，21，28，36，45，55，66，78，91，105，120，136，153，171，190，210，231，253，……。

惠更斯要求萊布尼茲求的不是三角形數之和，而是三角形數的倒數和：

$$S = \frac{1}{1} + \frac{1}{3} + \frac{1}{6} + \frac{1}{10} + \frac{1}{15} + \frac{1}{21} + \cdots$$

萊布尼茲思考片刻，把方程式的所有項都除以 2，得到：

$$\frac{S}{2} = \frac{1}{2} + \frac{1}{6} + \frac{1}{12} + \frac{1}{20} + \frac{1}{30} + \frac{1}{42} + \cdots$$

此時，萊布尼茲發現，方程式右邊第一項 $\frac{1}{2}$ 可以用 $1 - \frac{1}{2}$ 替換，第二項 $\frac{1}{6}$ 可以用 $\frac{1}{2} - \frac{1}{3}$ 替換，第三項 $\frac{1}{12}$ 可以用 $\frac{1}{3} - \frac{1}{4}$ 替換，以此類推。這樣，前面的方程式就變為

$$\frac{S}{2} = \left(1 - \frac{1}{2}\right) + \left(\frac{1}{2} - \frac{1}{3}\right) + \left(\frac{1}{3} - \frac{1}{4}\right) + \left(\frac{1}{4} - \frac{1}{5}\right) + \cdots$$

萊布尼茲去掉括號化簡消項後得到：

$$\frac{S}{2} = 1 - \frac{1}{2} + \frac{1}{2} - \frac{1}{3} + \frac{1}{3} - \frac{1}{4} + \frac{1}{4} - \frac{1}{5} + \cdots = 1$$

萊布尼茲非常巧妙地解決了挑戰，憑藉超凡的數學洞察力和獨創的方法得到了這個無窮級數的答案。

▌微積分

現今在微積分領域使用的符號就是萊布尼茲提出的。在高等數學和數學分析領域，萊布尼茲判別法是用來判別交錯級數的收斂性的。

萊布尼茲與牛頓誰先發明微積分的爭論是數學界至今最大的公案。萊布尼茲於西元 1684 年發表第一篇微分論文，定義了微分概念，採用了微分符號 dx 和 dy。西元 1686 年他又發表了積分論文，討論了微分與積分，使用了積分符號 $\int$。依據萊布尼茲的筆記，西元 1675 年 11 月他便已完成一套完整的微分學。

比他大 4 歲的牛頓，在西元 1687 年出版的《自然哲學的數學原理》的第一版和第二版也道：「十年前在我和最傑出的幾何學家萊布尼茲的通信中，我表達自己已經知道確定極大值和極小值的方法、作切線的方法以及類似的方法，但我的信中沒有提及具體方法，……這位最卓越的科學家在回信中寫道，他也發現了一種同樣的方法。並講述了他的方法，除了措詞和符號外，與我的方法幾乎沒有什麼不同。」但英國的數學界不能接受一個德國人也能做出這麼厲害的公式，所以經過認真的調查研究

後，他們宣布牛頓才是發明微積分的第一人，牛頓的那段話在第三版之後就再也看不到了。

　　然而西元 1695 年英國學者宣稱：微積分的發明權屬於牛頓；西元 1699 年又說：牛頓是微積分的「第一發明人」。西元 1712 年英國皇家學會成立了一個委員會調查此案，西元 1713 年初釋出公告，確認牛頓是微積分的第一發明人。萊布尼茲直至去世後的幾年都受到了冷遇。由於對牛頓的盲目崇拜，英國學者長期固守於牛頓的流數術，只用牛頓的流數符號，不屑採用萊布尼茲更優越的符號，以致英國的數學脫離了數學發展的時代潮流。

　　不過萊布尼茲對牛頓的評價非常高，在西元 1701 年柏林宮廷的一次宴會上，普魯士國王腓特烈詢問萊布尼茲對牛頓的看法，萊布尼茲說道：「從世界的開始直到牛頓生活的時代為止，對數學發展的一半貢獻是牛頓作出的。」

　　牛頓從物理學出發，運用集合方法研究微積分，其應用上更多地結合了運動學，造詣高於萊布尼茲。萊布尼茲則從幾何問題出發，運用分析學方法引進微積分概念、得出運算法則，其數學的嚴密性與系統性是牛頓所不及的。

　　萊布尼茲了解到好的數學符號能節省思考勞動，運用符號的技巧是數學成功的關鍵之一。因此，他所創設的微積分符號遠遠優於牛頓的符號，這對微積分的發展有極大影響。西元 1714 年－ 1716 年，萊布尼茲在去世前，起草了〈微積分的歷史和起源〉（直到西元 1846 年才發表），總結了自己創立微積分學的思路，說明了自己成就的獨立性。因此，後來人們公認牛頓和萊布尼茲是各自獨立地建立了微積分。

二進位制與中國

如果說，微積分還存在創始人的爭議，那麼二進位制的發明（發現）人毫無爭議是萊布尼茲。他曾斷言：「二進位制乃是具有世界普遍性的、最完美的邏輯語言。」今天在德國圖林根，著名的哥達王宮圖書館內仍保存著一份萊布尼茲的手稿，標題寫著「1 與 0，一切數字的神奇淵源」。

在他奔波於歐洲各地的馬車裡，萊布尼茲發現了二進位制。但是，人們完全搞不懂二進位制能有什麼用，連萊布尼茲自己都不知道。不過這沒關係，萊布尼茲有句名言：「我有那麼多的想法，如果那些比我更敏銳的人有一天深入其中，把他們絕妙的見解跟我的努力結合起來，這些想法或許有些用處。」

在論文發表 16 年後，西元 1695 年 5 月，魯道夫・奧古斯特（Rudolf August）大公在與萊布尼茲的一次談話中，對他的二進位制表示出非常大的興趣，認為「一切數都可以由 0 與 1 創造出來」這一點，為基督教《聖經》所講的創世紀提供了依據。西元 1697 年，他設計了一個象徵二進位制的紀念章圖案送給大公當作新年禮物。紀念章的正面是大公圖像，背面是象徵創世紀的故事 —— 水面上籠罩著一片黑暗，頂部是光芒四射的太陽，中間排列著二進位制和十進位制數字對照表，兩側是加法與乘法的例項。

除了向身邊的權貴推銷自己的二進位制思想外，萊布尼茲還想透過在中國傳教的傳教士把這個想法推銷給康熙皇帝。

萊布尼茲從西元 1697 年開始給在中國傳教的閔明我（Grimaldi）寫信，詳細講述他的二進位制算術，列出了從 0 到 31 的二進位制數表，以及自然數的平方數列和立方數列的二進位制表示式等，希望閔明我能把

二進位制算術介紹給康熙。西元 1701 年 2 月又寫信給法國傳教士、漢學大師若阿基姆‧布韋（Joachim Bouvet，漢名白晉，西元 1656 年－1730 年，於西元 1687 年〔清康熙二十六年〕到中國）介紹他的二進位制，同樣是希望白晉能把二進位制算術介紹給康熙，同時也希望能引起他心目中的「算術愛好者」康熙皇帝的興趣。

西元 1701 年 2 月，也就是在萊布尼茲寫信給白晉的十天之後，萊布尼茲以法國科學院外籍院士的身分，向法國科學院提交了一份關於二進位制算術的論文，並於 4 月作了宣講。但他要求不要立即發表這篇論文，因為他還要從數的理論方面對二進位制作進一步的研究，況且他還沒有看出二進位制有什麼實用價值。那一年他 55 歲。

白晉在收到萊布尼茲的信後，很快寫了回信。在這封信中，白晉認為萊布尼茲的二進位制對基督教全世界聯合主義者的宗教事業很有好處，伏羲八卦系統的數與萊布尼茲的二進位制級數有共同的基礎。他提出，如果把二進位制算術從第五級（即 00000 或 32）進到第六級（即 000000 或 64），用中間斷開和不斷開的線（陰爻和陽爻）分別代表 0 和 1，然後再把結果彎成一個圓形，那麼這個結果將和《伏羲先天卦序圖》的圓形排列一致。他還把先天圖的方圖說成是妙不可言的圓中之方，傾向於認為方圖的排列也與二進位制一致。如果以上記述無誤，那麼應該說首先發現二進位制與易圖相通的是白晉，而萊布尼茲是這一發現的後續完成者。

白晉在西元 1701 年 11 月的信中附寄了一幅〈伏羲先天卦序圖〉。這封信遲至西元 1703 年 4 月才輾轉到達萊布尼茲的手中。他立即對此圖進行了研究，發現正如白晉所說，此圖的陰爻代表 0，陽爻代表 1，方圖和圓圖的排列順序是與二進位制級數相一致的。他在方圖和圓圖的每一

卦上都一註明了從 0 到 63 的阿拉伯數字。萊布尼茲為這一發現而興奮異常，因為這正是他所期待發現的二進位制的最重要的「實用價值」。這使他決定立即發表關於二進位制算術的論文，對原有的文稿作了修改和補充，題為「關於僅用 0 與 1 兩個記號的二進位制算術的說明並附有其效用及關於據此解釋古代中國伏羲圖的探討」，於西元 1703 年 5 月發表在法國科學院院報上。在關於對二進位制算術的補充說明中，萊布尼茲所用的材料幾乎全部取自白晉的信。他也像白晉那樣，認為中國人已經有一千多年 —— 白晉說有近三千年 —— 不懂易卦的真正意義了。

萊布尼茲對這個相似也很吃驚，和白晉一樣，他也深信《易經》在數學上的意義。他相信古代的中國人已經掌握了二進位制並在科學方面遠遠超過當代的中國人。

然而，這一次將數學與古代中國《易經》相聯的嘗試是不符合實際的。萊布尼茲的二進位制數學指向的不是古代中國，而是未來世界。萊布尼茲在西元 1679 年 3 月記錄下他的二進位制體系的同時，還設計了一臺可以完成數字計算的機器。我們今天的現代科技將此設想變為現實，這在萊布尼茲的時代是超乎人的想像力的。

萊布尼茲是最早接觸中華文化的歐洲人之一，一度從一些曾經到過中國的傳教士那裡接觸到中國文化，之前還應該從馬可‧波羅引起的東方熱留下的影響中也了解過中國。萊布尼茲在「致德雷蒙（De Rémond）先生的信 —— 論中國哲學」中寫道：「中國有著令人讚嘆的道德，還有自然神論的哲學家學說。」萊布尼茲深刻地了解到，文化的相遇就如光的交流，可以把幾千年的成就在極短的時間內相互傳遞，使精神財富成倍增長。在萊布尼茲眼中，「陰」與「陽」基本上就是他的二進位制的中國版。萊布尼茲似乎是第一位真正對中國感興趣的西方思想家。西元 1697 年，

萊布尼茲蒐集在華傳教士的報告、書信、旅行記略等，編輯出版《中國
近事》(*Novissima Sinica*)一書。他在緒論中寫道：「我們從前誰也不相信
世界上還有比我們的倫理更美滿、立身處世之道更進步的民族存在，現
在東方的中國，給了我們一大覺醒！東西雙方比較起來，我覺得在工藝
技術上，彼此難分高低；關於思想理論方面，我們雖略高一籌，但在實
踐哲學方面，實在不能不承認我們相形見絀。」直到他去世前幾個月，還
完成了一份關於中國人宗教思想的手稿：「論中國人的自然神學」。

　　傳說萊布尼茲對中國心嚮往之，透過傳教士寫信給康熙皇帝提出希
望成立北京科學院，並向康熙贈送了自己剛發明的電腦的複製品。萊布
尼茲對此滿懷希望，因為康熙是中國歷史上唯一對科學懷抱興趣的皇
帝。雖說康熙被認為是中國歷史上最有數學頭腦的皇帝，但萊布尼茲的
建議卻未被採納。

107 佛蘭斯蒂德（西元 1646 年 — 1719 年）

首任皇家天文學家，格林威治皇家天文臺的創始人。

> 約翰・佛蘭斯蒂德（John Flamsteed），西元 1646 年（清順治三年，丙戌狗年）生於英國，首任皇家天文學家，格林威治皇家天文臺的創始人，是現代精密天文觀測的開拓者。著名的佛蘭斯蒂德命名法即由佛蘭斯蒂德發明。他在西元 1676 年 — 1689 年共作了大約 2 萬次觀測，測量精度約為 10″，他對 3,000 顆星的測量結果收入了著名的「不列顛星表」。

恆星的佛蘭斯蒂德命名法與拜耳命名法類似，除了以數字取代希臘字母外，每顆恆星還是以數字和拉丁文所有格的星座名稱結合在一起。

在每一個星座中，數字起初是隨赤經的增加而增加，但是因為歲差影響，有些地方已經不合規定了。這種命名法最早出現在佛蘭斯蒂德的《大英天體大全》（*Historia Coelestis Britannica*），是哈雷與牛頓未經佛蘭斯蒂德同意就在西元 1712 年出版的。在佛蘭斯蒂德過世後，西元 1725 年的最後一版，包含了約 3,000 顆恆星，比過去的星表都要龐大，準確度也更高。這種命名法在 18 世紀獲得普遍的認同，沒有拜耳名稱的恆星幾乎都會以這種數字來標記，但有拜耳名稱的恆星仍沿用舊名，而不用佛蘭斯蒂德編號（簡稱佛氏編號）。不過很多著名的恆星都是使用佛氏編號標示的，例如，人馬座 51、天鵝座 61。

當現代的星座界限在草擬時，有些已經有佛氏編號的恆星被分割到

沒有被編號過的星座內，或是因為已經有了拜耳的名稱，而省略了編號。但需要特別注意的是，佛氏編號只涵蓋到在英倫三島可以看見的星星，因此偏向南天的星座都沒有佛氏編號（兩個例外是球狀星團杜鵑座 47 和鄰近的波江座 82）。

在佛蘭斯蒂德的目錄上有些錯誤的記載。例如，佛蘭斯蒂德在西元 1690 年記錄了天王星，但他沒有認出那是顆行星，而將它登記為金牛座 34。

格林威治皇家天文臺剛準備建設時，佛蘭斯蒂德被指定為天文臺首任臺長。他到牛津大學去選助手，當時正在上大二的哈雷在同齡人中脫穎而出。後來哈雷出色地繪製了南天星圖，於是佛蘭斯蒂德便叫他「南天第谷」。但後來兩人還是徹底分道揚鑣。

▌格林威治皇家天文臺

格林威治皇家天文臺，於西元 1675 年建立於英國倫敦泰晤士河畔的皇家格林威治花園，是世界上著名的綜合性天文臺之一。17 世紀時，英國航海事業獲得空前發展，海上航行急需精確的經度指示。西元 1674 年，喬納・摩里爵士（Sir Jonas Moore）向國王查理二世（Charles II）提議，應該為軍械署的測量工作建設一座天文臺。於是，國王查理二世委派佛蘭斯蒂德在格林威治建造天文臺。西元 1675 年 8 月，國王查理二世下令安放奠基石，格林威治皇家天文臺的建立工程正式開始。國王還用自己私人的經費為天文臺提供關鍵性的儀器和裝置。佛蘭斯蒂德的家，原本是天文臺的一部分，是由克里斯多福・雷恩爵士在羅伯特・虎克的協助下，在英國設計的第一棟有特定科學研究目的的設施。他的建築花費了 520 英鎊（超出預算 20 英鎊），這使得佛蘭斯蒂德有些懊惱。天文

臺修建完工後，查理二世設立皇家天文學家職位，由佛蘭斯蒂德擔任。佛蘭斯蒂德上任後，致力於校正天體運動星表和恆星位置的工作，並負責測量正確的經度。經過這個天文臺的子午線被確定為全球的時間和經度計量的標準參考子午線，也稱為零度經線。

108
雅各布·白努利（西元 1654 年－ 1705 年）

到底有幾個白努利？

> 說到白努利就不得不說白努利家族，這是一個在歐洲乃至世界絕無僅有的家族。在科學史上，父子科學家、兄弟科學家並不鮮見，然而，在一個家族跨世紀的幾代人中，眾多父子兄弟都是科學家的卻很罕見，其中，瑞士的白努利家族最為突出。

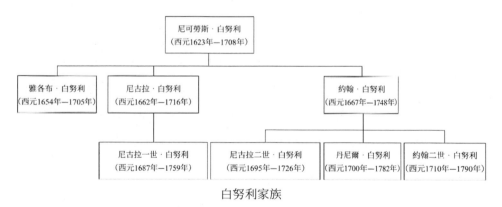

白努利家族

白努利家族 3 代人中產生了 8 位科學家，出類拔萃的至少有 3 位；而在他們一代又一代的眾多子孫中，至少有一半相繼成為傑出人物。白努利家族的後裔有不少於 120 位被人們有系統地追溯過，他們在數學、科學、技術、工程乃至法律、管理、文學、藝術等方面享有名望，有的甚至聲名顯赫。最不可思議的是這個家族中有兩代人，他們中的大多數

數學家，並非有意選擇數學為職業，然而卻忘情地沉溺於數學之中，有人調侃他們就像酒鬼碰到了烈酒。

本書將對其中三人：雅各布、約翰和丹尼爾的事蹟進行描述。其中雅各布和約翰是兄弟，約翰和丹尼爾又是父子。

雅各布‧白努利（Jakob Bernoulli），西元 1654 年（清順治十一年，甲午馬年。奧托‧馮‧居里克〔Otto von Guericke〕在德國馬德堡做馬德堡半球實驗證明空氣和氣壓的存在）生於瑞士巴塞爾，白努利家族代表人物之一，數學家。被公認為機率論的先驅之一。他是最早使用「積分」這個術語的人，也是較早使用極座標系的數學家之一。還較早闡明隨著試驗次數的增加，頻率穩定在機率附近。他還研究了懸鏈線，確定了等時曲線的方程式。機率論中的白努利試驗與大數定理也是他提出來的。

雅各布畢業於巴塞爾大學，西元 1671 年 17 歲時獲藝術碩士學位。這裡的藝術指「自由藝術」，包括算術、幾何學、天文學、數理音樂和文法、修辭、雄辯術共 7 大門類。遵照父親的願望，他於西元 1676 年 22 歲時又獲得了神學碩士學位。然而，他也違背父親的意願，自學了數學和天文學。西元 1676 年，他到日內瓦做家庭教師。從西元 1677 年起，他開始在那裡寫內容豐富的《沉思錄》（*Meditations*）。

西元 1678 年和西元 1681 年，雅各布兩次外出旅行學習，到過法國、荷蘭、英國和德國，接觸和交流了許德（Hudde）、波以耳、虎克、惠更斯等科學家，撰寫關於彗星理論（西元 1682 年）、重力理論（西元 1683 年）方面的論文。西元 1687 年，雅各布在《教師學報》上發表數學論文「用兩相互垂直的直線將三角形的面積四等分的方法」，同年成為巴塞爾大學的數學教授，直至西元 1705 年逝世。

西元 1699 年，雅各布當選為法國科學院外籍院士；西元 1701 年被

柏林科學協會（後為柏林科學院）接納為會員。許多數學成果與雅各布的名字相關聯。例如懸鏈線問題（西元 1690 年）、曲率半徑公式（西元 1694 年）、白努利雙紐線（西元 1694 年）、白努利微分方程式（西元 1695 年）、等周問題（西元 1700 年）等。

109
哈雷（西元 1656 年－ 1742 年）

哈雷最廣為人知的貢獻就是他準確地預言了一顆彗星。

愛德蒙・哈雷（Edmond Halley），西元 1656 年（清順治十三年，丙申猴年）出生於英國倫敦，天文學家、地理學家、數學家、氣象學家和物理學家，曾任牛津大學幾何學教授，第二任格林威治皇家天文臺臺長。他把牛頓定律應用到彗星運動上，並準確預言了那顆現在被稱為哈雷的彗星作回歸運動的事實，他還發現了天狼星、南河三和大角這三顆星的自行，以及月球長期加速現象。

20 歲畢業於牛津大學王后學院。此後，他放棄了獲得學位的機會，去聖赫勒拿島建立了一座臨時天文臺。在那裡，哈雷仔細觀測天象，編製了第一個南天星表，彌補了天文學界原先只有北天星表的不足。哈雷的這個南天星表包括 381 顆恆星的方位，於西元 1678 年刊布，當時哈雷才 22 歲。

哈雷最廣為人知的貢獻就是他對一顆彗星的準確預言。西元 1680 年，哈雷與巴黎天文臺第一任臺長合作，觀測了當年出現的一顆大彗星。從此他對彗星發生興趣。哈雷在整理彗星觀測紀錄的過程中，發現西元 1682 年出現的一顆彗星的軌道根數，與西元 1607 年克卜勒觀測的和西元 1531 年阿皮亞努斯（Petrus Apianus）觀測的彗星軌道根數相近，

出現的時間間隔都是 75 年或 76 年。哈雷運用牛頓萬有引力定律反覆推算，認為這三次出現的彗星，並不是三顆不同的彗星，而是同一顆彗星的三次出現。哈雷以此為依據，預言這顆彗星將於西元 1759 年再次出現。西元 1758 年這顆彗星被命名為哈雷彗星，那是在他去世大約 16 年之後。西元 1759 年 3 月，全世界的天文臺都在等待哈雷彗星的出現。3 月 13 日，這顆明亮的彗星拖著長長的尾巴出現在星空中。遺憾的是，哈雷已於西元 1742 年逝世，未能親眼看到。根據哈雷的計算，這顆彗星將於西元 1835 年和 1910 年回來，結果，這顆彗星又都如期而至。

哈雷幾乎是皇家學會的「專業調解員」。虎克和海維留（Johannes Hevelius，西元 1611 年－ 1687 年）之爭、牛頓和虎克之爭、牛頓和萊布尼茲之爭，都是有了哈雷的勸說才稍顯平息（儘管後兩者最終還是釀成悲劇）。

110
約翰・白努利（西元 1667 年－ 1748 年）

白努利又來了！

　　著名的數學家家族 —— 白努利家族中的一員。約翰・白努利（Johann Bernoulli），因其對微積分的卓越貢獻以及對歐洲數學家的培養而知名。是尼克勞斯（Nicolaus Bernoulli）的第三個兒子，雅各布的弟弟。幼年時父親像要求雅各布一樣，試圖要約翰去學經商，他認為自己不適宜從事商業，拒絕了父親的勸告。西元 1683 年進入巴塞爾大學學習，西元 1685 年通過邏輯論文答辯，獲得藝術碩士學位。接著他攻讀醫學，西元 1690 年獲醫學碩士學位，西元 1694 年又獲博士學位。

　　約翰在巴塞爾大學學習期間，懷著對數學的熱情，跟哥哥雅各布祕密學習數學，並開始研究數學。兩人都對無窮小數產生了濃厚的興趣，他們首先熟悉萊布尼茲的不易理解的關於微積分的簡略論述。正是在萊布尼茲思想的影響和激勵下，約翰走上了研究和發展微積分的道路。

　　西元 1691 年 6 月，約翰在《教師學報》上發表論文，解決了雅各布提出的關於懸鏈線的問題。這篇論文的發表，使他加入了惠更斯、萊布尼茲和牛頓等數學家的行列。

　　西元 1691 年秋天，約翰到達巴黎。在巴黎期間他會見了洛必達

（L'Hospital），並於西元 1691 年－ 1692 年為其講授微積分。二人成為親密的朋友，建立了長達數十年之久的通信聯絡，洛必達後來成為法國最有才能的數學家之一。

　　事實上西元 1727 年牛頓死後，約翰幾乎稱得上那個時代最重要的數學家，是 18 世紀分析學的重要奠基者之一。建立了三維空間直角座標系，指出可以用以三個座標變數為元的三元方程式表示空間曲面。

　　他還教出了包括尤拉、瑞士數學家克拉瑪（Gabriel Cramer）以及他自己的兒子丹尼爾這些傑出的數學家。他還是人類歷史上最偉大的通信者和教育家之一，他與同時代的 110 位學者透過通信進行學術討論，信件約有 2,500 封，是重要的歷史研究和科學研究材料。

▌洛必達法則

　　洛必達是法國中世紀的王公貴族，他酷愛數學，後拜約翰為師學習數學。但洛必達法則並非洛必達本人的研究成果。實際上，洛必達法則是洛必達的老師約翰的學術論文。由於當時約翰境遇困頓，生活困難，而學生洛必達又是王公貴族，表示願意用 300 里弗爾換取約翰的學術論文，約翰也欣然接受。此篇論文即影響數學界的洛必達法則。在洛必達死後，約翰宣稱洛必達法則是自己的研究成果，但歐洲的數學家並不認可，他們認為洛必達的行為是正常的以物易物，因此否認了約翰的說法。

　　事實上，在那個年代科學研究成果本來就可以買賣。洛必達也確實是個有天分的數學學習者，只是比約翰等人稍遜一籌。洛必達花費了大量的時間精力整理這些買來的和自己研究出來的成果，編著出世界上第一本微積分教科書，使數學廣為傳播。並且他在此書前言中向萊布尼茲

和約翰鄭重致謝，特別是約翰。這是一個值得尊敬的學者和傳播者，他為這項事業貢獻了自己的一生。

▌懸鏈線

懸鏈線（catenary）指的是一種曲線，指兩端固定的一條（粗細與質量分布）均勻、柔軟（不能伸長）的鏈條，在重力的作用下所具有的曲線形狀，例如懸索橋等，因其與兩端固定的繩子在均勻引力作用下下垂相似而得名。這是達文西最早提出，伽利略反覆推算而不得其解的懸而未決的數學問題。惠更斯用物理方法證明了這條曲線不是拋物線，但到底是什麼，他一時也求不出來。直到幾十年後，雅各布再次提出這個問題。

與達文西的時代時隔 170 年，久負盛名的雅各布在一篇論文中提出了確定懸鏈線性質（即方程式）的問題。實際上，該問題存在多年且一直被人研究。雅各布覺得，應用奇妙的微積分新方法也許可以解決這一問題。

但遺憾的是，面對這個苦惱的難題，他也沒有絲毫進展。一年後，雅各布的努力還是沒有結果，可他卻懊惱地看到他的弟弟約翰發表了這個問題的正確答案。而自命不凡的約翰，卻幾乎不能算是一個謙和的勝利者，因為他後來回憶說：

我哥哥的努力沒有成功；而我卻幸運得很，因為我發現了全面解開這道難題的技巧（我這樣說並非自誇，我為什麼要隱瞞真相呢？）……沒錯，為研究這道題，我整整一晚沒有休息……不過第二天早晨，我就滿懷欣喜地去見哥哥，他還在苦思這道難題，但毫無進展。他像伽利略一樣，始終以為懸鏈線是一條拋物線。停下！停下！我對他說，不要再折磨自己去證明懸鏈線是拋物線了，因為這是完全錯誤的。

可笑的是，約翰成功地解出這道難題，僅僅犧牲了「整整一晚」的休

息時間，而雅各布卻已經與這道題持續搏鬥了整整一年，這實在是一種「奇恥大辱」。

　　適當選擇座標系後，懸鏈線的方程式是一個雙曲餘弦函數，其標準方程式為：$y = a \cosh (x/a)$，其中，a 為曲線頂點到橫座標軸的距離。

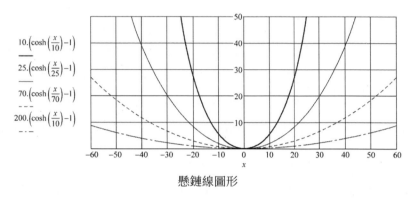

懸鏈線圖形

　　今天，懸索橋、雙曲拱橋、架空電纜、雙曲拱壩都用到了懸鏈線的原理。

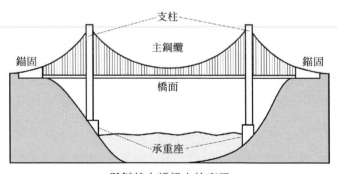

懸鏈線在橋梁上的應用

▌最速降線

　　「我，約翰·白努利，想找到世界上最棒的數學家。沒有比出道難題更為難人，更能公平公正了，能解決這個問題的人必能揚名立萬，千古

流芳。成為能與帕斯卡、費馬等齊名的大科學家。請允許我代表整個數學界提出這個尤其能在今天考驗大家的數學技巧和思考耐力的問題。如果有人能把答案遞交與我，我會將其公開，並授予其應得的獎賞。」

在 17 世紀末，幾乎全歐洲的傑出數學家：牛頓、惠更斯、萊布尼茲、切恩豪斯（Tschirnhaus）、洛必達……他們都在做這道題。

西元 1696 年 6 月的《博學通報》上，約翰向全歐洲提出了一個問題。在重力作用且忽略摩擦力的情況下，一個質點在一點 A 從速率為零開始，沿某條曲線，去到一個不高於 A 點的 B 點，怎樣的曲線能令所需的時間最短呢？

約翰給了歐洲數學家六個月的時間，但是沒有人給出解答。在萊布尼茲的要求下，時間被延長為一年半。十分有趣的是，偉大的伽利略也曾思考過這個問題，並認為這條線應該是一段圓弧，寫在了他的《論兩種新科學》中。

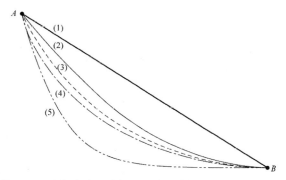

約翰·白努利的問題：(1) 直線、(2) 拋物線、(3) 圓、(4) 擺線、(5) 6 階曲線

這個問題存在一個最佳解答，這條曲線有一個拗口的名字，叫「Brachistonchrone 曲線」（詞源來自希臘語，brachistos 是最短的意思，chronos 是時間的意思）。萊布尼茲還想更佶屈聱牙地叫它「Tachysto-pote」。

問題的難處在於和普通的極大、極小值求法不同，他是要求出一個未知函數（曲線）來滿足所給條件。這個問題困擾了歐洲數學家 6 個月，無人解出。牛頓第一次聽說這個問題是一個朋友告訴他的。那天他在鑄幣局工作了一整天，剛剛筋疲力盡地回到家裡。他被這個新穎的問題所吸引，晚飯以後，開始思考，牛頓一進入狀態，就如入無人之境。和青少年時代一樣如痴如迷，第二天凌晨 4 點鐘，他就解出了這個問題，並且寫了一篇行文非常漂亮的文章以匿名信寄給皇家學會。當約翰看到皇家學會刊出的這篇匿名文章時，立刻喊道：「噢！我從他的爪子認出了這頭獅子！」（I recognize the lion by his paw!）最後有五個數學家解出這個問題：牛頓、雅各布、萊布尼茲、洛必達和埃倫弗里德・瓦爾特・馮・切恩豪斯。雅各布為了勝過自己的弟弟，還創造出了一個最速降線的更新版，為了解決這個更新版的問題，他引入了一個新的方法，後來被尤拉發展為變分法。拉格朗日做了更進一步的工作，將這個工作發展為現代微積分。

儘管牛頓的才能使約翰沮喪，他仍然得意地認為自己的方法是所有答案中最簡潔漂亮的，而認為他哥哥雅各布的方法最笨最差。牛頓等其餘三人用的是微積分方法，在此不表。白努利弟兄方法的差別何在呢？約翰的答案簡潔漂亮，是因為他借用了光學中費馬的光程（或時間）最短原理。

這是一條擺線，而不是像伽利略認為的完美圓弧才是最快的路徑。後來人們發現擺線具有如下性質：

（1）它的長度等於旋轉圓直徑的 4 倍。尤為令人感興趣的是，它的長度是一個不依賴於 π 的有理數。

（2）在弧線下的面積，是旋轉圓面積的 3 倍。

（3）圓上描出擺線的那個點，具有不同的速度 —— 事實上，在特定的地方它甚至是靜止的。

（4）當小球從一個擺線的不同點被釋放時，它們會同時到達底部。

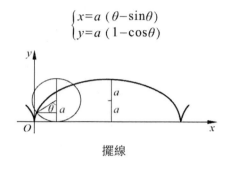

擺線

111
孟德斯鳩（西元 1689 年－ 1755 年）

自由就是做法律所許可的一切事情的權利。

夏爾・路易・德・塞孔達，拉布雷德與孟德斯鳩男爵
(Charles Louis de Secondat, Baron de La Brède et de Montesquieu)，
西元 1689 年（清康熙二十八年，己巳蛇年。牛頓被當選為國會中
的大學代表；約翰・洛克著《政府論》〔*Two Treatises of Govern-
ment*〕；萊布尼茲在羅馬遇見天主教傳教士閔明我，對中國產生
了極大興趣，他曾交給閔明我一份 30 個條目的提綱，希望了解中
國的天文、數學、地理、醫學、歷史、哲學、倫理，以及火藥、
冶金、造紙、紡織技術等）出生於法國波爾多附近的拉布雷德城堡
的貴族世家中。法國啟蒙運動時期思想家、律師，西方國家學說
以及法學理論的奠基人，與伏爾泰、盧梭合稱「法蘭西啟蒙運動
三劍俠」。「拜占庭帝國」這個說法的流行，孟德斯鳩出力甚多。
孟德斯鳩是一位百科全書式的學者。在學術上獲得了極大成就，
得到了很高的榮譽。曾被選為波爾多科學院院士、法國科學院院
士、英國皇家學會會員、柏林科學院院士。

西元 1734 年發表《羅馬盛衰原因論》（*Considerations sur les causes de
la grandeur des Romains et de leur decadence*），利用古羅馬的歷史資料來
闡明自己的政治主張。

　　西元 1748 年，孟德斯鳩最重要的也是影響最大的著作《論法的精神》(*De l'esprit des lois*) 出版。這是一部綜合性政治學著作。這部書受到極大的歡迎，兩年中就印行了 22 次。孟德斯鳩反對神學，提倡科學，但又不是一個無神論者和唯物主義者，孟德斯鳩是一名自然神論者。孟德斯鳩公開承認上帝是世界的始因，認為上帝是世界的「創造者和保養者」，但又認為世界受自然規律的支配，上帝不能改變自然規律，它的活動同樣要受自然規律的制約。並提出各種宗教之間應該互相寬容、和睦相處、互不干擾、互相尊敬的主張。

　　孟德斯鳩提倡資產階級的自由和平等，但強調自由的實現要受法律的制約，政治自由並不是願意做什麼就做什麼。孟德斯鳩說：「自由是做法律所許可的一切事情的權利；如果一個公民能夠做法律所禁止的事情，他就不再有自由了。因為其他的人也同樣會有這個權利。」還提出了「地理環境決定論」，認為氣候對一個民族的性格、感情、道德、風俗等會產生強大的影響，認為土壤與居民性格之間，尤其與民族的政治制度之間有著非常密切的關聯，認為國家疆域的大小與國家政治制度有極密切的關聯。

　　西元 1755 年，孟德斯鳩於旅途中染病，去世。

▋孟德斯鳩語錄

　　(1) 美德本身也需要限制。

　　(2) 謙虛是不可缺少的品德。

　　(3) 讓我們把不名譽作為刑罰最重的部分吧！

　　(4) 自由就是做法律所許可的一切事情的權利。

(5) 誇獎的話，出於自己口中，那是多麼乏味！

(6) 奢侈總是跟隨著淫亂，淫亂總是跟隨著奢侈。

(7) 在一個人民的國家中還要有一種推動的樞紐，這就是美德。

(8) 禮貌使有禮貌的人喜悅，也使那些受人以禮貌相待的人們喜悅。

(9) 喜愛讀書，就等於把生活中寂寞無聊的時光換成極大享受的時刻。

(10) 美必須乾乾淨淨、清清白白，在形象上如此，在內心中更是如此。

(11) 有益於身而有害於家的事情，我不做；有益於家而有害於國的事情，我不做。

(12) 獨裁政治權勢者的專制，對於民眾福祉的危險性，比不上民主政治人民的冷漠。

(13) 造化既然在人間造成不同程度的強弱，也常用破釜沉舟的抗爭，使弱者不亞於強者。

(14) 我所謂共和國裡的美德，是指愛祖國，也就是愛平等而言。這並不是一種道德上的美德，也不是一種基督教的美德，而是政治上的美德。

(15) 在我看來，所謂的平等可以分為以下幾種：第一，結果平等（不可能的）；第二，起點平等（也不可能）；第三，機會平等（不完全可能）；第四，規則平等（比較可取）。

(16) 好習慣包括準時、正確、恆心、迅速。缺少第一項，光陰會虛度；不具備第二項，錯誤百出；沒有第三項，事情永遠辦不好；丟失第四項，遇上良機，都會白白錯失。

112
哥德巴赫（西元 1690 年－ 1764 年）

多少人都想證明哥德巴赫猜想。

哥德巴赫（Christian Goldbach），西元 1690 年（清康熙二十九年，己巳蛇年。惠更斯提出光的波動說）生於普魯士柯尼斯堡（今俄羅斯加里寧格勒），西元 1764 年卒於莫斯科。著名數學家、宗教音樂家。

作為數學家，哥德巴赫是非職業的。他對數學有著敏銳的洞察力，加上與許多大數學家的往來，以及其特殊的社會地位，使得他提出的問題引起許多人研究，從而推動了數學的發展。關於哥德巴赫，我們知道的並不多，但很多人都知道「哥德巴赫猜想」！

1900 年，大數學家希爾伯特在巴黎數學家大會上提出對 20 世紀數學發展有重大影響的 23 個問題，其中哥德巴赫猜想被列為第 8 個問題。

哥德巴赫又是最後一位偉大的宗教音樂家。他的音樂最初就是從被稱作讚美詩的路德聖詠而來，他把路德派新教的眾多讚歌當作自己的創作素材和音樂構思的核心，透過這些曲調，他成為一種信仰的音樂代言人。

▌哥德巴赫猜想

哥德巴赫於西元 1742 年寫給尤拉的信中提出了以下猜想：任一大於 2 的偶數都可寫成兩個質數之和。但是哥德巴赫自己無法證明它，於是就寫信請赫赫有名的尤拉幫忙證明，但是一直到去世，尤拉也無法證明。因現今數學界已經不使用「1 也是質數」這個約定，原初猜想的現代陳述改為：任一大於 5 的整數都可寫成三個質數之和。尤拉在回信中也提出另一個等價版本，即任一大於 2 的偶數都可寫成兩個質數之和。

此後，很多數學家都在證明「哥德巴赫猜想」。

1920 年，挪威的布朗 (Viggo Brun) 證明了「9 ＋ 9」。

1924 年，德國的拉德馬赫 (Rademacher) 證明了「7 ＋ 7」。

1932 年，英國的埃斯特曼 (Estermann) 證明了「6 ＋ 6」。

1937 年，義大利的蕾西 (Ricei) 先後證明了「5 ＋ 7」、「4 ＋ 9」、「3 ＋ 15」、「2 ＋ 366」。

1938 年，蘇聯的布赫夕太勃 (Byxwrao) 證明了「5 ＋ 5」。

1940 年，蘇聯的布赫夕太勃證明了「4 ＋ 4」。

1948 年，匈牙利的瑞尼 (Renyi) 證明了「1 ＋ c」，其中 c 是一很大的自然數。

1956 年，中國的王元證明了「3 ＋ 4」，隨後證明了「3 ＋ 3」和「2 ＋ 3」。

1962 年，中國的潘承洞和蘇聯的巴爾巴恩 (BapoaH) 證明了「1 ＋ 5」，中國的王元證明了「1 ＋ 4」。

1965 年，蘇聯的布赫夕太勃和維諾格拉多夫 (Vinogradov)，及義大利的朋比利 (Bombieri) 證明了「1 ＋ 3」。

1966 年，中國的陳景潤證明了「1 ＋ 2」。

三大數學猜想

世界三大數學猜想即費馬猜想、四色猜想和哥德巴赫猜想。

(1) 費馬猜想的證明最終於 1994 年由英國數學家安德魯‧懷爾斯 (Andrew Wiles) 完成,遂稱費馬大定理。

(2) 西元 1852 年,畢業於倫敦大學的格斯里 (Francis Guthrie) 對地圖進行著色時,發現每幅地圖都可以只用四種顏色著色。這個現象能不能從數學上加以嚴格證明呢?西元 1852 年 10 月,他的弟弟就這個問題的證明請教了他的老師、著名數學家德摩根 (De Morgan),德摩根也沒能找到解決這個問題的途徑,於是寫信向自己的好友、著名數學家哈密頓 (Hamilton) 請教。但直到西元 1865 年哈密頓去世,問題也沒有能夠解決。西元 1872 年,英國當時最著名的數學家凱萊 (Cayley) 正式向倫敦數學學會提出了這個問題,於是四色猜想成了世界數學界關注的難題。四色猜想的證明於 1976 年由美國數學家阿佩爾 (Kenneth Appel) 與哈肯 (Wolfgang Haken) 藉助電腦完成,遂稱四色定理。

(3) 哥德巴赫猜想尚未解決,目前最好的成果 (陳氏定理) 乃於 1966 年由中國數學家陳景潤獲得。

這三個問題的共同點均是題面簡單易懂,內涵深邃無比,影響了一代代數學家。

113
布拉德雷（西元 1693 年－ 1762 年）

薪俸微薄的格林威治皇家天文臺臺長。

> 詹姆斯・布拉德雷 (James Bradley)，西元 1693 年（清康熙三十二年，癸酉雞年）出生於英國。文學家，從西元 1742 年起至去世一直擔任格林威治皇家天文臺臺長。發現光行差和章動兩種重要現象。根據六萬多次觀測編製了一本相當精確的星表，為地球運動提供了有力證據，並於西元 1748 年榮獲科普利獎。

有一次，女王參觀著名的格林威治皇家天文臺，當女王獲悉布拉德雷的月薪幾乎與天文臺普通職員相當時，深感驚訝，她脫口而出：「作為全世界最負盛名的格林威治皇家天文臺臺長，收入如此之低，令人難以想像！我要為你加薪！」令女王意外的是，加薪決定卻遭到布拉德雷的拒絕，布拉德雷懇求她千萬別這樣做。他說：「如果這個職位一旦可以帶來大量收入，那麼，以後到這個職位上來的將不是天文學家了。」女王深思後，輕輕地點了點頭。

▌光行差

光行差（或稱為天文光行差、恆星光行差）是指運動著的觀測者觀察到光的方向與同一時間同一地點靜止的觀測者觀察到的方向有偏差的現

象。光行差現象在天文觀測上表現得尤為明顯。由於地球公轉、自轉等原因，地球上觀察天體的位置時總是存在光行差，其大小與觀測者的速度和天體方向與觀測者運動方向之間的夾角有關，並且在不斷變化。

▌章動

瞬時北天極繞瞬時平北天極旋轉產生的橢圓軌跡。在天文學上天極相對於黃極的位置除有長週期的歲差變化外，還有許多短週期的微小變化。引起這種變化的原因是地球相對於月球和太陽的位置有週期性的變化，它所受到的來自後兩者的引力作用也有相同週期的變化，使得地球自轉軸的空間指向除長期的緩慢移動（歲差）外，還疊加上各種週期的幅度較小的振動，這稱為章動。

▌科普利獎

英國皇家學會頒發的最古老的科學獎之一。科普利獎是科學成就的最高榮譽獎、世界上歷史最悠久的科學獎項。西元 1731 年以皇家學會的高級會員戈弗雷·科普利爵士（Sir Godfrey Copley）的遺贈設立。每年頒發一次，為一枚鍍金銀質獎章和 100 英鎊獎金（這在當時是相當大的數額），授予專為申請此獎而進行的自然哲學研究成果。獲獎成果都須發表過，或向英國皇家學會通報過。獲獎項目須經皇家學會理事會評定，所以現職理事會成員不得獲獎，以防止不公正。

第一枚科普利獎章得主是電學研究的先驅 S. 格雷（Stephen Gray）。現代獲獎者中有不少是諾貝爾獎得主。比諾貝爾獎設立還早 170 年，但它目前的獎金只有 5,000 英鎊。

114
伏爾泰（西元 1694 年－ 1778 年）

使人疲憊的不是遠方的高山，而是鞋裡的一粒沙子。

本名弗朗索瓦-馬里・阿魯埃（François-Marie Arouet），西元 1694 年（清康熙三十三年，甲戌狗年）出生於法國巴黎，伏爾泰（Voltaire）是他的筆名，啟蒙思想家、文學家、哲學家、著名學者和作家。伏爾泰是 18 世紀法國資產階級啟蒙運動的泰斗，被譽為「法蘭西思想之王」、「法蘭西最優秀詩人」、「歐洲的良心」。主張開明的君主政治，強調自由和平等。

在高中時，伏爾泰便掌握了拉丁文和希臘文，後來更通曉義大利語、西班牙語和英語。

西元 1711 年－ 1713 年他攻讀法律。投身文學之前，伏爾泰還為法國駐荷蘭大使當過祕書，並與一名法國女子墜入愛河。兩人私奔的計畫被伏爾泰的父親發現，被迫回國。

西元 1715 年，伏爾泰因寫詩諷刺當時的攝政王奧爾良公爵被流放到蘇里。

西元 1718 年，《俄狄浦斯王》（Œdipe）在巴黎上演引起轟動，伏爾泰贏得了「法蘭西最優秀詩人」的桂冠。

西元 1726 年，伏爾泰又遭貴族德・羅昂（de Rohan）的汙辱並遭誣

告，又一次被投入巴士底監獄達一年。出獄後，伏爾泰被驅逐出境，流亡英國。

西元 1726 年－ 1728 年，伏爾泰在英國流亡是他人生的一個新時期。他在英國居住三年期間，詳細考察了君主立憲的政治制度和當地的社會習俗，深入研究了英國的唯物主義經驗論和牛頓的物理學新成果，形成了反對封建專制主義的政治主張和自然神論的哲學觀點。《哲學通信》（*Lettres philosophiques sur les Anglais*）就是他在英國的觀感和心得的總結，也是他第一部哲學和政治學的專著。

西元 1729 年，因得到法國國王路易十五的默許，伏爾泰回到法國。以後一些年他陸續完成和發表了悲劇《布魯圖斯》（*Brutus*）、《薩伊》（*Zaïre*），以及歷史著作《查理十二史》（*History of Charles XII*）等。

西元 1734 年，伏爾泰正式發表了《哲學通信》，宣揚英國資產階級革命的成就，抨擊法國的專制政體。但出版後即被查禁，巴黎法院下令逮捕伏爾泰。他逃至情婦沙特萊侯爵夫人（Marquise Du Châtelet）在西雷村的莊園，隱居 15 年。

這期間他一度被宮廷任命為史官，並分別於西元 1743 年當選為英國皇家學會會員，西元 1746 年當選為法蘭西學院院士。隱居生活使得伏爾泰的才能得到充分發揮，他寫下了許多史詩、悲劇及歷史、哲學著作。如哲學和科學著作《哲學辭書》（*Philosophical dictionary*）、《牛頓哲學原理》（*Elements of of the philosophy of Newton*），戲劇《凱撒之死》（*The death of Caesar*）、《穆罕默德》（*Mahomet*）、《梅羅珀》（*Mérope*），哲理小說《查第格》（*Zadig*）等。這些作品的發表使得伏爾泰獲得了極大聲譽。

西元 1778 年，當 84 歲的伏爾泰回到闊別 29 年的巴黎時，他受到熱烈的歡迎。這時是伏爾泰人生發展最輝煌的頂點。不久，他便病倒了，

同年與世長辭。臨終前，伏爾泰對自己的後事做了囑咐：把棺材一半埋在教堂裡，一半埋在教堂外。意思是說，上帝讓他上天堂，他就從教堂這邊上天堂；上帝讓他下地獄，他可以從棺材的另一頭悄悄溜走。

伏爾泰死後，仍然受到教會的迫害，以致他的遺體不得不祕密地運到香檳區，安放在一個小禮拜堂內。直到西元 1791 年法國大革命期間，他的遺體才得以運回巴黎，他的柩車上寫著：「他教導我們走向自由」。他的骨灰從此長眠在巴黎先賢祠中。

伏爾泰反對君主專制制度，提倡自然神論，批判天主教會，主張言論自由。他被廣泛傳頌的一句話是：「我並不同意你的觀點，但我誓死捍衛你說話的權利。」（I disapprove of what you say, but I will defend to the death your right to say it.）這句話代表了他對於言論自由的主張（伏爾泰並沒有說過這句話，這句話是霍爾〔Evelyn Beatrice Hall〕在 1906 年出版的傳記《伏爾泰的朋友們》〔*The Friends of Voltaire*〕中，為表達伏爾泰的觀點整理杜撰出的）。

伏爾泰所處的時代，大航海時代已經結束，更多嶄新的商業機遇展現在了歐洲人眼前。隨著財富的迅速累積，資本力量開始嶄露頭角。歐洲人為搶奪更多的貿易利潤，彼此之間合縱連橫，爾虞我詐，時而拳腳相加，時而勾肩搭背。正如狄更斯在《雙城記》（*A Tale of Two Cities*）中寫的那樣：「這是最好的時代，這是最壞的時代；這是智慧的年代，這是愚蠢的年代；這是信仰的時期，這是懷疑的時期；這是光明的季節，這是黑暗的季節；這是希望之春，這是絕望之冬；我們的前途擁有一切，我們的前途 一無所有；我們正走向天堂，我們也正直下地獄。」

歐洲人原本跪伏在上帝的腳下，如今轉而投向了資本的懷抱。價值觀的迷失，道德的衰退，中世紀的愚昧和後大航海時代的混亂，讓伏爾

泰倍感困惑和迷茫甚至失望。為了尋找精神出口，以伏爾泰為代表的法
國知識分子曾試圖引進中國儒家道德體系。用伏爾泰自己的話來說，他
曾「認真地讀過」孔子的「全部著作，並作了摘要」。在伏爾泰們的眼
裡，中國是富裕、和諧和先進的，還有精美的絲織品和瓷器以及燦爛的
文化。

在伏爾泰眼中，中國明朝原是一個非常理想的國家和社會。「人類肯
定想像不出一個比這更好的政府：一切都由一級從屬一級的衙門裁決，
官員必須經過好幾次嚴格的考試才被錄用。……土地的耕作達到了歐洲
尚未接近的完善程度，這就清楚地表示民眾並沒有被沉重的捐稅壓垮。
從事文化娛樂工作的人數甚多，說明城市繁榮，鄉村富庶。帝國內沒有
一個城市舉行盛宴不伴有演戲。人們不去劇院，而是請戲子到家裡來演
出。悲劇、喜劇雖然不完善卻已十分普及。中國人沒有任何一種精神藝
術臻於完美，但是他們盡情地享受著他們所熟悉的東西。總之，他們是
按照人性的需求享受著幸福的。」(005)

「中國熱」的浪潮也衝擊到文學領域。那時，一切提到中國的遊記都
成了暢銷書。冠之以「中國」二字的小說、戲劇也紛紛出籠。

西元 1731 年，元雜劇《趙氏孤兒》由耶穌會士馬若瑟（Joseph Henri
Marie dePrémare）譯成了法文。西元 1735 年，這個譯本被收入杜赫德
（Jean-Baptiste Du Halde）主編的四大卷《中華帝國全志》（*The General His-
tory of China*）裡。伏爾泰讀到後，異常興奮，萌發了改編這部中國戲劇的
念頭。他被劇中所表現的犧牲精神與高尚的道德力量所感染，根據自己對
中國文化的理解重構了這個故事。他十分看重中國戲劇的教化功能，認為
「中國戲劇展示了人類活動的生動畫面，並確立一種道德教育」。

---

(005)　伏爾泰．《風俗論（下冊）》[M]. 北京：商務印書館，1994，第 510 頁。

《趙氏孤兒》的故事在《春秋》、《國語》、《左傳》、《史記》等史書中均有記載，其中最早的詳盡記載是《史記‧趙世家》。元雜劇《趙氏孤兒》描述春秋時晉國上卿趙盾遭到大將軍屠岸賈的誣陷，全家三百餘口被殺。為斬草除根，屠岸賈下令在全國範圍內搜捕趙氏孤兒趙武。趙家門客程嬰與老臣公孫杵臼定計，救出趙武。為救護趙武，先後有晉公主、韓厥、公孫杵臼獻出生命。二十年後，趙武由程嬰撫養長大，盡知冤情，稟明國君，親自拿住屠岸賈並處以極刑，終於為全家報仇。

伏爾泰的《中國孤兒》（*L'Orphelin de la Chine*）不僅把時代改成了宋元之際，地點改在了北京，更將角色全部更換，劇情大大翻新。宋臣張惕為了保住王室後裔，把自己的兒子當作王子，交給蒙古人，同時請他的朋友將王子帶到高麗去。其妻葉端美指責張惕有違父道，並向成吉思汗說明他所抓的是她的孩子而不是王子。成吉思汗愛慕葉端美並向其求婚，張惕也因為王子逃亡失敗而勸告葉端美犧牲個人節操，以拯救王子。葉端美拒絕了成吉思汗，獨自搭救王子不成，終於選擇了與丈夫、孩子同死。她要求臨刑前再見丈夫一面，並讓丈夫先將她殺死，然後自殺。成吉思汗暗中聽到了他們的對話，感受到了纏綿的愛情以及不屈不撓的氣節，於是不知不覺間受到了中國文明的洗禮，不但放過了所有人，還拜張惕為官，請他用漢文化教化蒙古人。他說：正義和真理都在你一人身上完全表現出來了，忠勇雙全的人值得全人類尊敬。另外，在藝術表現上，伏爾泰引入了愛情主題，並為使故事符合「三一律」，刪除了孤兒復仇的情節，將劇情濃縮，讓故事的時間縮短至一個晚上。他認為中國戲劇的形式配不上它的悠久歷史和道德力量，缺乏藝術性：「故事竟持續了二十五年，堆積了令人難以置信的事件。」

西元 1755 年 8 月，《中國孤兒》在楓丹白露首次公演，獲得了廣泛

好評。這是中法文化交流史上前所未有的創舉。劇本改編的成功，不僅為伏爾泰帶來極大的聲譽，而且更加激起歐洲知識分子對中國思想文化、文學藝術的興趣。

伏爾泰把《趙氏孤兒》中的儒家思想加以修改，使之為他的啟蒙主義思想服務，建構了一部全新的話劇，同時也將中國的文化和哲學理念以西方人較易接受的方式帶入了歐洲。

伏爾泰在書房掛著孔子的肖像，把每年收穫的第一穗穀物供奉在先師的像前。他說：「這位孔夫子，我們稱為 Confucius，是一位在基督教創立之前約 600 年教導後輩遵守美德的先賢古哲。」他對達朗貝爾說：「我以孔子的名義擁抱你。」又對達米拉維爾（Damilaville）寫道：「以孔子的名義，我再一次向你道別。」他甚至把自己的書房命名為「孔廟」。

伏爾泰對於中國文化的這種「誤讀」，代表並引導了當時一部分西方人對中國的認識和理解。然而，無論是儒家道德秩序還是歐洲道德制度，均根植於各自遙遠的過去，經歷無數次動盪與沉澱，生根於民族精神的最底部，生搬硬套是難以成功的。

▎伏爾泰語錄

（1）尊重不一定是接受。

（2）一個人往往要死兩次：不再愛，不再被愛。

（3）做一個惹人厭煩的人的祕訣就是告訴別人一切。

（4）假如上帝確實不存在，那麼就有必要創造一個出來。

（5）使人疲憊的不是遠方的高山，而是鞋裡的一粒沙子。

（6）人的本能是追逐從他身邊飛走的東西，卻逃避追逐他的東西。

（7）外表的美只能取悅於人的眼睛，而內在的美卻能感染人的靈魂。

（8）人使用思想僅僅是為了遮蓋錯誤，而用語言則是為了掩飾思想。

（9）最長的莫過於時間，因為它永遠無窮盡，最短的也莫過於時間，因為我們所有的計畫都來不及完成。

▌先賢祠

先賢祠，其法文名 Panthéon，源於希臘語，最初的含義是「所有的神」。

西元 1744 年，法國國王路易十五（西元 1715 年 — 1774 年在位）在梅斯身染重疾，為此他許下誓願：如果此番能夠痊癒，一定建一座新教堂，直到西元 1764 年，路易十五還了這個願，在首都巴黎塞納河南岸的聖‧吉妮雄耶高地上建起了一座大教堂，於西元 1790 年全部完工。但竣工後一年，大革命時期（西元 1789 年 — 1794 年）的制憲會議就決定把它從教堂改為存放國家名人骨灰的祠堂 —— 先賢祠。後來又經過幾次反覆，直到第三共和國時期（西元 1870 年 — 1940 年），從安放雨果（Hugo）骨灰開始，再度改成國家名人祠墓，並一直保持。

伏爾泰和盧梭安葬在整個墓群最中心、最顯赫的位置，棺木高大、精美。生前，他們兩人觀點不同，總是爭吵不休。死後，兩人都被尊為大革命的精神先驅，葬在一處。伏爾泰的棺木前面聳立著他的全身雕像，右手捏著鵝毛筆，左手拿著一卷紙，昂首，目視虛空，似乎是在寫作的間隙沉思。棺木上鐫刻著金字：「詩人、歷史學家、哲學家，他拓展了人類精神，他使人類懂得，精神應該是自由的。」啊，精神應該是自由的，正是這樣的理想，號召人們衝破了中世紀的宗教桎梏；正是這樣的理想，催生了法國大革命；正是這樣的理想，使人類進入了一個嶄新

的時代。隔著走廊，與伏爾泰相對而立，是盧梭的棺木。盧梭一切思想
的理論基礎是他的自然法則理論。為師法自然，他的棺木外形也設計成
鄉村小寺廟模樣。從正面看，廟門微微開啟，從門縫裡伸出一隻手來，
手中擎著一支熊熊燃燒的火炬，象徵著盧梭的思想點燃了革命的燎原烈
火。盧梭是文學家、音樂家、教育學家、哲學家、思想家，但人們記住
他的主要還是他的社會契約和主權在民思想，這些思想成為法蘭西共和
國的立國思想，也已經成為當今世界上大多數國家的立國思想。

115
丹尼爾·白努利（西元 1700 年－ 1782 年）

又一位白努利來了！

> 丹尼爾·白努利（Daniel Bernoulli），西元 1700 年（清康熙三十九年，庚辰龍年）生於荷蘭格羅寧根，數學家、物理學家，是著名的白努利家族中最傑出的一位，他是約翰·白努利的第二個兒子。丹尼爾出生時，他的父親約翰正在格羅寧根擔任數學教授。他特別被人所銘記的是他的從數學到力學的應用，尤其是流體力學和他在機率和數理統計領域做的先驅工作，他的名字被紀念在白努利原理中，即能量守恆定律的一個特別的範例，這個原理描述了力學中潛在的數學，促成 20 世紀兩個重要技術的應用：化油器和機翼。白努利定律適用於沿著一條流線的穩定、非黏滯、不可壓縮流，在流體力學和空氣動力學中有關鍵性的作用。

西元 1713 年丹尼爾開始學習哲學和邏輯學，並於西元 1715 年獲得學士學位，西元 1716 年獲得藝術碩士學位。在這期間，他的父親和哥哥尼古拉二世（Nicolaus II Bernoulli）教他學習數學，使他受到了數學家庭的薰陶。

丹尼爾走上數學之路極不容易。父親約翰在自己的兒子身上感受到了強大的數學天賦，這讓他既欣喜又恐慌，約翰擔心自己的兒子將來會超越他（天才都有些普通人難以理解的想法），原以為讓兒子丹尼爾去學

習醫學，就可以斷了他學習數學的念頭，誰知道，最終還是沒有澆熄他對於數學的慾望。

丹尼爾一邊修習醫學，一邊私底下瞞著父親進行數學的研究。

西元 1724 年，來到義大利威尼斯遊學的丹尼爾遇見了自己的好朋友哥德巴赫，丹尼爾和朋友講述了這幾年來自己的數學研究。哥德巴赫一聽，就對丹尼爾說，你不如把這些成果整理一下，出一本書吧。丹尼爾一聽，覺得這是一個很好的建議，在哥德巴赫的協助下，丹尼爾很快完成了自己人生中的第一本數學研究專著《數學習題》(Exercitationes)。丹尼爾沒有想到，自己寫的這本研究專著居然得到這麼多人的認可。

這個時候，他收到了一件非常不錯的禮物 —— 俄國聖彼得堡科學院邀請丹尼爾就職的請帖，丹尼爾思考了一下，覺得去俄國進行教學和研究也並沒有什麼不好的，不過又覺得一個人太過孤單，就拉上自己的哥哥尼古拉二世一起，西元 1725 年丹尼爾和哥哥正式踏上了去聖彼得堡科學院的路程。

他又想到了好友尤拉，便想邀請曾是父親學生的尤拉也來聖彼得堡工作。過了一年之後，丹尼爾原以為尤拉不會來了。誰知道這個時候，由於未能得到巴塞爾大學某個空缺教授的職位，尤拉感到非常失望並決定離開自己的祖國。西元 1727 年，也就是牛頓去世的那一年，尤拉也來到聖彼得堡。

起初尤拉作為丹尼爾的助手，後來接替了丹尼爾的數學教授職位。這期間丹尼爾講授醫學、力學、物理學，做出了許多顯露他富有創造性才能的工作。白努利一家對於微積分的研究都非常出色，丹尼爾的父親約翰、大伯雅各布都是微積分方面的大家，丹尼爾也對微積分十分感興趣。有一天，他苦思冥想，能不能把微積分和微分方程式推廣到物理上

面呢？丹尼爾居然成功地把微積分和微分方程式推廣到了物理上面。他沒有想到，其行為促使自己成為了數學物理方法的奠基人。但是，由於哥哥尼古拉二世的突然去世以及嚴酷的天氣等原因，西元 1733 年他回到了巴塞爾。在巴塞爾他任解剖學和植物學教授。

西元 1733 年丹尼爾離開聖彼得堡後，就開始了與尤拉之間的最受人稱頌的科學通信，在通信中，丹尼爾向尤拉提供重要的科學資訊，尤拉運用傑出的分析才能和豐富的工作經驗，給予迅速的幫助。他們先後通信 40 年，最重要的通信是在西元 1734 年— 1750 年，他們是最親密的朋友，也是競爭對手。此外，丹尼爾還與哥德巴赫等數學家進行學術通信。

特別是西元 1734 年，他與父親約翰以「行星軌道與太陽赤道不同交角的原因」的佳作，獲得了法國科學院的雙倍獎金。丹尼爾獲獎的次數可以和著名的數學家尤拉相比，因而受到了歐洲學者們的愛戴。

得知獲獎消息的丹尼爾興沖沖地跑回家，以為父親肯定會誇讚自己，但丹尼爾等來的卻是父親和自己斷絕父子關係的消息。約翰居然認為這是丹尼爾為自己設定的圈套，是想和他平起平坐。對名利聲望十分在意的約翰絕不允許丹尼爾超越自己，哪怕他是自己的兒子。

丹尼爾想要挽回父親，他表示可以迴避父親研究的領域，並且對於數學研究選擇了放棄，專心致志從事流體力學的研究，西元 1738 年他出版了一生中最重要的著作《流體力學》(*Hydrodynamique*)。

此時的約翰，早已被名利所困。先是嫉恨自己的哥哥雅各布，再是嫉恨自己的兒子丹尼爾。約翰一生都在爭鬥，都在怕白努利家族的人超越了自己，掩蓋了自己的光輝。

丹尼爾的學術著作非常豐富，他的全部數學和力學著作、論文超過

80 種。西元 1725 年－ 1757 年的 30 多年間他曾因天文學（西元 1734 年）、地球引力（西元 1728 年）、潮汐（西元 1740 年）、磁學（西元 1743 年，西元 1746 年）、洋流（西元 1748 年）、船體航行的穩定（西元 1753 年，西元 1757 年）和振動理論（西元 1747 年）等成果，獲得法國科學院的 10 次以上的獎賞。

西元 1747 年他成為柏林科學院成員，西元 1748 年成為法國科學院成員，西元 1750 年被選為英國皇家學會會員，他還是波倫亞（義大利）、伯爾尼（瑞士）、杜林（義大利）、蘇黎世（瑞士）和慕尼黑（德國）等科學院或科學協會的會員，在他有生之年，還一直保留著俄國聖彼得堡科學院院士的稱號。

116
富蘭克林（西元 1706 年 — 1790 年）

他證明了閃電就是電。

班傑明・富蘭克林（Banjamin Franklin），西元 1706 年（清康熙四十五年，丙戌狗年）出生於美國麻薩諸塞州波士頓，政治家、物理學家，同時也是出版商、印刷商、記者、作家、慈善家，更是傑出的外交家及發明家。

他是美國獨立戰爭時期重要的領導人之一，參與了多項重要文件的草擬，並曾出任美國駐法國大使，成功爭取了法國支持美國的獨立。富蘭克林曾經進行過多項關於電的實驗，並且發明了避雷針，最早提出電荷守恆。他還發明了雙焦點眼鏡、蛙鞋等。他曾是美國首位郵政局長。法國經濟學家杜閣（Turgot）評價富蘭克林：「他從蒼天那裡獲得了雷電，從暴君那裡獲得了民權。」

據稱在西元 1752 年，富蘭克林進行了一項著名的實驗：在雷雨天氣中放風箏，以證明「雷電」是由電力造成。據說他將一把銅鑰匙繫在風箏線的末端。風箏升入雷雨雲層，閃電在風箏附近閃爍，雷聲隆隆。一道閃電掠過，風箏線上有一小段直立起來，像被一種看不見的力移動著。富蘭克林突然覺得他的手有麻木的感覺，就把手指靠近銅鑰匙，頃刻之間，銅鑰匙上射出一串火花。富蘭克林大叫一聲，趕緊把手遠離了鑰匙。他喊到：「我受到電擊了！現在可以證明，閃電就是電」。這是一

項非常危險的試驗，事實上，同時期有其他科學家進行類似實驗時被電擊致命（如格奧爾格‧威廉‧里奇曼〔Georg Wilhelm Richmann〕）。至今仍有不少人對於班傑明‧富蘭克林當年是否真的進行了這樣的實驗，或實驗到底如何進行，還心存疑慮。但沒有爭議的是班傑明‧富蘭克林發明了避雷針；他還發現電荷分為「正」、「負」，而且兩者的數量是守恆的。英國皇家學會亦為表彰富蘭克林對電的研究，在西元 1753 年選他為院士。

正當他在科學研究上不斷獲得新成果的時候，美國獨立戰爭的勢頭愈演愈烈。為了民族的獨立和解放，他毅然放下實驗儀器，積極地站在了抗爭的最前面。

西元 1757 年－ 1775 年，他多次作為北美殖民地代表到英國談判。獨立戰爭爆發後，他還參加了第二屆大陸會議以及《獨立宣言》的起草工作。

西元 1787 年，已經退休的富蘭克林出席了修改美國憲法的會議，成為唯一同時簽署美國三項最重要法案文件的建國先賢。這三份文件分別是：《獨立宣言》、《巴黎條約》，以及西元 1787 年的《美國憲法》。

富蘭克林的最後一個冬天是在親人環護中度過的。西元 1790 年 4 月 17 日夜裡 11 點，富蘭克林溘然逝去。富蘭克林被葬於費城第五大道。

117
林奈（西元 1707 年－ 1778 年）

植物分類學奠基人：界、門、綱、目、科、屬、種。

卡爾・馮・林奈（Carl von Linné），西元 1707 年（清康熙四十六年，丁亥豬年。該年英格蘭與蘇格蘭合組為大不列顛王國；清廷明確實行禁止天主教政策）出生於瑞典斯莫蘭，日耳曼族，瑞典生物學家，動植物雙名命名法的創立者。他自幼喜愛花卉，曾遊歷歐洲各國，拜訪著名的植物學家，蒐集了大量植物標本。歸國後任烏普薩拉大學教授。

西元 1735 年發表了最重要的著作《自然系統》（*Systema Naturae*），西元 1737 年出版《植物屬志》（*Genera Plantarum*），西元 1753 年出版《植物種志》（*Species Plantarum*），建立了動植物命名的雙名法，對動植物分類研究的進展有很大的影響。為了紀念林奈，西元 1788 年在倫敦建立了林奈學會，他的手稿和蒐集的動植物標本都保存在學會；而在世界頂級學府美國芝加哥大學內還設有林奈的全身雕像。

林奈首先提出界、門、綱、目、屬、種的物種分類法，至今被人們所採用。但是林奈分類時沒有科這一分類。他是近代生物學，特別是植物分類學的奠基人。

118
尤拉（西元 1707 年－ 1783 年）

科學史上最多產的數學家，晚年失明後也有如神助。

李昂哈德・尤拉（Leonhard Euler），西元 1707 年出生於瑞士的巴塞爾，瑞士數學家、自然科學家。尤拉出生於牧師家庭，自幼受父親的影響。13 歲時入讀巴塞爾大學，15 歲大學畢業，16 歲獲得碩士學位。尤拉是 18 世紀數學界最傑出的人物之一，他不但為數學界作出貢獻，更把整個數學推至物理學領域。他是數學史上最多產的數學家，平均每年寫出八百多頁的論文，還寫了大量的力學、分析學、幾何學、變分法等的課本，《無窮小分析引論》(*Introductio in analysin infinitorum*)、《微分學原理》(*Institutiones calculi differentialis*)、《積分學原理》(*Institutiones Calculi Integralis*) 等都成為數學界的經典著作。尤拉對數學的研究如此廣泛，因此在許多數學的分支中也可經常見到以他的名字命名的重要常數、公式和定理。此外尤拉還涉及建築學、彈道學、航海學等領域。瑞士教育與研究國務祕書查爾斯・克萊貝爾（Charles Kleiber）曾表示：「沒有尤拉的眾多科學發現，今天的我們將過著完全不一樣的生活。」法國數學家拉普拉斯則認為：「讀讀尤拉，他是所有人的老師。」

　　西元 1727 年，尤拉應聖彼得堡科學院的邀請來到俄國。西元 1731年接替丹尼爾‧白努利成為數學教授。他以旺盛的精力投入研究，在俄國的 14 年中，他在分析學、數論和力學方面作了大量出色的工作。西元 1741 年受普魯士腓特烈大帝的邀請到柏林科學院工作，達 25 年之久。在柏林期間他的研究內容更加廣泛，涉及行星運動、剛體運動、熱力學、彈道學、人口學，這些工作和他的數學研究相互推動。尤拉這個時期在微分方程式、曲面微分幾何以及其他數學領域的研究都是開創性的。西元 1766 年他又回到了聖彼得堡。

　　18 世紀中葉，尤拉和其他數學家在解決物理問題的過程中，創立了微分方程式這門學科。值得提出的是，偏微分方程式的純數學研究的第一篇論文是尤拉寫的「方程式的積分法研究」。尤拉還研究了函數用三角級數表示的方法和解微分方程式的級數法等。尤拉引入了空間曲線的引數方程式，給出了空間曲線曲率半徑的解析表示式。西元 1766 年他出版了《關於曲面上曲線的研究》（*Recherches sur la courbure des surfaces*），建立了曲面理論。這篇著作是尤拉對微分幾何最重要的貢獻，是微分幾何發展史上的一個里程碑。尤拉在分析學上的貢獻不勝列舉。如他引入了 Γ 函數和 B 函數，證明了橢圓積分的加法定理，最早引入了二重積分等。數論作為數學中一個獨立分支的基礎是由尤拉的一系列成果所奠定的。他還解決了著名的組合問題：柯尼斯堡七橋問題。

　　尤拉是科學史上最多產的一位傑出的數學家，據統計他那不倦的一生，共寫下了 886 本書籍和論文，其中分析、代數、數論占 40%，幾何占 18%，物理和力學占 28%，天文學占 11%，彈道學、航海學、建築學等占 3%。聖彼得堡科學院為了整理他的著作，足足忙碌了 47 年。

　　約翰‧白努利的兩個兒子 —— 丹尼爾‧白努利和尼古拉二世‧白努

利在聖彼得堡科學院工作，在尼古拉二世因闌尾炎於西元 1726 年 7 月去世後（此時距他來到俄國僅一年），丹尼爾便接替了他在數學／物理學所的職位，同時推薦尤拉來接替他自己在生理學所空出的職位。尤拉於西元 1726 年 11 月欣然接受了邀請，但並沒有立即動身前往聖彼得堡，而是先申請巴塞爾大學的物理學教授，不過沒有成功。

尤拉於西元 1727 年 5 月抵達聖彼得堡，在丹尼爾等人的請求下，科學院將尤拉指派到數學／物理學所工作，而不是起初的生理學所。尤拉與丹尼爾保持著密切的合作關係，並且與丹尼爾住在一起。西元 1727 年－ 1730 年，尤拉還擔任了俄國海軍醫官的職務。

俄國聖彼得堡科學院由彼得大帝於西元 1724 年建立，在彼得大帝和他的繼任者凱薩琳大帝（Catherine II）主政時期，科學院是一個對外國學者具有吸引力的地方。科學院有充足的資金來源和一個規模龐大的綜合圖書館，並且只招收非常少的學生，以減輕教授們的教學負擔。科學院還非常重視研究，給予教授們充分的時間及自由，讓他們探究科學問題。

尤拉的地位在科學院迅速得到提升，並於西元 1731 年獲得物理學教授的職位。兩年後，由於受不了在聖彼得堡受到的種種審查和敵視，丹尼爾返回了巴塞爾，於是尤拉接替丹尼爾成為數學所所長。西元 1735 年，尤拉還在科學院地理所擔任職務，協助編製俄國第一張全境地圖。

西元 1734 年 1 月，尤拉迎娶了科學院附屬中學的美術教師，瑞士人柯黛琳娜‧葛塞爾（Katharina Gsell，西元 1707 年－ 1773 年），兩人共育有 13 個子女，其中僅有 5 個活到成年。

考慮到俄國持續的動亂，尤拉於西元 1741 年 6 月離開了聖彼得堡，到柏林科學院就職，職位由腓特烈二世提供。他在柏林生活了 25 年，並

在那裡寫了不只 380 篇文章。在柏林，出版了他最著名的兩部作品：關於函數方面的《無窮小分析引論》，出版於西元 1748 年；另一部是關於微分的《微分學原理》，出版於西元 1755 年。在西元 1755 年，他成為瑞典皇家科學院的外籍成員。

在尤拉的數學生涯中，他的視力一直在惡化。在西元 1735 年一次幾乎致命的發熱後的三年中，他的右眼視力持續惡化近乎失明，但他把這歸咎於他為聖彼得堡科學院進行的辛苦的地圖學工作。在德國期間他的視力也持續惡化，以至於被譽為「獨眼巨人」。尤拉原本正常的左眼後來又遭受了白內障的困擾。在他於西元 1766 年被查出有白內障的幾個星期後，他近乎完全失明。即使如此，病痛似乎並未影響到尤拉的學術生產力，這大概歸因於他的心算能力和超群的記憶力。比如，尤拉可以從頭到尾流利地背誦維吉爾（Vergil）的史詩《艾尼亞斯紀》（*Aeneis*），並能指出他所背誦的那個版本的每一頁的第一行和最後一行是什麼。在書記員的幫助下，尤拉在多個領域的研究其實變得更加高產了。在西元 1775 年，他平均每週完成一篇數學論文。

西元 1783 年 9 月 18 日，晚餐後，尤拉一邊喝茶，一邊和小孫女玩耍，突然煙斗從他手中掉了下來。他說了一聲：「我的煙斗」，並彎腰去撿，結果再也沒有站起來。他抱著頭說了一句：「我死了。」「尤拉停止了計算和生命。」後面這句經常被數學史家引用的話，出自法國哲學家兼數學家孔多塞之口。

小行星 2002（2002 尤拉）是一個在小行星帶的小天體，1973 年 8 月 29 日由蘇聯天文學家塔瑪拉·斯米爾諾娃（Tamara Smirnova）發現，以尤拉命名。

119
休謨（西元 1711 年－ 1776 年）

恨也罷，愛也罷，思想、感情、觀察也罷，無非都是在領悟。

大衛・休謨（David Hume），西元 1711 年（清康熙五十年，辛卯兔年）出生於蘇格蘭愛丁堡。蘇格蘭不可知論哲學家、經濟學家、歷史學家，被視為蘇格蘭啟蒙運動以及西方哲學歷史中最重要的人物之一。雖然現代學者對於休謨的著作研究僅聚焦於其哲學思想上，但是他最先是以歷史學家的身分成名，他所著的《英格蘭史》（*The History of England*）一書在當時成為英格蘭歷史學界的基礎著作長達六、七十年。

歷史學家們一般將休謨的哲學歸類為徹底的懷疑主義，但一些人認為自然主義也是休謨的中心思想之一。研究休謨的學者經常將其分為強調懷疑成分的（例如邏輯實證主義），以及強調自然主義成分的人。

西元 1734 年，在布里斯托經商數月之後，休謨前往法國安茹的拉弗萊舍旅遊，在那裡休謨經常與來自普拉泰尼軍事學校的耶穌會學生進行哲學討論，笛卡兒也是這所學校的畢業生。在那裡定居的四年中休謨替自己訂下了生涯計畫，決心要「過著極其簡樸的生活以應付我那有限的財產，以確保我的獨立自主性，並且不用考慮任何除了增進我的文學天分以外的事物」。在法國定居時休謨也完成了《人性論》（*A Treatise of Human Nature*）一書，當時他年僅 26 歲。雖然現代的學者們大多將《人性

論》一書視為休謨最重要的著作、也是哲學歷史上最重要的著作之一，但此書剛出版時並沒有獲得多少重視。

休謨最終以一個評論家和歷史學家的身分聞名，他龐大的《英格蘭史》敘述了從撒克遜王國到光榮革命的歷史，這本書一出版便成為暢銷書。被法國啟蒙思想家伏爾泰稱為「是迄今所有的語言文學中寫得好的」，而史學大師愛德華‧吉朋（Edward Gibbon）也因此書稱休謨為「蘇格蘭的塔西佗」。

120
盧梭（西元 1712 年－ 1778 年）

伏爾泰結束了一個舊時代，盧梭開創了一個新時代。

尚 - 雅克・盧梭（Jean-Jacques Rousseau），西元 1712 年（清康熙五十一年，壬辰龍年）出生於瑞士日內瓦的一個鐘錶匠家庭，祖上是從法國流亡到瑞士的新教徒。18 世紀偉大的啟蒙思想家、哲學家、教育家、文學家，法國大革命的思想先驅，傑出的民主政論家和浪漫主義文學流派的開創者，啟蒙運動最卓越的代表人物之一。

主要著作有《論人類不平等的起源和基礎》（*Discours sur l'origine et les fondements de l'inégalité parmi les hommes*）、《社會契約論》（*Du contrat social ou Principes du droit politique*）、《愛彌兒》（*Émile*）、《懺悔錄》（*Les Confessions*）、《新愛洛伊斯》（*Julie, ou la nouvelle Héloïse*）、《植物學通信》（*Lettres Elementaires Sur La Botanique*）等。

盧梭認為：「大自然希望兒童在成人以前就要像兒童的樣子。」同時，他認為順應自然的教育必然也是自由的教育。盧梭聲稱：「真正自由的人只想他能夠得到的東西，只做他喜歡做的事情，我就是我的第一基本原理。」

盧梭的觀念滲入社會風氣，成為時尚。年輕人模仿《愛彌兒》，要做

「居住在城裡的野蠻人」。路易王太子也深受《愛彌兒》的影響，按照盧梭的觀點從小教育他的兒子，學一門手工匠人的手藝。據說，這就是路易十六 (Louis XVI) 那個著名的嗜好 —— 業餘鎖匠的由來。

雖然起初法國啟蒙運動的自由主義作家有幾位是盧梭的朋友，其中包括德尼・狄德羅和達朗貝爾，但是他的思想不久就開始與其他人產生了嚴重的分歧。盧梭反對伏爾泰在日內瓦建立一家劇院的計畫，指出劇院是所傷風敗俗的學校，結果他與伏爾泰反目。

此外盧梭基本上屬於情感主義，與伏爾泰及百科全書派成員所崇尚的功利的理性，形成了鮮明的對照。西元 1762 年，盧梭因其所撰寫教育論著《愛彌兒》一書出版，遭到法國當局的通緝。他一生的最後二十年基本上是在悲慘痛苦中度過的，西元 1778 年 7 月盧梭在法國阿蒙農維拉與世長辭，享年 66 歲。法國大革命後，他的遺體於西元 1794 年以隆重的儀式移葬於巴黎先賢祠，隔著走廊與伏爾泰的棺木相對而立。盧梭生前遭人唾棄，死後卻受人膜拜。西元 1791 年 12 月，國民公會投票通過決議，為大革命的象徵盧梭樹立雕像，以金字題詞 ——「自由的奠基人」。

盧梭的座右銘就是刻在他的封蠟印章上的話：「把一生獻給真實」(Vitam impedere vero)。

歌德認為，伏爾泰結束了一個舊時代，而盧梭開創了一個新時代。

121
狄德羅（西元 1713 年－ 1784 年）

法國《百科全書》主編，「愈得愈不足」。

德尼・狄德羅（Denis Diderot），法國啟蒙思想家、作家、百科全書派代表人物，畢業於法國巴黎大學。他的熱忱和頑強使他成為百科全書派的領袖，同時著有《對自然的解釋》（*Systeme de la Nature*）以及《達朗貝爾和狄德羅的談話》（*Suite de l'entretien entre D'Alembert et Diderot*）等。

西元 1732 年狄德羅獲得巴黎大學文科學士學位。他精通義、英等幾國文字，以譯述沙夫茨伯里（Shaftesbury）的《德性研究》（*Essai sur le mérite et la vertu*）而著稱。1745 年，法國出版商準備邀請 32 歲的狄德羅和哲學家達朗貝爾將英國百科全書譯成法文。他們接受下來後，卻在翻譯過程中發現英國的這套百科全書內容支離破碎，觀點陳舊，充滿了令人窒息的宗教思想，於是狄德羅提出由他組織人編寫一套更好的百科全書。出版商接受了這個建議。狄德羅在主編《百科全書》（*Encyclopédie*）的 25 年中，深受 F. 培根、T. 霍布斯（Thomas Hobbes）和 J. 洛克等人思想的影響，尤其是培根關於編輯百科全書的思想，促使他堅定地獻身於編撰《百科全書》的事業。狄德羅除主編《百科全書》外，還撰寫了大量著作，在他的《哲學思想錄》（*Pensées philosophiques*）、《對自然的解釋》、《懷疑者漫步》（*La Promenade du sceptique*）、《論盲人書簡》（*Lettre sur les aveugles à l'usage de ceux qui voient*）、《達朗貝爾和狄德羅的談話》、《宿命論雅克和他的主人》（*Jacques le fataliste*）等著作中，表述了他的唯物主義哲學思想；在他的《美之根源及性質的哲學的研究》、《論戲劇藝術》、《談演員》、《繪畫論》、《天才》等著作中，表述了他的「美在關係」的美學思想。

狄德羅還為人們留下了以他名字命名的效應 —— 狄德羅效應，是一種常見的「愈得愈不足效應」，在沒有得到某種東西時，心裡很平穩，而一旦得到了，卻不滿足。

122
達朗貝爾（西元 1717 年－ 1783 年）

8 卷鉅著《數學手冊》、力學專著《動力學》和《百科全書》序言等。

讓・勒朗・達朗貝爾（Jean le Rond d』Alembert），西元 1717 年（清康熙五十六年，丁酉雞年。牛頓分析了歐洲各國以及中國、日本、東印度的金銀價格情況，認為英國當時的白銀短缺已經是不可改變的事實）生於巴黎。法國著名物理學家、數學家和天文學家。一生研究了大量課題，完成了涉及多個科學領域的論文和專著，其中最著名的有 8 卷鉅著《數學手冊》、力學專著《動力學》、23 卷的《文集》（Oeuvres）、《百科全書》的序言等。

在 17、18 世紀之交，法國沒有數學家可與英國的牛頓或德國的萊布尼茲比肩。不過，在路易十四統治後期的相對平庸表現之後，法國數學正迎來其整個歷史上最為輝煌的時期之一，而當時無論英、德均無數學偉才出現。達朗貝爾，這一法國 18 世紀數學的第一位明星，常與尤拉展開爭論。雖然兩人中尤拉更具權威，但他也常常借鑑達朗貝爾的想法。然而，數學僅是達朗貝爾諸多興趣之一。他還是啟蒙運動的領軍人物，這場國際性的運動在法國尤有特色。

達朗貝爾是一個軍官的私生子，母親是一個著名沙龍的女主人。達朗貝爾出生後，他母親為了不影響自己的名譽，把剛出生的兒子遺棄在巴黎聖・讓・勒朗教堂的石階上，後被一名士兵撿到。達朗貝爾的親生

父親得知這一消息後，把他找回來並寄養給了一對工匠夫婦。故取名讓‧勒朗，後自己取姓為達朗貝爾。

西元 1741 年，憑藉自己的努力，達朗貝爾進入法國科學院擔任天文學助理院士，此後的兩年裡，他對力學作了大量研究，並發表了多篇論文和多部著作；西元 1746 年，達朗貝爾被提升為數學副院士；西元 1750 年以後，他停止了自己的科學研究，投身到了具有里程碑性質的法國啟蒙運動中；西元 1754 年被選為法蘭西學院院士；西元 1772 年起任學院的終身祕書。

西元 1746 年，達朗貝爾與當時著名哲學家狄德羅一起編纂了法文版《百科全書》，並負責撰寫數學與自然科學的條目，是法國百科全書派的主要首領。在《百科全書》的序言中，達朗貝爾表達了自己堅持唯物主義觀點、正確分析科學問題的思想。在這段時間，達朗貝爾還在心理學、哲學、音樂、法學和宗教文學等方面發表了一些作品。

西元 1760 年以後，達朗貝爾繼續進行他的科學研究。隨著研究成果的不斷湧現，達朗貝爾的聲譽也不斷提高，而且尤其以寫論文快速而聞名。西元 1762 年，俄國沙皇邀請達朗貝爾擔任太子監護，但被他謝絕了；西元 1764 年，普魯士國王邀請他到王宮住三個月，並邀請他擔任普魯士科學院院長，也被他謝絕了。

《動力學》是達朗貝爾最偉大的物理學著作。在這部書裡，他提出了三大運動定律，第一定律是給出幾何證明的慣性定律；第二定律是力的分析的平行四邊形法則的數學證明；第三定律是用動量守恆來表示的平衡定律。書中還提出了達朗貝爾原理，它與牛頓第二定律相似，但它的發展在於可以把動力學問題轉化為靜力學問題處理，還可以用平面靜力的方法分析剛體的平面運動，這一原理使一些力學問題的分析簡單化，

而且為分析力學的創立打下了基礎。

　　達朗貝爾的日常生活非常簡單，白天工作，晚上去沙龍活動。他終生未婚，但有一位患難與共、生死相依的情人 —— 沙龍女主人勒皮納斯（Lespinasse）。達朗貝爾與養父母感情一直很好，直到西元 1765 年他 48 歲時才因病離開養父母家，住到了勒皮納斯家裡，病癒後他一直居住在她的家裡。可是在以後的日子裡他在事業上進展緩慢，更使他悲痛欲絕的是勒皮納斯小姐於西元 1776 年去世。在絕望中達朗貝爾度過了自己的晚年。

　　由於達朗貝爾生前反對宗教，巴黎市政府拒絕為他舉行葬禮。所以當這位科學巨匠離開這個世界的時候，既沒有隆重的葬禮，也沒有緬懷的追悼，被埋葬在巴黎市郊的墓地裡。

123
亞當斯密（西元 1723 年－ 1790 年）

於個人行為的非故意的結果，一種能產生善果的社會秩序出現了。

亞當斯密（Adam Smith），西元 1723 年（清雍正元年，癸卯兔年）出生於蘇格蘭法夫郡的寇克卡迪，經濟學的主要創立者。

西元 1740 年前，亞當斯密在家鄉蘇格蘭求學，在格拉斯哥大學期間，亞當斯密完成拉丁語、希臘語、數學和倫理學等課程；西元 1740 年－ 1746 年，赴牛津學院求學。但在牛津唯一的收穫是閱讀了大量格拉斯哥大學缺乏的書籍。西元 1750 年後，亞當斯密在格拉斯哥大學不僅擔任邏輯學和道德哲學教授，還兼負責學校行政事務，一直到西元 1764 年離開為止。

亞當斯密於西元 1759 年出版的《道德情操論》（*The Theory of Moral Sentiments*）獲得學術界的極高評價。他於西元 1768 年開始著手著述《國民財富的性質和原因的研究》（簡稱《國富論》）（*The Wealth of Nations*）。西元 1773 年，《國富論》已基本完成，但亞當斯密又花了三年時間潤色，西元 1776 年 3 月此書出版後引起大眾廣泛的討論，影響所及除了英國本地，連歐洲大陸和美洲也為之瘋狂，因此世人尊稱亞當斯密為「現代經濟學之父」。

西元 1787 年亞當斯密被選為格拉斯哥大學榮譽校長，也被任命為蘇

格蘭的海關和鹽稅專員。亞當斯密在去世前將自己的手稿全數銷毀，於西元 1790 年 7 月 17 日與世長辭，享年 67 歲。亞當斯密並不是經濟學說的最早開拓者，他最著名的思想中有許多也並非新穎獨特，但是他首次提出了全面系統的經濟學說，為該領域的發展打下了良好的基礎。

124
康德（西元 1724 年－ 1804 年）

一是頭上的星空，二是心中的道德法則。

> 伊曼努爾・康德（Immanuel Kant），西元 1724 年（清雍正二年，甲辰龍年）生於德國柯尼斯堡（今俄羅斯加里寧格勒），作家、哲學家、德國古典哲學創始人，其學說深深影響了近代西方哲學，並開啟了德國古典哲學和康德主義等諸多流派。

西元 1740 年，康德進入柯尼斯堡大學，由於家境貧寒，沒進行碩士論文的答辯。西元 1748 年，24 歲的康德終於大學畢業，因為他的父親已經去世兩年，他衣食無託，前途渺茫。由於大學沒有他的位置，他決定到柯尼斯堡附近的小城鎮去做家庭教師。

西元 1755 年任無俸講師在柯尼斯堡大學執教。西元 1755 年發表《自然通史和天體論》(*Allgemeine Naturgeschichte und Theorie des Himmels*)，提出關於太陽系起源的星雲假說。在批判時期，「批判」地研究人的認識能力及其範圍與限度，將世界劃分為「現象界」與「本體界」；人的認識分為「感性」、「知性」、「理性」三個環節，並提出「先天綜合判斷」概念。認為時間和空間是感性的先天形式；因果性等十二個範疇是知性固有的先天形式；理性的本性要求超越經驗的界限對本體（自在之物）有所認識，但這已超出人的認識限度，必然陷入難以自解的矛盾，即二律背反。人的認識只能達到「現象」。在自在之物世界中，上帝、自由、靈魂

等為超自然的東西，屬信仰範圍，它們的存在是為了適應道德的需求。由於兩個世界之間存在明顯的鴻溝，康德試圖透過審美判斷與自然界的目的論判斷以達到溝通，提出審美的主觀性與沒有目的的目的性與自然界的內在目的性與外在目的性，最後以有文化有道德的人為其體系的終結。在政治上，同情法國革命，主張自由平等。在教育上，認為應重視兒童天性，養成兒童自覺遵守紀律的習慣。

西元 1770 年，康德在 46 歲時終於獲得了柯尼斯堡大學教授一職，他的就任報告題目是「感性與知性世界的形式與根據」。當上教授以後，康德沉寂十年沒有發表一篇文章，而是潛心研究他的批判哲學。以西元 1770 年為界限，其思想可分為「前批判時期」和「批判時期」。在前批判時期，以自然科學的研究為主，並進行哲學探究。主要著作有：《純粹理性批判》（*Kritik der reinen Vernunft*）、《實踐理性批判》（*Kritik der praktischen Vernunft*）、《判斷力批判》（*Kritik der Urteilskraft*）、《未來形上學導論》（*Prolegomena zu einer jeden künftigen Metaphysik, die als Wissenschaft wird auftreten können*）、《道德形上學基礎》（*Grundlegung zur Metaphysik der Sitten*）等。西元 1781 年，他發表了《純粹理性批判》，僅憑這一部著作，康德奠定了他在哲學史上的不朽地位。

康德深居簡出，終身未娶，一輩子過著單調的學者生活。《純粹理性批判》、《實踐理性批判》、《判斷力批判》奠定了他的生前身後名，但這三本著作晦澀難懂。好像是我康德只管寫，你們讀不讀得懂與我無關。據說康德晚年後悔了，情願用這三本書去換個孩子。至西元 1804 年去世，康德從未踏出過出生地。因此詩人海涅說，康德是沒有什麼生平可說的。

康德生活中的每一項活動，如起床、喝咖啡、寫作、講學、進餐、

散步，時間幾乎從未有過變化，就像機器那麼準確。每天下午 3 點半，工作了一天的康德先生便會踱出家門，開始他那著名的散步，鄰居們紛紛以此來校對時間，而教堂的鐘聲也同時響起。唯一的一次例外是，當他讀到法國浪漫主義作家盧梭的名著《愛彌兒》時，深為所動，為了能一口氣看完，不得不放棄每天例行的散步。這使他的鄰居們竟一時搞不清是否該以教堂的鐘聲來對自己的錶。

和許多偉大的德國學者一樣，康德家境也很貧寒，以至在金錢觀念方面讓後人留下笑料。據說這位大學者經常聲稱，他最大的優點是不欠任何人的一文錢。他曾說：「當任何人敲我的門時，我可以永遠懷著平靜愉快的心情說：『請進。』因為我肯定，門外站著的不是我的債主。」

西元 1804 年 2 月 12 日上午 11 時，康德在家鄉柯尼斯堡去世。康德去世時形容枯槁，瘦得只剩下一把骨頭。柯尼斯堡的居民排著長隊瞻仰這個城市最偉大的兒子。當時天氣寒冷，土地凍得無法挖掘，整整 16 天過去後康德的遺體才被下葬。

125
卡文迪許（西元 1731 年－ 1810 年）

孤言寡語的著名單身漢。

> 亨利・卡文迪許（Henry Cavendish），西元 1731 年（清雍正九年，辛亥豬年）生於撒丁王國尼斯。英國化學家、物理學家。西元 1742 年－ 1748 年在海克納學校讀書。西元 1749 年－ 1753 年在劍橋大學彼得學院求學。在倫敦定居後，卡文迪許在他父親的實驗室中當助手，做了大量電學、化學方面的研究工作。他的實驗研究持續達 50 年之久。西元 1760 年卡文迪許被選為倫敦皇家學會會員，西元 1803 年又被選為法國科學院的 18 名外籍會員之一。西元 1810 年 2 月，卡文迪許在倫敦逝世，終生未婚。

三千年讀史，不外功名利祿；九萬里悟道，總歸詩酒田園。這是一種泛著酸味的灑脫、一種求之不得的痛苦。但這個世界上還有另外一類人，一種與我們格格不入的人、一種讓我們嘆為觀止的人。

17 世紀至 18 世紀，歐洲科學家中出身於中產階級的為數不少。因為當時沒有專門的科學研究機構，科學家很多是業餘的。他們根據自己的愛好做一些科學研究，各種器材、藥品都是自己花錢。這就要求科學家不僅具備一定的經濟條件，更需要一顆奉獻給科學的心。

卡文迪許恰好具備了這些條件。

　　卡文迪許家族是一個歷史悠久的英國貴族家庭。他的父親是德文郡公爵二世的第五個兒子，母親是肯特郡公爵的第四個女兒。早年卡文迪許從叔伯那裡承接了大宗遺贈，西元 1783 年他父親逝世，又留下大筆遺產給他。使他的資產超過了 130 萬英鎊，成為當時英國的鉅富之一。

　　這些錢該怎麼用，卡文迪許從不考慮。在當時，貴族的社交生活花天酒地、紙醉金迷，但卡文迪許卻從不涉足。他只參加一種聚會，那就是皇家學會的科學家聚會。目的很明確：為了增進知識，了解科學動態。

　　雖然卡文迪許很有素養，但是沒有當時英國的那種紳士派頭。他不修邊幅，幾乎沒有一件衣服是不掉釦子的；他不好交際，不善言談，終生未婚，過著奇特的隱居生活。他不願見女性，餐廳裡女僕準備就緒離開後他才進去；在莊園裡的任何地方也是這樣。

　　曾經有人說：「沒有一個活到 80 歲的人，一生講的話像卡文迪許那樣少的了。」在一本《化學史》書上，曾舉出卡文迪許最怕交際的一件趣事。有一天一位英國科學家攜同一位奧地利科學家到班克斯爵士（Sir Joseph Banks）家裡做客，正巧卡文迪許也在座。班克斯便介紹他們相識。在互相介紹時，班克斯曾對這位遠客盛讚卡文迪許，而這位初見面的客人更是對卡文迪許說出非常敬仰他的話，並說這次來倫敦的最大收穫，就是專程拜訪這位名震一時的大科學家。卡文迪許聽到這話，起初大為忸怩，隨後完全手足無措，便從人叢中衝到了室外，坐上他的馬車趕回家去了。從這段記載可以看出卡文迪許為人性格孤僻。

　　他對氫氣的性質進行了細膩的研究，證明了水並非單質，預言了空氣中稀有氣體的存在。發現了庫侖定律和歐姆定律，將電勢概念廣泛應用於電學，並精確測量了地球的密度，被認為是牛頓之後英國最偉大的科學家之一。

西元 1784 年左右，卡文迪許研究了空氣的組成，發現普通空氣中氮氣占五分之四，氧氣占五分之一。他確定了水的成分，肯定了水不是元素而是化合物。他還發現了硝酸。

卡文迪許在室外用望遠鏡觀測扭秤。他在電學上也進行了大量重要而不為人知的研究。他在西元 1777 年向皇家學會提交論文，認為電荷之間的作用力可能呈現與距離的平方成反比的關係，後來被庫侖透過實驗證明，稱為庫侖定律。他和法拉第共同主張電容器的電容會隨著極板間的介質不同而變化，提出了介電常數的概念，並推匯出平板電容器的公式。他第一個將電勢概念大量應用於對電學現象的解釋中。並透過大量實驗，提出了電勢與電流成正比的關係，這一關係西元 1827 年被歐姆（Georg Ohm）重新發現，即歐姆定律。西元 1810 年卡文迪許逝世後，他的姪子把卡文迪許遺留下的 20 捆實驗筆記完好地放進了書櫥，再也沒有去動它。誰知手稿在書櫥裡一放竟是 60 年，一直到西元 1871 年，電學大師馬克士威應徵擔任劍橋大學教授並負責籌建卡文迪許實驗室時，這些充滿了智慧和心血的筆記獲得了重返人間的機會。馬克士威仔細閱讀了前輩在 100 年前的手稿，不由大驚失色，連聲嘆服說：「卡文迪許也許是有史以來最偉大的實驗物理學家，他幾乎預料到電學上的所有偉大事實。這些事實後來透過庫侖和法國哲學家的著作聞名於世。」此後馬克士威決定擱下自己的研究，嘔心瀝血地整理這些手稿，並於西元 1879 年出版了馬克士威注釋的《尊敬的亨利・卡文迪許的電學研究》(The Electrical Researches of the Honourable Henry Cavendish)。由此卡文迪許在電學上的成果才使世人知曉，使卡文迪許的光輝思想流傳了下來。真是　本名著，兩代風流。

126
庫侖（西元 1736 年－ 1806 年）

高中學過物理的人，沒人不知道庫侖定律。

夏爾・奧古斯丁・庫侖（Charlse Augustin de Coulomb），西元 1736 年（清乾隆元年，丙辰龍年。尤拉圓滿地解決了柯尼斯堡七橋問題，牛頓出版《流數術和無窮級數》〔*Methodus Fluxionum et Serierum Infinitarum*〕）生於法國昂古萊姆。法國工程師、物理學家，西元 1806 年在巴黎逝世。主要貢獻有扭秤實驗、庫侖定律、庫侖土壓力理論等，同時也被稱為「土力學之始祖」。是 18 世紀最偉大的物理學家之一。

西元 1785 年，庫侖用自己發明的扭秤建立了靜電學中著名的庫侖定律。同年，他在給法國科學院的「電力定律」的論文中詳細地介紹了他的實驗裝置、測試經過和實驗結果。庫侖找出了在真空中兩個點電荷之間的相互作用力與兩點電荷所帶電量及它們之間距離的定量關係，這就是靜電學中的庫侖定律，即兩電荷間的力與兩電荷的乘積成正比，與兩者的距離平方成反比。庫侖定律的數學形式與萬有引力定律的數學形式非常相似。

庫侖定律是電學發展史上的第一個定量規律，它使電學的研究從定性進入定量階段，是電學史中一塊重要的里程碑。電荷的單位庫侖就是以他的姓氏命名的。

　　西元 1789 年法國大革命爆發，庫侖隱居在自己的領地裡，每天全心全意地投入到科學研究的工作中。同年，他的一部重要著作《電氣與磁性》問世，在這部書裡，他對有兩種形式的電的認識發展到磁學理論方面，並歸納出類似於兩個點電荷相互作用的兩個磁極相互作用定律。庫侖以自己一系列的著作豐富了電學與磁學研究的計量方法，將牛頓的力學原理擴展到電學與磁學中。庫侖的研究為電磁學的發展、電磁場理論的建立開拓了道路。他的扭秤在精密測量儀器及物理學的其他方面也得到了廣泛的應用。

　　庫侖不僅在力學和電學上都作出了重大的貢獻，作為一名工程師，他在工程方面也作出過重要的貢獻。他曾設計了一種水下作業法。這種作業法類似於現代的沉箱，它是應用在橋梁等水下建築施工中的一種很重要的方法。

127
拉格朗日（西元 1736 年－ 1813 年）

拿破崙說拉格朗日是「一座高聳在數學界的金字塔」；同時拉格朗日以他的文雅舉止和處事圓滑著稱。

> 約瑟夫・路易斯・拉格朗日（Joseph Louis Lagrange），西元 1736 年（清乾隆元年，丙辰龍年）生於義大利杜林，西元 1813 年 4 月卒於巴黎。法國著名數學家、物理學家。他在數學、力學和天文學三個學科領域中都有歷史性的貢獻，其中尤以數學方面的成就最為突出。

拉格朗日的父親是法國陸軍騎兵的一名軍官，後由於經商破產，家道中落。據拉格朗日回憶，如果幼年時家境富裕，他也就不會作數學研究了，因為父親一心想把他培養成為一名律師。拉格朗日本人卻對法律毫無興趣。

拉格朗日科學研究所涉及的領域極其廣泛。他在數學上最突出的貢獻是使數學分析與幾何和力學脫離開來，使數學的獨立性更為清楚，從此數學不再僅僅是其他學科的工具。

青午時代，在數學家雷維里（F. A. Revelli）的教導下，拉格朗日喜愛上了幾何學。17 歲時，他讀了英國天文學家哈雷介紹牛頓微積分成就的短文「論分析方法的優點」後，感覺「分析才是自己最熱愛的學科」，從此他迷上了數學分析，開始專攻當時迅速發展的數學分析。

西元 1757 年，以拉格朗日為首的一批杜林年輕科學家，成立了一個科學協會（即杜林皇家科學院的前身），並開始以拉丁語和法語出版學術刊物《杜林科學論叢》。前三卷（西元 1759 年、西元 1762 年、西元 1766 年）刊登了拉格朗日幾乎全部杜林時期的論文。其中關於變分法、分析力學、聲音傳播、常微分方程式解法、月球天平動、木衛運動等方面的成果都是當時最出色的，為後來他在這些領域內作出更大貢獻打下了基礎。

西元 1765 年秋，達朗貝爾寫信給普魯士國王腓特烈大帝，熱情讚揚拉格朗日，並建議在柏林給拉格朗日一個職位。腓特烈大帝向拉格朗日發出邀請時說，在「歐洲最偉大的王」的宮廷中應有「歐洲最偉大的數學家」。他回信表示不願與尤拉爭職位。

西元 1766 年 3 月，達朗貝爾來信說尤拉已決定離開柏林，並請他擔任留下的職位，拉格朗日才決定接受。5 月尤拉離開柏林去聖彼得堡後，拉格朗日正式接受普魯士國王的邀請，應邀前往柏林，任普魯士科學院數學部主任，居住達 20 年之久，開始了他一生科學研究的鼎盛時期。在此期間，他完成了《分析力學》（*Mécanique analytique*）一書，這是牛頓之後的一部重要的經典力學著作。書中運用變分原理和分析的方法，建立起完整和諧的力學體系，使力學分析化。他在序言中宣稱：力學已經成為分析的一個分支。

西元 1783 年，拉格朗日的故鄉建立了杜林科學院，他被任命為名譽院長。西元 1786 年腓特烈大帝去世以後，他接受了法國國王路易十六的邀請，離開柏林，定居巴黎，直至去世。

西元 1792 年，喪偶 9 年的拉格朗日與天文學家勒莫尼埃（Pierre Charles Le Monnier）的女兒何蕾 - 法蘭索瓦 - 阿德萊德（Renée-Francoise-Adelaide）結婚，雖未生兒女，但家庭幸福。

西元 1793 年 9 月政府決定逮捕所有在敵國出生的人，經拉瓦節竭

力向當局說明後，把拉格朗日作為例外。西元 1794 年 5 月法國雅各賓派 [006] 開庭審判波旁王朝包稅組織人物，把包括拉瓦節在內的 28 名成員全部判處死刑，拉格朗日等人盡力地挽救，請求赦免，但是遭到了革命法庭副長官科菲納爾（Coffinhal）的拒絕，全部予以駁回，並宣稱：「共和國不需要學者，而只需要為國家而採取的正義行動！」第二天，5 月 8 日的早晨，拉格朗日痛心地說：「他們可以一眨眼就把拉瓦節的頭砍下來，但他那樣的頭腦一百年也再長不出一個來了。」

拉格朗日以他的文雅舉止和處事圓滑著稱。外表上，他身材中等、體格微瘦、眼睛淡藍、面色蒼白；而性格上，他緊張而膽小、厭惡爭議。為避免於此，他允許他人攫取他的工作成果。在柏林科學院，他深受德國皇帝寵愛，而不像尤拉那樣；在巴黎定居時，他為瑪麗 - 安托瓦內特（Marie-Antoinette）王后所鍾愛；法國大革命期間，他設法與領導人保持良好的關係；後來繼續受到拿破崙的青睞。他被任命為參議員、帝國的伯爵、榮譽軍團高級軍官。雖然拉格朗日總是與他從未一晤的尤拉相左，但正是尤拉對他的影響最大。這就是為什麼他做任何工作都必須事先或同時檢查尤拉的工作。他的飲食起居習慣極不規律，導致常常昏厥。西元 1813 年 4 月，拿破崙授予他帝國大十字勛章，但此時的拉格朗日已臥床不起，4 月 11 日早晨，拉格朗日逝世。他的遺體被安葬於先賢祠，以表彰他對科學的貢獻。

拉格朗日也是分析力學的創立者。拉格朗日在其名著《分析力學》中，在總結歷史上各種力學基本原理的基礎上，還發展了達朗貝爾和尤拉等人的研究成果，引入勢和等勢面的概念，進一步把數學分析應用於質點和剛體力學，提出了運用於靜力學和動力學的普遍方程式，引進廣義座標

---

(006)　雅各賓派，法國大革命時期參加雅各賓俱樂部的激進派政治團體，主要領導人有羅伯斯比（Robespierre）、丹東（Georges Jacques Danton）、馬拉（Jean-Paul Marat）和聖茹斯特（Louis Antoine Léon de Saint-Just）等。

的概念，建立了拉格朗日方程式，把力學體系的運動方程式從以力為基本概念的牛頓形式，改變為以能量為基本概念的分析力學形式，奠定了分析力學的基礎，為把力學理論推廣應用到物理學其他領域開闢了道路。

他還給出剛體在重力作用下，繞旋轉對稱軸上的定點轉動（拉格朗日陀螺）的尤拉動力學方程式的解，對三體問題的求解方法有重要貢獻，解決了限制性三體運動的定型問題。拉格朗日對流體運動的理論也有重要貢獻，提出了描述流體運動的拉格朗日方法。

拿破崙曾說：「拉格朗日是一座高聳在數學界的金字塔。」

拉格朗日點

又稱為平動點，是指一個小物體在兩大物體的引力作用下，小物體相對於它們基本保持靜止的空間點。該空間點有 5 個，分別為 L1、L2、L3、L4 和 L5。在拉格朗日點上，探測器消耗很少的燃料即可長期駐留。在天體力學中是限制性三體問題的 5 個特解。這些點的存在由瑞士數學家尤拉於西元 1767 年推算出前三個，拉格朗日於西元 1772 年推導證明剩下的兩個。1906 年首次發現運動於木星軌道上的小行星在木星和太陽的作用下處於拉格朗日點上。在每個由兩大天體構成的系統中，按推論有 5 個拉格朗日點，但只有兩個是穩定的，即小物體在該點處即使受外界引力的攝擾，仍然有保持在原來位置處的傾向。甚至可以設想把它當作攔截危險小行星的布放點。每個穩定點與兩大物體所在的點構成一個等邊三角形。

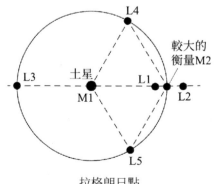

拉格朗日點

128
瓦特（西元 1736 年－ 1819 年）

瓦特幾乎成了工業革命的代名詞。

詹姆士・瓦特（James Watt），西元 1736 年（清乾隆元年，丙辰龍年）生於蘇格蘭格拉斯哥附近，克萊德河灣上的港口小鎮格林諾克。英國發明家，第一次工業革命的重要人物。

西元 1776 年他製造出第一臺有實用價值的蒸汽機，以後又經過一系列重大改進，使之成為「萬能的原動機」，在工業上得到了廣泛應用。他開闢了人類利用能源的新時代，使人類進入「蒸汽時代」。

西元瓦特的父親是一名熟練的造船工人，並擁有自己的船隻與造船作坊，還是小鎮的官員。瓦特的母親出身於一個貴族家庭，並受過良好的教育。他們都屬於基督教長老會並且是堅定的誓約派。儘管瓦特出生於宗教家庭，但他後來還是成為了自然神論者。

西元 1757 年，格拉斯哥大學的教授提供給瓦特一個機會，讓他在大學裡開設了一間小修理店。其中的一位教授，物理學家與化學家約瑟夫・布萊克（Joseph Black）更是成了瓦特的朋友與導師。

西元 1763 年－ 1765 年，瓦特在修理紐科門蒸汽機時，設計冷凝器解決了效率低的問題，羅巴克（John Roebuck）將瓦特的發明用於商業上。

　　西元 1765 年，瓦特取得了關鍵性的進展，他想到將冷凝器與氣缸分離開來，使得氣缸溫度可以持續維持在注入的蒸汽溫度，並在此基礎上很快建造了一個可以連續運轉的模型。

　　但是要想建造一臺實際的蒸汽機還有很長的路要走。

　　西元 1774 年瓦特將自己設計的蒸汽機投入生產。

　　西元 1776 年，第一批新型蒸汽機終於製造成功並應用於實際生產。這批蒸汽機由於還只能提供往復直線運動而主要應用於抽水幫浦上。

　　西元 1782 年瓦特的雙向式蒸汽機獲得專利，同年他發明了一種標準單位：馬力（1 馬力 = 745.7 瓦）。

　　西元 1785 年以後，瓦特改進的蒸汽機首先在紡織部門投入使用，受到廣泛歡迎。

　　西元 1785 年瓦特成為英國皇家學會會員。

　　西元 1794 年，瓦特與波爾頓（Matthew Boulton）合夥組建了專門製造蒸汽機的公司。在波爾頓的成功經營下，到西元 1824 年生產了 1,165 臺蒸汽機。

　　西元 1814 年成為法國科學院 8 名外籍會員之一。

　　西元 1819 年，83 歲的瓦特於英國斯塔福德郡，漢茲沃斯的家中去世，被安葬於聖瑪麗教堂後的公墓。多年後教堂擴建，使得瓦特的墓地實際上處於新教堂的內部。後人為了紀念這位偉大的發明家，把功率的單位定為「瓦特」（簡稱瓦，符號 W）。

　　瓦特與表親瑪克麗特・米勒（Margaret Miller）結婚，共同養育了 5 個孩子，但只有兩個活到成年。

▌工業革命

工業革命開始於 1760 年代,通常認為發源於英格蘭中部地區,是指資本主義工業化的早期歷程,即資本主義生產完成了從工場手工業向機器大工業過渡的階段。工業革命是以機器取代人力,以大規模工廠化生產取代個體工場手工生產的一場生產與科技革命。

由於機器的發明及運用成為這個時代的象徵,因此歷史學家稱這個時代為「機器時代」。英國工人哈格里夫斯(James Hargreaves)發明了珍妮紡紗機;18 世紀中葉,英國人瓦特改良了蒸汽機,所以工業革命開始的代表為哈格里夫斯發明珍妮紡紗機,而工業革命的代表是瓦特改良蒸汽機。但蒸汽機不是瓦特發明的,而是瓦特改造的。由一系列技術革命引起了從手工勞動向動力機器生產轉變的重大躍升。隨後工業革命傳播到英格蘭,再到整個歐洲大陸,19 世紀傳播到北美地區。後來,工業革命傳播到世界各國。一般認為,蒸汽機、煤、鐵和鋼是促成工業革命技術加速發展的四項主要因素。英國是最早開始工業革命也是最早結束工業革命的國家。

129
赫雪爾（西元 1738 年－ 1822 年）

音樂和科學，特別是和天文學很和諧。

弗里德里希・威廉・赫雪爾（Friedrich Wilhelm Herschel），西
元 1738 年（清乾隆三年，戊午馬年）出生在漢諾威。英國天文學
家、古典作曲家、音樂家。恆星天文學的創始人，被譽為恆星天
文學之父。英國皇家天文學會第一任會長，法蘭西科學院院士。
用自己設計的大型反射望遠鏡發現天王星及其兩顆衛星、土星的
兩顆衛星、太陽的空間運動、太陽光中的紅外輻射；編製成第一
個雙星和聚星表，出版星團和星雲表；還研究了銀河系結構。

　　赫雪爾是德國人，當時漢諾威是英王喬治二世的屬地（它並不真是大
英帝國的組成部分），後來在天文學史上以其英國化的名字威廉・赫雪爾
（Willim Herschel）和著名英國天文學家的頭銜聞名於世。赫雪爾從小喜歡
音樂，很有天賦，他 4 歲時就跟隨父親學習拉小提琴，後來學習吹奏雙簧
管，並很快成為一名出色的雙簧管演奏者。西元 1756 年，英國和法國之
間爆發了歷史上的「七年戰爭」，德國也捲入其中；第二年，法國占領了
漢諾威。他作為一個逃亡者渡海偷偷跑到英國的倫敦。他的音樂天才使他
在英國獲得了成功，隨著在英國知名度的擴大，他的地位也不斷提升，先
後擔任過音樂教師、演奏師，並成為有一定知名度的作曲家。

　　在演出和作曲之外，赫雪爾學習英文、義大利文和拉丁文，同時廣

泛閱讀牛頓、萊布尼茲等科學家的自然哲學、數學、物理學著作，對天文知識有著濃厚的興趣。赫雪爾利用全部業餘時間製作望遠鏡，他一生磨製的反射鏡面達四百多塊，還造成一架口徑 1.22 公尺，鏡筒長達 12 公尺的大型金屬反射望遠鏡。

天王星

1760 年代，赫雪爾在妹妹的支持和協助下，開始用他自製的望遠鏡進行星空「巡視」觀測，逐一觀察分布於北天球上亮於 4 星等的亮星，整個過程歷時 19 年。

西元 1781 年 3 月某日晚，赫雪爾像往常一樣，用自製的那架口徑 15 公分的反射望遠鏡觀測星空。他每次觀測都是聚精會神，不放過任何或許會帶來新發現的可疑現象。當把望遠鏡轉向雙子座的時候，他注意到雙子座有一顆陌生的星，比較亮，可是在星圖上卻查不到它。為慎重起見，赫雪爾沒有聲張，而是連續 10 個夜晚密切地關注著這顆小星。他逐漸發現該星每天在緩慢地移動，雖然不易覺察出來。

不久，赫雪爾根據所得到的觀測資料，計算出它的軌道近似圓形，其到太陽的距離大概是土星的一倍。這時他意識到自己發現了一顆新的行星。後來，法國天文學家拉普拉斯算出了它的軌道，距離太陽 19.18 天文單位（1 天文單位為日地平均距離，約等於 1.49 億公里）。經過一段時間的觀測之後，天文學界終於確定這是太陽系裡的一顆新行星，它與太陽之間的距離，是當時所知最遠的行星 —— 土星到太陽距離的一倍。赫雪爾把新發現的行星命名為天王星（取自希臘神話中土星之父的名字）。

西元 1781 年，赫雪爾的好朋友推薦他進入皇家學會。皇家學會頒給他柯普萊獎章以表彰他發現天王星，並且接納他為皇家學會會員。自

此，赫雪爾放棄音樂，一心致力於他所鍾愛的天文學。赫雪爾兄妹製造了一系列的大望遠鏡（一些還賣給其他國家），進行了很多開創性的研究和觀測，西元 1816 年他被冊封為爵士。赫雪爾成為專業天文學家時已經 43 歲，從未受過正規的高等教育，他的淵博學識、數理基礎、冶煉技藝等全憑勤奮自學掌握。赫雪爾對於天文望遠鏡的貢獻更是無與倫比的，也是製造望遠鏡最多的天文學家。

赫雪爾還發現了土星的兩顆衛星（土衛一和土衛二）和天王星的兩顆衛星（天衛三和天衛四）。

西元 1782 年，赫雪爾編製成了第一個雙星表，他還發現多數雙星不是表面上的「光學雙星」，而是真正的「物理雙星」。

■「赫雪爾」太空望遠鏡

2009 年 5 月 14 日 13 時 12 分（格林威治時間，中原標準時間為 14 日 21 時 12 分），歐洲阿麗亞娜 5-ECA 型火箭攜帶歐洲太空總署兩顆科學探測衛星從法屬圭亞那庫魯太空中心發射升空，其中一顆被命名為「赫雪爾」。「赫雪爾」實質上是一個太空望遠鏡，被定位在距地球約 160 萬公里的第二拉格朗日點附近，以背對太陽和地球的姿勢，對宇宙進行持續觀測。「赫雪爾」望遠鏡寬 4 公尺，高 7.5 公尺，是迄今為止人類發射的最大遠紅外線望遠鏡。值得一提的是，「赫雪爾」望遠鏡的鏡面以輕質金剛砂為材料，直徑達 3.5 公尺，約是哈伯太空望遠鏡鏡面直徑的 1.5 倍，是它的「前任」—— 歐洲太空總署 1995 年發射的遠紅外線望遠鏡的 6 倍。它也是人類有史以來發射的最大的遠紅外線望遠鏡，將用於研究星體與星系的形成過程。

130
舍勒（西元 1742 年－ 1786 年）

化學究竟是什麼？化學就是你，化學就是我。

卡爾‧威廉‧舍勒（Carl Wilhelm Scheele），西元 1742 年（清乾隆七年，辛酉雞年。英國天文學家哈雷逝世）出生於瑞典的施特拉爾松。瑞典化學家，氧氣的發現人之一，同時對氯化氫、一氧化碳、二氧化碳、二氧化氮等多種氣體都有深入的研究。還發現鉬、鎢、錳和氯等元素。他發明了一種與巴氏消毒法很相似的消毒方法。

舍勒生活在化學還由錯誤的理論燃素說盛行的時代，儘管他也是擁護燃素說的，可是在實驗方面他卻發現了很多新的化學事實。由於經濟上的困難，舍勒只勉強上完小學，年僅 14 歲就到哥德堡的班特利藥店當了小學徒。藥店的老藥劑師是一位好學的長者，整天手不釋卷，孜孜以求，學識淵博，同時，又有很高超的實驗技巧。老藥劑師不僅製藥，而且還是哥德堡的名醫，他的高超醫術在廣大市民中像神話一樣地流傳著。名師出高徒，老藥劑師的言傳身教對舍勒產生了極為深刻的影響。

讀書，對舍勒啟發很大，他曾回憶說，他從前人的著作中學會很多新奇的思想和實驗技術，尤其是孔克爾的《化學實驗大全》，給他的啟示最大。

實驗使舍勒探測到許多化學的奧祕，據考證，舍勒的實驗紀錄有數百萬字，而且在實驗中，他創造了許多儀器和方法，甚至還驗證過許多鍊金術的實驗，並就此提出自己的看法。

舍勒一生對化學貢獻極多，其中最重要的是發現了氧，並對氧氣的性質做了很深入的研究。他發現氧的過程始於西元 1767 年對亞硝酸鉀的研究。起初，他透過加熱硝石得到一種他稱之為「硝石的揮發物」的物質，但對這種物質的性質和成分，當時尚不清楚。舍勒為深入研究這種現象廢寢忘食，他曾對朋友說：「為了解釋這種新的現象，我忘卻了周圍的一切，因為假使能達到最後的目的，那麼這種考察是何等的愉快啊！而這種愉快是從內心中湧現出來的。」舍勒反覆多次做加熱硝石的實驗，他發現，把硝石放進坩堝中加熱到紅熱時，會放出氣體，而加熱時放出的乾熱氣體，遇到煙灰的粉末就會燃燒，放出耀眼的光芒。這種現象引起舍勒的極大興趣，「我意識到必須對火進行研究，但是我注意到，假如不能把空氣弄明白，那麼對火的現象則不能形成正確的看法。」舍勒的這種觀點已經接近「空氣助燃」的觀點，但遺憾的是他沒有沿著這個思想深入研究下去。

西元 1781 年他發現了白鎢礦，因為這是他首先發現的，所以化學上利用他的姓，稱之為 Scheelite。西元 1782 年他首先製成了乙醚，西元 1783 年他研究了甘油的特性。在差不多同時，他又研究了普魯士藍的特性和用法。記載了普魯士酸（即氫氰酸）的性質、成分和化合物，當時他還不知道氫氰酸是一種毒性很強的物質。

在他生命的最後幾年裡，他研究了多種植物性酸類，如檸檬酸、蘋果酸、草酸和五倍子酸等的成分。

由於舍勒發現了骨灰裡有磷等物質，這使後來甘恩（Johan Gottlieb Gahn）證明了骨頭裡面確有磷。在這以前，人們只知道尿裡有磷，而發

現骨頭裡有磷，是從舍勒開始的。他從螢石和硫酸的作用發現了氫氟酸。他又利用軟錳礦和鹽酸的作用得到了氯氣，但卻誤認為發現了燃素。他在西元 1773 年寫給朋友的信裡說：「如果把軟錳礦溶解在鹽酸裡，就得到了一種黃顏色的氣體。」他還發現這種氣體有漂白的作用。

舍勒一生中完成了近千個實驗，因吸過有毒的氯氣和其他氣體，身體受到嚴重的傷害。他還親口嘗過有劇毒的氫氰酸，他記錄了當時的感覺：「這種物質氣味奇特，但並不討厭，味道微甜，使嘴發熱，刺激舌頭。」他雖然視事業為生命，想一刻不停地工作下去，但身體狀況的惡化使他常常臥床不起。

舍勒的傑出貢獻，為化學的進步帶來了重大的影響。舍勒的研究涉及化學的多個分支，在無機化學、礦物化學、分析化學，甚至有機化學、生物化學等諸多方面，他都作出了出色貢獻。

舍勒在西元 1775 年當選為瑞典科學院的院士，他當時在雪平（瑞典港口城市）僅是一個藥物商人。

西元 1785 年整個冬天他都苦於風溼病的劇烈發作。命運好像在捉弄他，他一輩子為別人製藥，卻不能找到醫治自己疾病的藥物。春天來了，舍勒覺得好一些。他對戀人說：「妮古婭，只要我能站起來，我們就馬上結婚。」「好的，親愛的。」妮古婭溫柔地答道。西元 1786 年 3 月，他們舉行了訂婚儀式。但是病情稍好些後，又惡化了。「妮古婭，看來，我活不長了，你把牧師請來，我們在家裡舉行結婚儀式吧。」他對心愛的人說。「好的，親愛的。」妮古婭含淚答應了。

西元 1786 年 5 月 19 日，在經歷 10 年的相戀之後，他們舉行了婚禮。兩天後，舍勒就離開了人世。舍勒習慣親自「品嘗」一下發現的化學元素，從他死亡的症狀看，他似乎死於汞中毒。

▌氟

　　氟是一種非金屬化學元素，化學符號 F，原子序數 9。氟是鹵族元素之一，屬週期系ⅦA 族，在元素週期表中位於第二週期。氟元素的單質是 F_2，是一種淡黃色、劇毒的氣體。氟氣的腐蝕性很強，化學性質極為活潑，是氧化性最強的物質之一，甚至可以和部分惰性氣體在一定條件下反應。氟是特種塑膠、橡膠和冷凍機（氟氯烷）中的關鍵元素。由於氟的特殊化學性質，氟化學在化學發展史上有重要的地位。

　　西元 1774 年瑞典化學家舍勒在研究硫酸與螢石的反應時發現 HF，並於西元 1789 年提出它的酸根與鹽酸酸根性質相似的猜想。而後法國化學家給呂薩克（Gay-Lussac）等繼續進行提純氫氟酸的研究，到了西元 1819 年無水氫氟酸仍未分離。

　　19 世紀初期安培（André-Marie Ampère）給戴維（Humphry Davy）的信函中指出氫氟酸中存在著一種未知的化學元素，正如鹽酸中含有氯元素，並建議把它命名為「Fluor」，詞源來自拉丁文及法文，原意為「流動」（flow，fluere）之意。

　　在此之後，西元 1813 年戴維，西元 1836 年喬治·諾克斯（George Knox）及托馬斯·諾克斯（Thomas Knox），西元 1850 年弗累密（Fremy），西元 1869 年高爾（Gore），都曾嘗試製備出氟單質，但最終都因條件不夠或無法分離而失敗，他們均因長期接觸含氟化合物中毒而健康受損。

　　西元 1886 年莫瓦桑（Henri Moissan）採用液態氟化氫作電解質，在其中加入氟氫化鉀（KHF_2），使它成為導電體；以鉑製 U 形管盛載電解液，鉑銥合金作電極材料，螢石製作管口旋塞，接合處以蟲膠封固，電降槽

（鉑製 U 形管）、以氯乙烷（C_2H_5Cl）作冷凝劑，實驗進行時，電解槽溫度降至 -23℃。6 月 26 日那天開始進行實驗，陽極放出了氣體，他把氣流通過矽時燃起耀眼的火光，根據他的報告：被富集的氣體呈黃綠色，氟元素被成功分離。離舍勒的研究，整整過去了 100 多年。

莫瓦桑發現氟的成就，使他獲得卡柴獎金（Prix la Caze），西元 1896 年獲英國皇家學會贈戴維獎章；1903 年德國化學會贈他霍夫曼獎章；1906 年獲諾貝爾化學獎。他因長期接觸一氧化碳及含氟的劇毒氣體，健康狀況較常人先衰，1907 年 2 月 20 日與世長辭，年僅 54 歲。

氟是人體骨骼和牙齒不可缺少的元素，適量的氟可以增加骨骼的硬度和抑制口腔細菌的生長。氟還是國民經濟發展的重要元素，在稀有金屬、有色金屬、化學工業和雕刻等許多領域，都發揮著重要的作用。

如今，氟更是電子工業（半導體晶片製造）必不可少的化學元素。

131
孔多塞（西元 1743 年－ 1794 年）

任何不為哲學家所啟迪的社會，都會受江湖騙子所誤導。

> 孔多塞（Marquis de Condorce）是 18 世紀法國最後一位哲學
> 家，同時也是一位數學家，啟蒙運動最傑出的代表人物，百科全
> 書派的最後一名成員，有法國大革命「擎炬人」之譽。

西元 1765 年出版了《積分計算》（*Essai sur le calcul intégral*）一書，討
論了積分運算及相關的運算。西元 1768 年斷言當時所有的超越函數（僅
限於三角函數、對數函數、指數函數）都能用圓和雙曲線構成。他證明了
條件方程式可以透過係數確定其可積性，並可透過係數運算進行降階。
在西元 1785 年的《機率分析的應用》（*Essai sur l'application de l'analyse à
la probabilité des décisions rendus à la pluralité des voix*）裡指出了機率計算
在應用數學中的重要作用。他是第一個將數學應用於社會學的科學家。
他在西元 1785 年就預言了 20 世紀才興起的一些綜合性邊緣學科，稱之
為「社會數學」。

25 歲已成為著名數學家，32 歲擔任法國科學院常任祕書，39 歲入
選法蘭西學院院士。仕啟蒙運動時期的歐洲，他享有盛名，兼仕柏林科
學院和聖彼得堡科學院的院士，與當時幾乎所有的著名學者均有來往。
他於西元 1785 年發表的「簡論分析對從眾多意見中作出決斷的機率的應
用」，是機率論史上具有突出地位的卓越論文。作為伏爾泰和達朗貝爾的

親密朋友，他參與了啟蒙運動和狄德羅主編的《百科全書》的首次增補計畫。他是達朗貝爾和伏爾泰的「精神之子」：百科全書派的主將達朗貝爾啟發了他的科學天分和大公無私；他從伏爾泰身上學到了為社會正義而鬥爭。

在山嶽派[007] 掌權的「恐怖時期」，他遭到追捕，被迫隱居巴黎 9 個月。這期間，他憑其淵博的學識和非凡的記憶力，寫出了後來最為人們所熟知的代表作《人類精神進步史表綱要》(*Sketch for a Historical Picture of the Progress of the Human Mind*)，書中許多發光的新思想為後來的哲學家所汲取。

孔多塞為了替妻子和女兒留條生路，與妻子協定離婚；為了不至殃及女兒的保護人，他偷偷離開藏身地而流落荒郊。由於點了一份貴族吃的煎蛋而暴露了身分。他不知道煎蛋需要多少個雞蛋，他要了一打。廚師問孔多塞是做什麼的，孔多塞回答是木匠。「讓我看看你的手，你不是木匠。」旋即被捕入獄，兩天後死於囚室，時年 51 歲。他是中風而死還是服毒自殺，至今還是個謎。

孔多塞曾有一句名言：「任何不為哲學家所啟迪的社會，都會被江湖騙子所誤導。」

---

(007)　法國大革命期間的激進派議員團體。因為他們在開會時常坐在議會中較高的長椅上，高高坐成一排，像山嶽一樣，故得其名。

132
拉瓦節（西元 1743 年－ 1794 年）

可以一眨眼就把他的頭砍下來，但他這樣的頭腦一百年也再長不出
一個了。

安托萬 - 羅倫・德・拉瓦節（Antoine-Laurent de Lavoisier），
西元 1743 年（清乾隆八年，癸亥豬年）出生於法國巴黎，貴族。
著名化學家、生物學家，被廣泛認為是人類歷史上最偉大的化學
家。拉瓦節被後世尊稱為「現代化學之父」。

他使化學從定性轉為定量，給出了氧與氫的命名，並且預測了矽的
存在。他推動建立了公制。拉瓦節提出了「元素」的定義，按照這個定
義，於西元 1789 年發表第一個現代化學元素列表，列出 33 種元素，其
中包括光與熱和一些當時被認為是元素的化合物。拉瓦節的貢獻促使 18
世紀的化學更加科學化。他提出規範的化學命名法，撰寫了第一部真正
現代化學教科書《化學概要》（*Traité Élémentaire de Chimie*）。他倡導並改
進定量分析方法並用其驗證了質量守恆定律。他創立氧化說以解釋燃燒
等實驗現象，指出動物的呼吸實質上是緩慢氧化。這些劃時代貢獻使得
他成為歷史上最偉大的化學家。

西元 1754 年－ 1761 年在馬薩林學院學習。家人想要他成為一名律
師，但是他本人卻對自然科學更感興趣。

西元 1761 年他進入巴黎大學法學院學習，獲得律師資格。課餘時間他繼續學習自然科學，從魯埃勒（Guillaume François Rouelle）那裡接受了有系統的化學教育和對燃素說的懷疑。

西元 1764 年－ 1767 年他作為地理學家蓋塔（Jean-Étienne Guettard）的助手，進行採集法國礦產、繪製第一份法國地圖的工作。在考察礦產的過程中，他研究了生石膏與熟石膏之間的轉變，同年參加了法國科學院關於城市照明問題的徵文活動並獲獎。

西元 1767 年他和蓋塔共同組織了對阿爾薩斯 - 洛林地區的礦產考察。

西元 1768 年，年僅 25 歲的拉瓦節成為法國科學院院士。

西元 1770 年一派學者堅持已經被波以耳否定的四元素說，認為水長時間加熱會生成土類物質。為了弄清楚這個問題，拉瓦節將蒸餾水密封加熱了 101 天，發現的確有微量固體出現。他使用天平進行測量，發現容器質量的減少正等於產生固體物的質量，而水質量沒有變化，從而駁斥了這一觀點。

為了解釋「燃燒」這一常見的化學現象，德國醫生貝歇爾（Johann Joachim Becher）提出燃素說，認為物質在空氣中燃燒是物質失去燃素，空氣得到燃素的過程。燃素說可以解釋一些現象，因此很多化學家都擁護這一說法。普利斯特里（Joseph Priestley）更是將自己發現的氧氣稱為「脫燃素空氣」，用來解釋物質在氧氣中燃燒得比空氣中劇烈。但是燃素說始終難以解釋金屬燃燒之後變重這個問題。一派人索性認為這是因為測量的誤差導致，另一派比較極端的燃素說維護者甚至認為在金屬燃燒反應中燃素帶有負質量。

面對如此的局面，西元 1772 年秋天拉瓦節開始對硫、錫和鉛在空氣中燃燒的現象進行研究。為了確定空氣是否參加反應，他設計了著名的

鐘罩實驗。透過這一實驗，可以測量反應前後氣體體積的變化，得到參與反應的氣體體積。他還將鉛在真空密封容器中加熱，發現質量不變，加熱後打開容器，發現質量迅速增加。儘管實驗現象與燃素說支持者相同，但是拉瓦節提出了另一種解釋，即認為物質的燃燒是可燃物與空氣中某種物質結合的結果，這樣可以同時解釋燃燒需要空氣以及金屬燃燒後質量變重的問題。但是此時他仍然無法確定是哪一種組分與可燃物結合。

西元 1773 年 10 月，普里斯特里向拉瓦節介紹了自己的實驗：氧化汞加熱時，可得到脫燃素氣，這種氣體使蠟燭燃燒得更明亮，還能幫助呼吸。拉瓦節重複了普里斯特里的實驗，得到了相同的結果。但拉瓦節並不相信燃素說，所以他認為這種氣體是一種元素，西元 1777 年正式把這種氣體命名為 oxygen（氧），含義是酸的元素。

拉瓦節透過金屬煅燒實驗，於西元 1777 年向法國科學院提出了一篇報告「燃燒概論」，闡明了燃燒作用的氧化學說，要點為：①燃燒時放出光和熱。②只有在氧存在時，物質才會燃燒。③空氣是由兩種成分組成的，物質在空氣中燃燒時，吸收了空氣中的氧，因此重量增加，物質所增加的重量恰恰就是它所吸收氧的重量。④一般的可燃物質（非金屬）燃燒後通常變為酸，氧是酸的本原，一切酸中都含有氧。金屬煅燒後變為煅灰，它們是金屬的氧化物。他還透過精確的定量實驗，證明物質雖然在一系列化學反應中改變了狀態，但參與反應的物質的總量在反應前後是相同的。於是拉瓦節用實驗證明了化學反應中的質量守恆定律。拉瓦節的氧化學說徹底推翻了燃素說，使化學開始蓬勃地發展起來。

西元 1790 年法國科學院組織委員會負責制定新度量衡系統，人員有拉瓦節、孔多塞、拉格朗日和蒙日等。

　　西元 1791 年拉瓦節起草了報告，主張採取地球極點到赤道的距離的一千萬分之一為標準（約等於 1 公尺）建立公制系統。接著法國科學院指定拉瓦節負責質量標準的制定。經過測定，拉瓦節提出質量標準採用公斤，定密度最大時的一立方分米水的質量為一公斤。這種系統儘管當時受到了很大阻力，但是今天已經被世界所通用。

　　拉瓦節曾多次想退出社會活動，回到研究室做一個化學家。然而這個願望一直未能實現。當時，法國的國情日趨緊張，舉國上下有如旋風般的混亂，處於隨時都可能爆發危機的時刻。對於像拉瓦節這樣大有作為和精明達識的科學家的才能也處於嚴峻考驗的時刻。

　　這時有些像百年前波以耳在英國的處境，又轉移到拉瓦節所在的法國來了。國情十分相似。但是這兩位科學家的命運卻正好相反。波以耳不聞窗外的世間風雲，只是一心關在實驗室裡靜靜地進行研究。而在同樣處境下的拉瓦節卻未能做到這一點。應當說是一種命運的不幸，而且這種不幸可以說已經達到了極點，以至最終奪去了他的生命。

　　拉瓦節不論在何處都像是一棵招風的大樹，因而雷雨一到也就是最危險的。最初的一擊來自革命驍將尚 - 保羅‧馬拉之手。馬拉最初也曾想作為科學家而獲得榮譽，並寫出了《火焰論》（*Recherches Physiques sur le Feu*）一書，企圖作為一種燃燒學說提交到了法國科學院。當時作為會長的拉瓦節曾對此書進行了尖刻評論，認為並無科學價值而否定。這樣可能就結下了私怨。馬拉首先喊出要「埋葬這個人民公敵的偽學者！」到了西元 1789 年 7 月，革命的戰火終於燃燒起來，整個法國迅速捲入到動亂的漩渦之中。

　　在這塊天地裡，科學似已無法容身了。一切學會、科學院、度量衡調查會等，實際上所有的法國學術界都面臨著存亡的危機。甚至還聽到

了這種不正常的說法，認為「學者是人民的公敵，學會是反人民的集團」等。在此情況下，拉瓦節表現得很勇敢。他作為科學院院士和度量衡調查會的研究員，仍然恪守著自己的職責。他不僅努力於個人的研究工作，並為兩個學會的籌款而各處奔走，甚至捐獻私人財產作為同事們的研究資金。他的決心和氣魄，成了法國科學界的柱石和保護者。

　　但是，在想不到的地方卻潛伏著惡敵。他就是化學家佛克羅伊（Fourcroy，西元 1755 年－ 1809 年）。他本人也是科學院院士，曾經是一位很早就與革命黨人的國會有著密切聯絡，並對科學院進行過迫害的神祕人物。他在危難之際，也曾在多方面受到過拉瓦節的保護，但是卻反而施展詭計企圖解散科學院，直到最後動用了國會的暴力而達到目的。這樣，在西元 1793 年 4 月，這個從笛卡兒、帕斯卡以來具有百餘年光榮歷史的科學院終於遭到了破壞（直到西元 1816 年巴黎的科學院才又得到恢復重建）。

　　西元 1769 年，在拉瓦節成為法國科學院名譽院士的同時，他當上了一名包稅官。在向包稅局投資五十萬法郎後，承包了食鹽和菸草的徵稅大權，並先後兼任皇家火藥監督及財政委員。西元 1771 年，28 歲的拉瓦節與徵稅承包業主的女兒結婚，更加鞏固了他包稅官的地位。在法國大革命中，拉瓦節理所當然地成為革命的對象。

　　西元 1793 年 11 月，包稅組織的 28 名成員全部被捕入獄，拉瓦節也是其中之一，死神越來越逼近他。學術界震動了。各學會紛紛向國會提出赦免拉瓦節和准予他復職的請求，但是，已經為激進黨所控制的國會對這些請求不僅無動於衷，反而更加嚴厲。

　　西元 1794 年 5 月 7 日開庭審判，要把 28 名包稅組織的成員全部處以死刑，並預定在 24 小時內執行。

　　拉瓦節已經危在旦夕。人們雖然在盡力地挽救，請求赦免，但是他最終還是被判處死刑。不過革命法庭副長官科菲納爾並沒有說過「共和國不需要科學家」。

　　第二天，西元 1794 年 5 月 8 日的早晨，執行了 28 個人的死刑。拉瓦節是第四個登上斷頭臺的。他泰然受刑而死……著名法籍義大利數學家拉格朗日痛心地說：「他們可以一眨眼就把他的頭砍下來，但他這樣的頭腦一百年也再長不出一個了。」

　　有一種傳說，拉瓦節和劊子手約定頭被砍下後盡可能多眨眼，以此來確定頭砍下後是否還有感覺，拉瓦節一共眨了十一次，這是他最後的研究。

　　在西元 1789 年出版的歷時四年寫就的《化學概要》裡，拉瓦節列出了第一張元素一覽表，元素被分為四大類：

　　(1)簡單氣體，光、熱、氧、氮、氫等物質元素。

　　(2)簡單的非金屬物質，硫、磷、碳、鹽酸素、氟酸素、硼酸素等，其氧化物為酸。

　　(3)簡單的金屬物質，銻、銀、鉍、鈷、銅、錫、鐵、錳、汞、鉬、鎳、金、鉑、鉛、鎢、鋅等，被氧化後生成可以中和酸的鹽基。

　　(4)簡單物質，石灰、鎂土、鋇土、鋁土、矽土等。

133
蒙日（西元 1746 年－ 1818 年）

畫法幾何學的創始人。

加斯帕爾·蒙日（Gaspard Monge），法國數學家、化學家和物理學家。16 歲畢業，留校任物理學教師。接著被推薦到梅濟耶爾皇家軍事工程學院學習，23 歲任該校教師。26 歲被法國科學院選為通信研究員。29 歲任皇家軍事工程學院數學和物理學教授。34 歲當選為科學院的幾何學副研究員。38 歲被任命為法國海軍學員的主考官。46 歲任海軍部長 8 個月。51 歲任法國著名巴黎綜合工科學校的校長。72 歲在巴黎逝世。

蒙日是 19 世紀著名的幾何學家，他創立了畫法幾何學，推動了空間解析幾何學的獨立發展，奠定了空間微分幾何學的寬厚基礎，創立了偏微分方程式的特徵理論，引導了純粹幾何學在 19 世紀的復興。此外，他在物理學、化學、冶金學、機械學方面也取得了卓越的成就。他的《大砲製造工藝》（*Description de l'art de fabriquer les canons*）在機械製造界影響頗大。主要著作有：《曲面的解析式》（西元 1755 年）、《靜力學引論》（*Traité élémentaire de la statique*）（西元 1788 年）、《畫法幾何學》（*Géométrie descriptive*）（西元 1798 年）、《代數在幾何學中的應用》（西元 1802 年）、《分析在幾何學中的應用》（*Application de l'analyse à la géométrie*）（西元 1805 年）等。

蒙日 16 歲時，完全靠自己的智慧，製作各種測量工具，獨自測繪，為博恩鎮繪製了一幅精彩的大比例地圖，第一次顯示了他非凡的幾何才能和動手能力。蒙日所在學校的老師們被他嶄露頭角的天才和鑽研精神深深打動，於是極力推薦他到里昂市的學校擔任物理學教師，當時蒙日才 16 歲。從此，他開始大展才華。他對人和藹，有耐心，一點也不裝模作樣，再加上豐富的學識和好學上進的鑽研精神，成了一名優秀的教師。不久，蒙日在一次從里昂市回博恩鎮的探親途中，遇到一名工程兵軍官，他曾見過蒙日繪製的那張有名的博恩鎮地圖，對蒙日的才能極為讚賞。在這位軍官的鼎力推薦下，蒙日來到梅濟耶爾皇家軍事工程學院深造。

年僅 22 歲的蒙日以他「以幾何的精確性說明思想的手指」的才華初創出「畫法幾何學」的方法。在一項防禦工事掩蔽體的設計中，不用慣用的計算方法，而採取幾何圖解法，避開了冗長、煩瑣的算術計算，迅速完成了任務。審查過後，大家發現蒙日畫法幾何學的方法是嚴密的，結果是正確的。這種方法為工程設計帶來了極大的方便。以前像惡夢一樣令人頭疼的問題，在使用蒙日的畫法幾何方法後變得十分簡單而易於解決了。蒙日的才華再次被人們發現，學院立即任命他為教師，讓他把這個新的方法教給未來的軍事工程師們。不過校方規定他只限於在校內講畫法幾何學的設計製圖方法，對外保密。

蒙日的畫法幾何學思想，同樣得到學術界的高度評價。著名數學大師高斯在西元 1810 年說，蒙日的《畫法幾何學》一書簡明扼要，由淺入深，系統嚴密，富有創新，展現了「真正的幾何精神」，是「智慧的滋補品」。高斯並不否認代數解析法的優點，但他認為過多地依賴解析法會失掉基於直覺想像力的幾何思考能力的作用。於是他建議德國人應當認真

研讀蒙日的《畫法幾何學》。大數學家拉格朗日斷言：「憑著把分析學應用到幾何上，這個精力充沛的人將使他自己不朽。」

形勢在西元 1794 年已經開始惡化，蒙日的好友、化學家拉瓦節就是在那時被聲稱「革命不需要科學」的群眾送上了斷頭臺。兩年後，50 歲的蒙日又被革命群眾認定為「不夠激進」。他不得不從巴黎逃離，路途中還擔心自己的安危 —— 狂熱的革命群眾隨時可能把他抓回去，並送上斷頭臺。

西元 1804 年，拿破崙加冕稱帝時，在蒙日擔任校長的巴黎綜合工科學校裡，學生們群起反對帝制。拿破崙質問蒙日：「好啊，你的學生幾乎全都反抗我！」蒙日則回答：「陛下，請恕我直言，您轉變得也太突然了！」作為校長，蒙日本能地為自己那些擁護共和政體的學生辯護。後來，復辟的波旁王朝則剝奪了這個老人的一切。他們把蒙日從科學院開除。為了保住腦袋，他不得不從一個貧民窟躲到另一個貧民窟，最終凄涼地辭世。

134
詹納（西元 1749 年－ 1823 年）

想想 SARS，再看看新冠病毒就知道天花的可怕。

愛德華・詹納（Edward Jenner），英國醫生。西元 1749 年（清乾隆十四年，己巳蛇年）出生於英國格洛斯特郡伯克利牧區的一個牧師家庭。當時天花在歐洲廣泛流行，18 世紀死於此病者達 1.5 億人之多，連法國一位國王也未倖免。詹納立志解決這一重大醫學難題。經過 20 多年刻苦研究，終於證實對人接種牛痘疫苗，能使人獲得對天花的永久免疫力。疫苗挽救了無數生命。詹納以研究及推廣牛痘疫苗，防止天花而聞名，被稱為免疫學之父。

詹納青少年時期，天花這個可怕的瘟疫正在整個歐洲蔓延著。後來他本人也感染上了這種病毒，經過一段時間的隔離後，終於康復。這次經歷讓年少的詹納留下了心理陰影。在英國幾乎每個人都會傳染上這種病，在成年人的臉上或身上留下難看的疤痕，每年死去的人更多。詹納目睹這種為人類帶來災難的疾病，從 13 歲開始就立下了將來當醫生根治這種疾病的願望。他在哥哥的幫助下，跟隨一位外科醫生學了 7 年醫術。

當時的英國有接種天花的習慣，辦法是把大化病患者身上的膿，以小刀拭在受種者的皮膚之下。受種者因為不是透過空氣在肺部染病，因此多數只會出現輕微的天花症狀。但這種天花接種有嚴重缺點：因為受接種的人是得了真正的天花病，故此還是有死亡的可能。而且受種者在

完全產生抵抗力之前，會把天花傳染給別人，沒有抵抗力的家人必須被隔離。

在醫療實踐中，詹納從牧場擠牛奶女工在患牛痘的母牛感染牛痘後，而不會染上天花這一發現中得到啟發。經過 20 多年的探索和研究，於西元 1796 年 5 月的一天早晨，他用清潔的柳葉刀在一個叫詹姆斯·菲普斯（James Phipps）的 8 歲孩子的兩條手臂上劃破幾道，接種上牛痘。事實證明，這是預防天花的正確而有效的途徑，牛痘疫苗從此產生。

牛痘接種的成功，為免疫學開創了廣闊的領域，在國際上，詹納贏得了極大的讚譽，人們稱譽他為偉大的科學發明家、生命拯救者。拿破崙曾稱詹納為偉人。所有現代接種方法實際上都源自於詹納的這一偉大發現。被疫苗救活的人數，已經遠遠超過了歷史上在戰爭中死亡的人數。

在拉丁語中，牛叫 Vacca，牛痘叫 Vaccina。因此，詹納把透過接種牛痘來獲得對天花免疫力的方法叫做 Vaccination，這就是我們所說的「種痘」。接種牛痘的技術被全世界採用，1980 年，世界衛生組織宣布天花被徹底消滅。

西元 1823 年 1 月，偉大的醫生詹納在伯克利寓所停止了心臟跳動，享壽 74 歲。終生沒有得到大學教授的頭銜，但是，一個醫生所能得到的一切榮譽，他都得到了。

135
拉普拉斯（西元 1749 年－ 1827 年）

拿破崙問上帝在哪裡？拉普拉斯回答：我不需要那個假設。

皮耶 - 西蒙‧拉普拉斯 (Pierre-Simon Laplace)，西元 1749 年（清乾隆十四年，己巳蛇年。美國科學家富蘭克林針對「雷電是氣體爆炸」的錯誤觀點，提出「閃電是一種電現象」的科學假說）出生於法國西北部卡爾瓦多斯的博蒙昂諾日。數學家和物理學家，法國科學院院士。西元 1816 年被選為法蘭西學院院士，西元 1817 年任該院院長。

西元 1812 年發表了重要的《機率分析理論》(*Theorie analytique des pro-babilites*)，在該書中總結了當時整個機率論的研究，論述了機率在選舉審判調查、氣象等方面的應用，匯入拉普拉斯變換等。他是決定論的支持者，提出了拉普拉斯惡魔。他致力於挽救世襲制的沒落：他當了六個星期的拿破崙的內政部長，後來成為元老院的掌璽大臣，並在拿破崙皇帝時期和路易十八 (Louis XVIII) 時期兩度獲頒爵位，後被選為法蘭西學院院長。以微積分中的拉普拉斯方程式、拉普拉斯變換為著名。一些人認為他是像牛頓一樣偉大的科學家，並且稱呼他為法國的牛頓。

天體力學的主要奠基人、天體演化學的創立者之一，他還是分析機率論的創始人，因此可以說他是應用數學的先驅。

　　父親是一個農場主人，他從青年時期就顯示出卓越的數學才能，18 歲時離家赴巴黎，決定從事數學工作。於是帶著一封推薦信去找當時法國著名學者達朗貝爾，但被後者拒絕接見。後來拉普拉斯又寄去一篇力學方面的論文給達朗貝爾。這篇論文出色至極，以至達朗貝爾忽然高興得要當他的教父，並推薦拉普拉斯到軍事學校教書。

　　西元 1784 年－1785 年，他求得天體對其外任一質點的引力分量可以用一個勢函數來表示，這個勢函數滿足一個偏微分方程式，即著名的拉普拉斯方程式。西元 1785 年他被選為法國科學院院士。這一年拉普拉斯身上發生了一件改變人生軌跡的事：他在軍事學校獲得對一個 16 歲的唯一考生進行考試的獨特權力，這個年輕人的名字叫拿破崙·波拿馬（西元 1769 年－1821 年）。因此，他和拉格朗日安全地度過了大革命時期，不像他們的朋友孔多塞。

　　西元 1796 年他的著作《宇宙體系論》(*Exposition du système du monde*) 問世，書中提出了對後來有重大影響的關於行星起源的星雲假說。在這部書中，他獨立於康德，第一個提出了科學的太陽系起源理論 —— 星雲說。康德的星雲說是從哲學角度提出的，而拉普拉斯則從數學、力學角度充實了星雲說，因此，人們常常把他們兩人的星雲說稱為「康德－拉普拉斯星雲說」。

　　他長期從事大行星運動理論和月球運動理論方面的研究，尤其是他特別注意研究太陽系天體攝動、太陽系的普遍穩定性問題，以及太陽系穩定性的動力學問題。在總結前人研究的基礎上獲得了大量重要成果，他的這些成果集中在西元 1799 年－1825 年出版的《天體力學》(*Mécanique céleste*) 內。在這部著作中第一次提出天體力學這一名詞，是經典天體力學的代表作。因此他被譽為法國的牛頓和天體力學之父。西元 1814 年拉

普拉斯提出科學假設，假定如果有一個智慧生物能確定從最大天體到最輕原子的運動的現時狀態，就能按照力學規律推算出整個宇宙的過去狀態和未來狀態。後人把他所假定的智慧生物稱為拉普拉斯惡魔。

拉普拉斯曾任拿破崙的老師，所以和拿破崙結下不解之緣。拉普拉斯在數學上是個大師，在政治上卻是個小人物、牆頭草。總是效忠於得勢的一邊，常被人看不起。在席捲法國的政治變動中，包括拿破崙的興起和衰落，都沒有顯著地打斷他的工作。儘管他是個曾染指政治的人，但他的威望以及他將數學應用於軍事問題的才能保護了他，同時也歸功於他顯示出的一種並不值得佩服的在政治態度方面見風使舵的能力。

拉普拉斯送了一部《天體力學》給拿破崙，拿破崙責備拉普拉斯犯了一個明顯的錯誤：「你寫了這本關於世界體系的大書，卻一次也沒提到宇宙的創造者。」作為無神論的拉普拉斯反駁說：「陛下，我不需要那個假設。」當拿破崙向拉格朗日複述這句話時，拉格朗日說：「啊，但是那是一個很好的假設，它說明了許多東西。」

136
歌德（西元 1749 年— 1832 年）

歌德有時非常偉大，有時極為渺小。

約翰·沃夫岡·馮·歌德 (Johann Wolfgang von Goethe)，西元 1749 年（乾隆十四年，己巳蛇年）出生於德國美因河畔法蘭克福，著名思想家、作家、科學家，他是威瑪的古典主義最著名的代表。而作為詩歌、戲劇和散文作品的創作者，他是最偉大的德國作家之一，也是世界文學領域的一個出類拔萃的光輝人物。他在西元 1773 年寫了一部戲劇《葛茲·馮·伯利欣根》(*Götz von Berlichingen*)，從此蜚聲德國文壇。西元 1774 年發表了《少年維特的煩惱》(*Die Leiden des jungen Werthers*)，更使他名聲大噪。西元 1776 年開始為威瑪公國服務。西元 1831 年完成《浮士德》(*Faust*)，翌年在威瑪去世。

眾所周知，歌德是一位偉大的詩人、小說家、戲劇家和傑出的思想家，但是卻很少有人知道，他還是一名科學研究者，而且涉獵的學科很多，他從事研究的有動植物形態學、解剖學、顏色學、光學、礦物學、地質等，並在個別領域裡獲得了令人稱道的成就。

也很少有人知道，歌德還是一位畫家，更準確地說，是一位有相當造詣的畫家。歌德的天性極其活躍，他的求知慾非常強。他把他的精神觸角伸向人類知識的各個領域，作為認識外部世界的方式。他的智慧、

勤奮、深邃的目光、敏銳的感官，以及他長達 83 個春秋的高壽，使他在不同領域裡—— 主要是在文學創作上—— 都作出了重大的貢獻。在繪畫藝術上，並幾乎一直熱情地進行實踐，畫了 2,700 幅之多，這其中絕大多數是風景畫，也包括他進行科學研究時所繪下的圖畫以及他對人體進行的臨摹等。

恩格斯說過：「歌德有時非常偉大，有時極為渺小。」、「在他心中經常進行著天才詩人和法蘭克福市議員的謹慎的兒子、可敬的威瑪的樞密顧問之間的爭鬥。」(008) 恩格斯甚至曾經把歌德和黑格爾並提，給予高度的評價，稱：「歌德和黑格爾在各自的領域中都是奧林匹斯山上的宙斯。」

哲學家黑格爾對歌德的思路有著極其深刻的理解，他準確地指出：「歌德的初始現象並不已經意味著一種理念，而是意味著一種精神—— 感性的本質，在純粹的本質概念和感性世界的偶然現象之間進行調和。」

▋狂飆突進

狂飆突進運動（德語：Sturm und Drang）是指 1760 年代晚期到 1780 年代早期在德國文學和音樂創作領域的變革。是文藝形式從古典主義向浪漫主義過渡的一個階段，也可以說是幼稚時期的浪漫主義。「狂飆突進」這個名稱，象徵著一種力量，含有摧枯拉朽之意。它得名於德國劇作家克林格（Friedrich Maximilian von Klinger）在西元 1776 年出版的一部同名悲劇《狂飆突進》（*Sturm und Drang*）。此劇宣揚反抗精神，劇中的青

---

(008)　四川省科學院文藝研究所 . 馬克思主義文藝論著選 [M]. 成都：四川人民出版社，1982：158。

年主角維爾德這樣說：「讓我們發狂大鬧，使感情衝動，好像狂風中屋頂上的風向標。」雖然它來勢凶猛，但不深入持久，猶如曇花一現，瞬即消逝。因為狂飆突進運動的參加者沒有明確的政治綱領，他們的反抗往往流於無政府的暴亂情緒。其中心代表人物是歌德和席勒（Johann Christoph Friedrich von Schiller），歌德的《少年維特的煩惱》是其典型代表作品，表達的是人類內心感情的衝突和奮進精神。狂飆突進時期的作家受到當時啟蒙運動的影響，特別是受到了盧梭哲學思想的影響，他們歌頌「天才」，主張「自由」、「個性解放」，提出了「返回自然」的口號。但另一方面這些年輕作家反對啟蒙運動時期的社會關係，駁斥了過分強調理性的觀點。這個運動持續了將近二十年，從西元 1765 年到西元 1785 年，然後被成熟的浪漫主義運動所取代。

137
湯普森（西元 1753 年－ 1814 年）

能量轉化與守恆定律的先驅。

班傑明・湯普森（倫福德伯爵）（Benjamin Thompson, Count
Rumford），西元 1753 年（清乾隆十八年，癸酉雞年。林奈的《植
物種志》出版；尤拉向哥德巴赫寄去了一封信，宣布已經成功證
明了 $n = 3$ 時的費馬大定理）出生於美國麻薩諸塞州。獨立戰爭時
期曾為英國間諜，西元 1776 年被迫逃離美國去英國定居。後成為
巴伐利亞選帝侯卡爾・特奧多爾（Karl Theodor）的行政官員，並
被封為神聖羅馬帝國伯爵。西元 1795 年回到英國。發明了光度計
和色度計，改進了家庭炊具和加熱器，並幫助推翻了燃素原理，
對 19 世紀熱力學的發展有重大貢獻。他也是位多產的發明家，還
建立了英國皇家科學研究所。

湯普森主要從事熱學、光學、熱輻射方面的研究。他在西元 1778
年－ 1781 年研究火藥效能時開始潛心研究熱現象。西元 1785 年他試圖
用實驗來發現熱質的重量，當他確認無法做到時，便開始反對熱質說。
湯普森在慕尼黑指導軍工生產時驚奇地發現，用鑽頭加工炮筒時，炮筒
在短時間內就會變得非常熱。為了弄清熱的來源，西元 1796 年－ 1797
年他做了一系列的炮筒鑽孔實驗。他精心設計了一套儀器，以保證在絕
熱條件下進行鑽孔實驗。發現只要鑽孔不停，就會不斷地產生出熱，好

像物體裡含有的熱是取之不盡的。有人認為這是由於銅屑比銅炮身比熱大，銅屑脫落時把「熱質」給了炮身。湯普森又認真測定了比熱，證明鑽孔前後金屬與碎屑比熱沒有改變。他曾用數匹馬帶動一個鈍鑽頭鑽炮筒（這樣鑽下的金屬屑很少），並把炮筒浸在溫度為 60 °F的水中，發現經過 1 小時，水溫升高了 47 °F，兩個半小時後，水就沸騰了，在場的人無不感到驚異。湯普森看到不用火燒水就會沸騰時，也感到十分興奮；湯普森將實驗總結後，於西元 1798 年 1 月發表了題為「論摩擦激起的熱源」的論文，指出：摩擦產生的熱是無窮盡的，與外部絕熱的物體不可能無窮盡地提供熱物質。熱不可能是一種物質，只能認為熱是一種運動。湯普森否定了熱質說，確立了熱的運動學說。

此後，西元 1799 年英國化學家戴維（Davy）也用實驗論證了熱質說是不成立的，支持了熱的運動學說。西元 1807 年英國物理學家湯瑪士・楊格在《自然哲學》（*A course of lectures on natural philosophy and the mechanical arts*）一書中也對熱質說進行了駁斥。但是當時熱質說仍占上風，湯普森對自己的理論一直充滿信心，西元 1804 年他曾說：「我相信，我將要活到足夠長的時間，直到高興地看到熱素（即熱質）跟燃素一起埋葬在同一個墳墓之中。」湯普森的研究為後來許多科學家確立能的轉化與守恆定律開闢了道路。又經過許多科學家的努力，到 19 世紀中期熱質說終於被熱的分子運動論所取代。

138
道耳頓（西元 1766 年－1844 年）

近代原子論的先驅。

約翰・道耳頓（John Dalton），西元 1766 年（清乾隆三十一年，丙戌狗年。美國通過了傑佛遜起草的《獨立宣言》）出生於英國坎伯蘭郡伊格斯非爾德。化學家、物理學家，近代原子理論的提出者。附帶一提的是道耳頓患有色盲症。這種病的症狀引起了他的好奇心。他開始研究這個課題，最終發表了一篇關於色盲的論文 —— 曾經問世的第一篇關於色盲的論文。後人為了紀念他，又把色盲症稱為道耳頓症。

道耳頓於西元 1776 年曾接受數學啟蒙。幼年家貧，只能參加貴格會[009] 的學校，富裕的教師羅賓遜（Elihu Robinson）很喜歡道耳頓，允許他閱讀自己的書和期刊。西元 1778 年羅賓遜退休，12 歲的道耳頓接替他在學校裡任教，薪資微薄，後來他重新務農。西元 1781 年在肯德爾一所學校任教時，結識了盲人哲學家 J. 高夫（John Gough），並在他的幫助下自學了拉丁文、希臘文、法文，數學和自然哲學。西元 1785 年，道耳頓和他哥哥成為學校負責人。西元 1787 年道耳頓記下了第一篇氣象觀測紀錄，這成為他以後科學發現的實驗基礎（道耳頓幾十年如一日地測量

---

[009] 貴格會（Quakers），為英語原詞音譯，意為顫抖者。貴格會的特點是沒有成文的信經、教義，最初也沒有專職的牧師，而是依靠聖靈的啟示，指導信徒的宗教活動與社會生活，始終具有神祕主義的特色。

氣溫，而且保持在每天早上六點準時打開窗戶）。道耳頓不滿足於如此的
境遇，他希望前往愛丁堡大學學習醫學，以便成為醫生。儘管他的朋友
反對，他開始進行公開授課以改善經濟情況和提高學術聲望。詹姆斯‧
焦耳就是他的學生之一。西元 1793 年－1799 年他在曼徹斯特新學院任
數學和自然哲學教授。西元 1794 年他任曼徹斯特文學和哲學學會會員，
西元 1800 年任學會祕書。

西元 1803 年繼承古希臘樸素原子論和牛頓微粒說，道耳頓提出原子
論，其要點主要包括：

(1)化學元素由不可分的微粒 —— 原子構成，原子在一切化學變化
中是不可再分的最小單位。

(2)同種元素的原子性質和質量都相同，不同元素原子的性質和質量
各不相同，原子質量是元素的基本特徵之一。

(3)不同元素化合時，原子以簡單整數比結合。推導並用實驗證明倍
比定律。如果一種元素的質量固定時，那麼另一元素在各種化合物中的
質量一定成簡單整數比。

道耳頓最先從事測定原子量的工作，提出用相對比較的辦法求取各
元素的原子量，並發表了第一張原子量表，為後來測定元素原子量工作
開闢了光輝的前景。

西元 1816 年，道耳頓當選為法國科學院通訊院士。西元 1817 年－
1818 年任院長，同時繼續進行科學研究。他使用原子理論解釋無水鹽溶
解時體積不發生變化的現象，率先給出了容量分析法原理的描述。西元
1822 年當選為英國皇家學會會員；此後，他又相繼被選為柏林科學院名
譽院士、慕尼黑科學院名譽院士，還得到了當時牛津大學授予科學家的
最高榮譽 —— 法學博士稱號。西元 1835 年－1836 年任英國學術協會化

學分會副會長。在榮譽面前，道耳頓開始時是冷靜的、謙虛的，但是隨著榮譽越來越高，他逐漸變得有些驕傲和保守，並走向了思想僵化、故步自封。

道耳頓終生未婚，西元 1844 年 7 月，一天他顫抖地寫下了最後一篇氣象觀測紀錄，第二天他從床上掉下，服務員發現時已然去世。道耳頓希望在他死後對他的眼睛進行檢驗，以找出他色盲的原因。他認為可能是因為他的水樣液是藍色的。去世後的屍檢發現他的眼睛正常，但是 1990 年對其保存在皇家學會的一隻眼睛進行（脫氧核糖核酸 DNA）檢測，發現他缺少對綠色敏感的色素。為紀念道耳頓，他的肖像被安放於曼徹斯特市政廳的入口處。

在科學理論上，道耳頓的原子論是繼拉瓦節的氧化學說之後理論化學的又一次重大進步，他揭示出了一切化學現象的本質都是原子運動，明確了化學的研究對象。在哲學思想上，原子論揭示了化學反應現象與本質的關係，繼天體演化學說誕生以後，又一次衝擊了當時僵化的自然觀，對科學方法論的發展、辯證自然觀的形成及整個哲學認識論的發展具有重要意義。

139
洪堡（西元 1769 年－1859 年）

今天，人們只知道洪堡基金。

> 亞歷山大·馮·洪堡（Alexander von Humboldt），西元 1769 年（清乾隆三十四年，己丑牛年。瓦特發明蒸汽機；詹納替一個小男孩接種牛痘，從而發現了預防天花的疫苗；金星從地球和太陽之間穿過，英國海軍派出了「奮進號」協助皇家協會在南半球觀測；拿破崙·波拿巴在科西嘉島出世）出生於德國柏林，自然科學家、自然地理學家，近代氣候學、植物地理學、地球物理學的創始人之一。是 19 世紀科學界最傑出的人物之一。他是世界第一個大學地理系 ── 柏林大學地理系的第一任系主任。西元 1859 年 5 月 6 日逝於德國柏林。

他走遍了西歐、北亞和南北美洲。凡是足跡所到，高山大川無不登臨，奇花異草無不採集。他具有中國明末徐霞客不憚艱險跋涉山川的好奇心，同時又具有廣泛的學識。他所涉獵的科目非常廣泛，包括天文、地理、生物、礦物等。並且對每個所涉獵的領域都有所貢獻，所以他常被稱為氣象學、地貌學、火山學和植物地理學的創始人之一。世界上以他的名字命名的地名有澳洲和紐西蘭的山，美國的湖泊與河流，南美洲西岸的洋流，以至月亮上的山脈等。西元 1795 年，他去義大利和瑞士做植物學和地質學的考察。同年，隨乃兄進了以歌德和席勒為首的韋邁地

方的文學團體。

西元 1796 年，他母親去世，留下了一大筆遺產給他。次年，洪堡果斷辭去了工作，全職周遊世界，考察研究。洪堡覲見西班牙國王，以勘探新礦源的目的獲得了西班牙皇家特許護照。同年，洪堡便乘「畢查羅」號前往美洲，踏上了偉大的旅程。於西元 1799 年開始到南北美洲蒐集了不少標本和資料，於西元 1804 年回到歐洲。行程超過一萬公里，將 3,000 種新物種，60,000 株植物標本帶回歐洲。化學家貝托萊（Berthollet）驚呼：「他一個人就是一座科學院！」從西元 1808 年起留居巴黎整理資料，先後計達 21 年。

西元 1804 年還在返回歐洲的路上，洪堡就被選為法國科學院通訊院士。他的到來使巴黎科學界沸騰起來，巴黎人像迎接英雄一樣把他接進了凱旋門。洪堡在出征美洲前未能見到拿破崙，現在總算見到了。出乎他意料的是，他從拿破崙那裡不但未能獲得贊助，反而遭到了奚落。西元 1804 年 12 月，在拿破崙登基後的一次招待會上，拿破崙當眾對洪堡說：「先生，你懂植物學，我夫人也懂植物學！」說完轉身就走開了。西元 1810 年，拿破崙有一次竟以洪堡是普魯士間諜為藉口，責令 24 小時內將他趕出巴黎。拉普拉斯當即出面力勸拿破崙收回成命，說明洪堡在巴黎是為了出版他的旅行著作，這樣才避免了一場風波。使人們不解的是，拿破崙身兼法國科學院院士，他曾經熱情歡迎過電池發明者、義大利物理學家伏特（Alessandro Volta），又曾親自授予英國科學家戴維「伽爾瓦尼獎」，他還是埃及科學院的奠基人，為何對待洪堡的態度如此反常？其中一種公認的解釋是：巴黎人對洪堡的歡迎過於隆重，以致沖淡了拿破崙加冕儀式的氣氛，因而引起他的憤恨。

洪堡在巴黎出版了不少著作，其中最著名的有《1799 —— 1804 年

新大陸熱帶區域旅行記》(*Le voyage aux régions equinoxiales du Nouveau Continent, fait en 1799–1804*) 30 卷、《新西班牙王國地理圖集》(*Atlas géographique et physique du royaume de la Nouvelle Espagne*)（西元 1810 年）、《植物地理論文集》(*Geography of Plants*)（西元 1805 年）等。西元 1827 年，他回到柏林，西元 1829 年，受俄國的邀請，和愛蘭堡格 (Christian Gottfried Ehrenberg) 及駱司 (Gustav Rose) 二人去西伯利亞旅行。從 5 月至 11 月共 25 個星期，行程達 15,480 公里。從這次旅行所得著有《中央亞細亞》(*Asie Centrale*) 3 卷。在西元 1830 年－1848 年，洪堡常受外交使命奔走於普法兩國之間，有暇則致力於他畢生大著《宇宙》(*Kosmos*) 一書。《宇宙》共計 5 卷，第 5 卷於洪堡逝世後始出版。洪堡在科學上的貢獻是具有創造性的。他的活動不僅限於科學考察成果方面，對於科學理論方面也頗有貢獻。

在《宇宙》中他嘖嘖稱道了中國的重大發現 —— 指南針和活字印刷。他讚美中國古代天文工作者的勤勞和細心，並以古代所記的日食、流星、彗星為例。他比較了中國和希臘、羅馬關於隕石的記載，說從西元前 7 世紀到西元 333 年在中國歷史上共有 16 個記載，而希臘和羅馬同時期卻只有 4 個。他的旅行和書籍激起歐洲各國組織其他類似的考察和旅行的熱情。西元 1831 年，英國派遣了「小獵犬」號去南美洲測量祕魯、智利的沿海，即直接受了洪堡的影響，而查爾斯‧達爾文就是這艘船上的博物學者。

他曾穿越整個俄國，行程 15,000 公里，直達中國邊境。此行的收穫包括一顆鑽石 —— 這是在熱帶以外發現的首顆鑽石。他曾三次登上維蘇威火山，考察印第安人，套著潛水鐘罩潛入泰晤士河底。他還登上位於厄瓜多距離地心最遠的欽博拉素山 (5,878 公尺)，打破並保持人類登高

紀錄長達 29 年（此峰當時被認為是世界最高峰，後來洪堡得知聖母峰後倍感沮喪）。洪堡在欽博拉素山創造的最高紀錄激起了法國人的熱情。西元 1804 年 8 月 24 日，給呂薩克和必歐（Jean-Baptiste Biot）乘氣球升入 3,965 公尺的高空，進行了高空地磁測量。在洪堡的熱情鼓勵下，給呂薩克在 9 月再次乘氣球升到 6,710 公尺的空中，打破了洪堡的登高紀錄。

西元 1815 年，他的《旅行記》頭兩卷發表了，它曾激勵幾代人的科學探險活動。達爾文在隨「小獵犬」號旅行時給他的老師韓斯洛（John Stevens Henslow）的信上談到他讀《旅行記》的感想時說：「我一直尊重洪堡，但現在我幾乎崇拜起他來了。」西元 1842 年，洪堡在倫敦見到達爾文，讓達爾文留下了深刻印象。後來達爾文獲悉洪堡的喜馬拉雅山考察計畫未能如願以償時，他給予洪堡深切同情。

西元 1826 年秋，威廉三世（Friedrich Wilhelm III）親自寫信敦促洪堡回國，信中說道：「我親愛的馮·洪堡先生，你現在一定已經完成了你希望在巴黎完成的著作出版工作，因此我再也不能同意你留在那個對任何真正的普魯士人看來都噁心的國家，我等待你從速返回你的故鄉。」

西元 1827 年 5 月，洪堡終於永遠地回到了德國。柏林人模仿 23 年前巴黎人的做法歡迎他的歸來。國王親自主持了「洪堡講座」。從西元 1827 年 11 月到西元 1828 年 4 月間，洪堡在柏林共講了 61 講。他擁有數萬名熱心的聽眾，他這些講座內容後來寫進了《宇宙》第一卷中。

在洪堡爭分奪秒書寫第五卷時，他已感到漸漸精力不支了。西元 1859 年初，他預感到生命快到盡頭。4 月 19 日，他叫傭人將他的書稿送到了出版社。5 月 6 日下午兩點半，他在私寓「泰格爾」離開了人間，享年 90 歲。

140
貝多芬（西元 1770 年－ 1827 年）

失聰後仍能寫出《第六（田園）交響曲》。

> 路德維希・范・貝多芬（Ludwig van Beethoven），西元 1770 年（清乾隆三十五年，庚寅虎年。庫克船長〔Captain James Cook〕的奮進號首航，抵達澳洲東海岸；拉格朗日證明了巴切特猜想）出生於德國波恩，維也納古典樂派代表人物之一，歐洲古典主義時期作曲家。

父親是科隆選帝侯宮廷的男高音，兼鋼琴與唱歌教師，因嗜酒影響全家生活。其母瑪麗亞・馬達琳娜・凱維利希（Maria Magdalena Keverich）只活了 41 歲。貝多芬是家中的第二個孩子（第一個早夭只活了 6 天），此後其母又相繼誕下 5 個孩子，但其中只有兩個男孩卡斯帕爾・安東・卡爾（Kaspar Anton Karl van Beethoven）和尼古拉斯・約翰（Nikolaus Johann van Beethoven）長大成人，他們在貝多芬的音樂生活中扮演著重要的角色。

西元 1775 年左右，5 歲的貝多芬開始被父親逼著學習鋼琴、小提琴，其父愚蠢地想用強制性手段將他培養成莫札特式的神童。貝多芬在父親嚴厲苛刻的教育下度過了童年，造就了他倔強、敏感、易激動的性格。

　　22 歲他去維也納找莫札特（Wolfgang Amadeus Mozart）拜師學藝，當時的莫札特名聲很大並沒有將貝多芬放在眼裡，因為當時莫札特忙著招待客人所以就把自己手裡的幾張鋼琴曲子交給貝多芬，說只要你能順利地彈下來我就收你為徒，並把他領到旁邊的一個鋼琴房裡。沒過多久莫札特聽到一陣悅耳的鋼琴聲，他非常吃驚，帶著客人來到鋼琴房裡指著貝多芬說：「這個人未來一定大有作為。」

　　《第三交響曲》創作於西元 1803 年－ 1804 年，象徵著貝多芬的創作進入成熟階段。西元 1805 年 4 月，《第三（英雄）交響曲》首演，貝多芬親自擔任指揮。關於這首交響曲創作的動機和由來，眾說紛紜、流傳甚廣，但又不足全信的傳聞是：貝多芬在創作此曲時，是以拿破崙為對象而創作的，因為他在總譜扉頁上寫有「題獻給波拿巴」的字樣。當他聽說拿破崙稱帝時，大怒而叫道：這個人也不過是個凡夫俗子罷了，為了滿足自己的野心，大肆蹂躪全人類的權利，把自己置於萬人之上，成為了一個獨裁者。然後，憤而扯破總譜的封面，以致扉頁都被擦破。西元 1804 年 10 月此曲出版，改名為《為紀念一個偉大的人物而寫的交響曲》。

　　約西元 1804 年，貝多芬開始構思並動筆寫，直到西元 1808 年寫成《c 小調第五交響曲》，又名《命運交響曲》。此時，他的耳疾已經完全失去了治癒的希望。

　　在貝多芬雙耳完全失聰後，創作了《F 大調第六號交響曲》。這部作品正表現了他在這種情況下對大自然的依戀之情，是一部展現回憶的作品，並命名為《田園交響曲》，是他少數的各樂章均有標題的作品之一，也是貝多芬九首交響樂作品中標題性最為明確的一部。

　　在西元 1819 年－ 1824 年他創作了一部大型四樂章交響曲：《d 小調第九交響曲》。因其第四樂章加入了大型合唱，故後人又稱為《合唱交響

曲》。合唱部分是以德國著名詩人席勒的〈歡樂頌〉（*An die Freude*）為歌詞而譜曲的，後來成為該作品中最為著名的主題。該作品於西元 1824 年 5 月 7 日在維也納首演，即獲得極大的成功，雷鳴般的掌聲竟達五次之多。這部交響曲被公認為貝多芬在交響樂領域的最高成就，是其音樂創作生涯的最高峰和總結。

這部交響樂構思廣闊，思想深刻，形象豐富多樣，它擴大了交響樂的規模和範圍，超出了當時的體裁和規範，變成由交響樂隊、合唱隊和獨唱、重唱所表演的一部宏偉而充滿哲理性和英雄性的壯麗頌歌。作者透過這部作品表達了人類尋求自由的抗爭意志，並堅信這個抗爭最後一定以人類的勝利而告終，人類必將獲得歡樂和團結友愛。

貝多芬以其數量眾多的音樂作品透過強烈的藝術感染力和宏偉氣魄，將古典主義音樂推向高峰，並預示了 19 世紀浪漫主義音樂的到來。西元 1827 年 3 月 26 日，貝多芬於維也納去世，享年 57 歲。

席勒〈歡樂頌〉

德文原文　譯文（鄧映易）

O Freunde, nicht diese Töne!　啊！朋友，何必老調重彈！

Sondern laßt uns angenehmere anstimmen,　還是讓我們的歌聲

und freudenvollere.　匯合成歡樂的合唱吧！

Freude! Freude!　歡樂！歡樂！

Freude, schöner Götterfunken　歡樂女神聖潔美麗

Tochter aus Elysium,　燦爛光芒照大地！

Wir betreten feuertrunken,　我們心中充滿熱情

Himmlische, dein Heiligtum!　來到你的聖殿裡！

Deine Zauber binden wieder 　你的力量能使人們

Was die Mode streng geteilt; 　消除一切分歧，

Alle Menschen werden Brüder, 　在你光輝照耀下面

Wo dein sanfter Flügel weilt. 　四海之內皆成兄弟。

Wem der große Wurf gelungen, 　誰能作個忠實朋友，

Eines Freundes Freund zu sein; 　獻出高貴友誼，

Wer ein holdes Weib errungen, 　誰能得到幸福愛情，

Mische seinen Jubel ein! 　就和大家來歡聚。

Ja, wer auch nur eine Seele 　真心誠意相親相愛

Sein nennt auf dem Erdenrund! 　才能找到知己！

Und wer's nie gekonnt, der stehle 　假如沒有這種心意

Weinend sich aus diesem Bund! 　只好讓他去哭泣。

Freude trinken alle Wesen 　在這美麗大地上

An den Brüsten der Natur; 　普世眾生共歡樂；

Alle Guten, alle Bösen 　一切人們不論善惡

Folgen ihrer Rosenspur. 　都蒙自然賜恩澤。

Küße gab sie uns und Reben, 　它給我們愛情美酒，

Einen Freund, geprüft im Tod; 　同生共死好朋友；

Wollust ward dem Wurm gegeben, 　它讓眾生共享歡樂

Und der Cherub steht vor Gott. 　天使也高聲同唱歌。

Froh, wie seine Sonnen fliegen　歡樂，好像太陽運行

Durch des Himmels prächt'gen Plan,　在那壯麗的天空。

Laufet, Brüder, eure Bahn,　朋友，勇敢的前進，

Freudig, wie ein Held zum Siegen.　歡樂，好像英雄上戰場。

Seid umschlungen, Millionen!　億萬人民團結起來！

Diesen Kuß der ganzen Welt!　大家相親又相愛！

Brüder, über'm Sternenzelt　朋友們，在那天空上，

Muss ein lieber Vater wohnen.　仁愛的上帝看顧我們。

Ihr stürzt nieder, Millionen?　億萬人民虔誠禮拜，

Ahnest du den Schöpfer, Welt?　拜慈愛的上帝。

Such' ihn über'm Sternenzelt!　啊，越過星空尋找他，

Über Sternen muss er wohnen.　上帝就在那天空上。

141
黑格爾（西元 1770 年－ 1831 年）

一個深刻的靈魂，即使痛苦，也是美的。

格奧爾格・威廉・弗里德里希・黑格爾（Georg Wilhelm Friedrich Hegel），西元 1770 年（清乾隆三十五年，庚寅虎年）出生於德國斯圖加特，哲學家。黑格爾時代略晚於康德，是德國 19 世紀唯心論哲學的代表人物之一，曾任柏林大學（今柏林洪堡大學）的校長。

西元 1780 年起就讀於該城文科中學，西元 1788 年 10 月去圖賓根神學院學習，主修神學和哲學。

西元 1793 年－ 1796 年，在瑞士伯爾尼一貴族家中擔任家庭教師。

西元 1797 年－ 1800 年，在法蘭克福一個貴族家庭裡擔任家庭教師。

西元 1800 年到耶拿，與謝林共同創辦《哲學評論》（*Kritische Journal der Philosophie*）雜誌。次年成為耶拿大學編外講師，四年之後成為副教授。

西元 1807 年，出版他的第一部著作《精神現象學》（*Phänomenologie des Geistes*）。

西元 1808 年－ 1816 年，他在紐倫堡當了八年的中學校長。在此期間完成了《邏輯學》（*Wissenschaft der Logik*）（簡稱大邏輯）。

西元 1816 年－ 1817 年，任海德堡大學哲學教授。

西元 1817 年，出版《哲學全書》（*Enzyklopaedie der philosophischen Wissenschaften*），完成了他的哲學體系。

西元 1818 年後任柏林大學哲學教授，1821 年出版《法哲學原理》（*Grundlinien der Philosophie des Rechts*）。

西元 1829 年，黑格爾被任命為柏林大學校長和政府代表，西元 1831 年死於霍亂。他在柏林大學的講稿於他去世後被整理為《哲學史講演錄》（*Vorlesungen über die Geschichte der Philosophie*）、《美學講演錄》（*Vortesungenueber die Aesthetik*）、《宗教哲學講演錄》（*Vorlesungen über die Philosophie der Religion*）。

許多人認為，黑格爾的思想，象徵著 19 世紀德國唯心主義哲學運動的頂峰，對後世哲學流派都產生了深遠的影響。

黑格爾是最後一位偉大哲學體系的建立者，黑格爾之後，作為無所不包的思想體系而存在的哲學消亡了，歐陸哲學的主流被存在主義占據。黑格爾的著作以哲學的高度幾乎涉獵了人類知識的全部領域：歷史、自然、法學、倫理……他那廣博的知識與深邃的思考，至今讀來依舊散發著無窮的魅力。

▌黑格爾語錄

（1）上帝驚嘆細節。

（2）背起行囊，獨自旅行。

（3）做一個孤獨的散步者。

（4）如歷史常常驚人地重演。

(5)人是靠思想站立起來的。

(6)悲觀的頭腦，樂觀的意志。

(7)目標有價值，生活才有價值。

(8)運偉大之思者，必行偉大之迷途。

(9)一個深刻的靈魂，即使痛苦，也是美的。

(10)任性和偏見就是自己個人主觀的意見和意向。

(11)如果說音樂是流動的建築，那建築物則是凝固的音樂。

(12)在純粹光明中就像在純粹黑暗中一樣，看不清什麼東西。

(13)無知者是不自由的，因為和他對立的是一個陌生的世界。

(14)只有那些永遠躺在坑裡、從不仰望高空的人，才不會掉進坑裡。

142
湯瑪士・楊格（西元 1773 年－ 1829 年）

他最先破譯了數千年來無人能解讀的古埃及象形文字。

湯瑪士・楊格（Thomas Young），西元 1773 年（清乾隆三十八年，癸巳蛇年。庫克在東經 39° 35'附近的海面穿過了南極；梅西耶〔Charles Messier〕發現 M110 星系和具有螺旋結構的星系 M51；清廷編纂《四庫全書》）出生於英國薩默塞特郡。醫生、物理學家，光的波動說的奠基人之一。不僅在物理學領域領袖群英、名享世界，而且涉獵甚廣，如力學、數學、光學、聲學、語言學、動物學、考古學等等。他對藝術還頗有興趣，熱愛美術，幾乎會演奏當時的所有樂器，並且會製造天文器材，還研究了保險經濟問題。湯瑪士・楊格擅長騎馬，並且會耍雜技走鋼絲。

楊格 2 歲時學會閱讀，對書籍表現出強烈的興趣；4 歲能將英國詩人的佳作和拉丁文詩歌背得滾瓜爛熟；不到 6 歲已經把《聖經》從頭到尾看過兩遍，還學會用拉丁文造句；9 歲掌握車工工藝，能自己動手製作一些物理儀器；幾年後他學會微積分和製作顯微鏡與望遠鏡；14 歲之前，他已經掌握 10 多門語言，包括希臘語、義大利語、法語等，不僅能夠熟練閱讀，還能用這些語言做讀書筆記；之後，他又把學習擴大到了東方語言 —— 希伯來語、波斯語、阿拉伯語；他不僅閱讀了大量的古典書籍，在中學時期，就已經讀完了牛頓的《自然哲學的數學原理》、拉瓦節

的《化學綱要》以及其他一些科學著作，才智超群。

　　楊格長大後，在職業的選擇方面受到了叔父的影響。這位當醫生的叔父幾年後去世，為楊格留下了一筆龐大的遺產，包括房屋、書籍、藝術收藏和 1 萬英鎊現款，這筆遺產使他後來在經濟上完全獨立，能夠把他所有的才華都發揮在需要的地方。

　　楊格熱愛物理學，在行醫之餘，他也花了許多時間研究物理。

　　牛頓曾在其《光學》的論著中提出光是由微粒組成的，在之後的近百年時間，人們對光學的認識幾乎停滯不前，直到湯瑪士・楊格的誕生，他成為開啟光學真理的一把鑰匙，為後來的研究者指明了方向。

　　楊格愛好樂器，幾乎能演奏當時的所有樂器，這種才能與他對聲振動的深入研究是分不開的。光會不會也和聲音一樣，是一種波？楊格做了著名的楊氏雙縫干涉實驗，為光的波動說奠定了基礎。

　　這個著名的實驗如今已經寫進高中物理課本：讓透過一個小針孔 S_1 的一束光，再透過 S_2 的兩個小針孔，變成兩束光。這樣的兩束光來自同一光源，所以它們是相干的，結果顯示，在光屏上果然看見了明暗相間的干涉圖樣；後來，又以狹縫代替針孔，進行了雙縫實驗，得到了更明亮的干涉條紋。

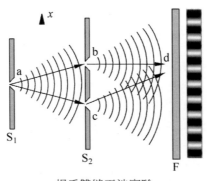

楊氏雙縫干涉實驗

楊在物理光學領域的研究是具有開拓意義的，他第一個測量了 7 種光的波長，最先建立了三原色原理：指出一切色彩都可以從紅、綠、藍這三種原色中得到。楊對彈性力學也很有研究，後人為了紀念他的貢獻，把縱向彈性模量稱為楊氏模量。

　　西元 1814 年，41 歲的時候，楊對象形文字產生了興趣。拿破崙遠征埃及時，發現了刻有兩種文字的著名的羅塞塔石碑，這塊碑後來被運到了倫敦。羅塞塔石碑據說是西元前 2 世紀埃及為國王祭祀時所豎，上部有 14 行象形文字，中部有 32 行世俗體文字，下部有 54 行古希臘文字。之前已經有人研究過，但並未獲得突破性進展。楊格解讀了中下部的 86 行字，破譯了王室成員 13 位中的 9 個人名，根據碑文中鳥和動物的朝向，發現了象形文字符號的讀法。這大約是在西元 1816 年前後的事。當時楊格對光學研究失去了信心，甚至有人譏諷他為瘋子，以致他十分沮喪。他便利用其豐富的語言學知識，轉向考古學研究。由於楊格的這一成果，誕生了一門研究古埃及文明的新學科。西元 1829 年湯瑪士・楊格去世時，人們在他的墓碑上刻上這樣的文字 ── 「他最先破譯了數千年來無人能解讀的古埃及象形文字」。

143
安培（西元 1775 年－ 1836 年）

電流的單位就是安培。

安德烈 - 馬里・安培（André-Marie Ampère），西元 1775 年（清乾隆四十年，乙未蛇年。美國獨立戰爭爆發）生於法國里昂，物理學家、化學家和數學家。

安培最主要的成就是西元 1820 年－ 1827 年對電磁作用的研究，他被馬克士威譽為「電學中的牛頓」。在電磁作用方面的研究成就卓著。電流的國際單位安培即以其姓氏命名。

▌發現安培定則

安培定則是表示電流和電流激發磁場的磁感線方向間關係的定則，也稱為右手螺旋定則。

(1)直線電流的安培定則用右手握住導線，讓伸直的大拇指所指的方向跟電流方向一致，那麼彎曲的四指所指的方向就是磁感線的環繞方向。

(2)環形電流的安培定則讓右手彎曲的四指和環形電流的方向一致，那麼伸直的大拇指所指的方向就是環形電流中心軸線上磁感線的方向。

▌發現電流的相互作用規律

接著他又提出了電流方向相同的兩條平行載流導線互相吸引，電流方向相反的兩條平行載流導線互相排斥。安培對兩個線圈之間的吸引和排斥也作了討論。

▌發明電流計

安培還發現，電流在線圈中流動的時候表現出來的磁性和磁鐵相似，創製出第一個螺線管，在這個基礎上發明了探測和量度電流的電流計。電流的國際單位為安培，簡稱安，符號為 A，定義為：在真空中相距為 1m 的兩根無限長平行直導線，通以相等的恆定電流，當每根導線上所受作用力為 2×10^{-7}N 時，各導線上的電流為 1A。

▌提出分子電流假說

他根據磁是由運動的電荷產生的這一觀點來說明地磁的成因和物質的磁性。提出了著名的分子電流假說。安培認為構成磁體的分子內部存在一種環形電流 —— 分子電流。由於分子電流的存在，每個磁分子成為小磁體，兩側相當於兩個磁極。通常情況下磁體分子的分子電流取向是雜亂無章的，它們產生的磁場互相抵消，對外不顯磁性。當外界磁場作用後，分子電流的取向大致相同，分子間相鄰的電流作用抵消，而表面部分未抵消，它們的效果顯示出宏觀磁性。

▌安培定律

安培做了關於電流相互作用的四個精巧的實驗，並運用高度的數學技巧總結出電流元之間作用力的定律，描述兩電流元之間的相互作用與兩電流元的大小、間距以及相對取向之間的關係。後來人們把這一定律稱為安培定律。安培第一個把研究動電的理論稱為「電動力學」，西元1827 年安培將他的電磁現象的研究綜合在《電動力學現象的數學理論》（*Mémoire sur la théorie mathématique des phénomènes électrodynamiques*）一書中。這是電磁學史上一部重要的經典論著。

144
亞佛加厥（西元 1776 年－ 1856 年）

不管學習物理還是化學，都能遇見亞佛加厥。

> 阿密迪歐・亞佛加厥（Amedeo Avogadro），西元 1776 年（清乾隆四十一年，丙申猴年。瓦特製造出世界上第一臺有實用價值的蒸汽機）物理學家、化學家。

亞佛加厥出生於義大利西北部皮埃蒙特大區的首府杜林一個當地的望族，亞佛加厥的父親曾擔任薩福伊王國的最高法院法官。父親對他有很高的期望。亞佛加厥勉強讀完中學，進入杜林大學讀法律系，成績突飛猛進。亞佛加厥 30 歲時，對物理研究產生興趣。西元 1811 年發表了亞佛加厥假說、亞佛加厥定律。西元 1832 年，出版了四大冊理論物理學。為了紀念他，N_A 稱為亞佛加厥常量。

西元 1792 年進入杜林大學學習法學。

西元 1796 年獲得法學博士學位，開始從事律師工作。

西元 1800 年起開始學習數學和物理學。

西元 1804 年被杜林科學院選為通訊院士。

西元 1809 年被聘為維切利皇家學院的物理學教授。

西元 1819 年被選為杜林科學院院士。

西元 1820 年任杜林大學數學和物理學教授，不久被解聘。

　　西元 1834 年重新被聘任為杜林大學教授，直到西元 1850 年退休。

　　西元 1856 年，亞佛加厥在杜林逝世，享年 80 歲。

　　亞佛加厥的重大貢獻，是他在西元 1811 年提出了一種分子假說：「同體積的氣體，在相同的溫度和壓力時，含有相同數目的分子」。把這一假說稱為亞佛加厥定律。

　　亞佛加厥常量（Avogadro constant），為熱學常量，符號 N_A 數值為 $(6.02214129 \pm 0.00000027) \times 10^{23}$。

145
奧斯特（西元 1777 年－ 1851 年）

在通電的導線周圍，小磁針會偏轉。

漢斯・克里斯蒂安・奧斯特（Hans Christian Oersted），西元 1777 年（清乾隆四十二年，丁酉雞年。氧氣〔Oxgen〕被正式命名；i 第一次被用來表示虛數）生於蘭格朗島魯德喬賓的一個藥劑師家庭。丹麥物理學家、化學家。西元 1820 年發現了電流的磁效應，他的重要論文在 1920 年整理出版，名為《奧斯特科學論文》。

西元 1794 年考入哥本哈根大學，西元 1799 年獲博士學位。西元 1801 年－ 1803 年去德、法等國訪問，結識了許多物理學家及化學家。西元 1806 年起任哥本哈根大學物理學教授，西元 1815 年起任丹麥皇家學會常務祕書。西元 1820 年因電流磁效應這一傑出發現獲英國皇家學會科普利獎章。西元 1829 年起任哥本哈根工學院院長。西元 1851 年在哥本哈根逝世。

他曾對物理學、化學和哲學進行過多方面的研究。由於受康德哲學與謝林的自然哲學的影響，堅信自然力是可以相互轉化的，長期探索電與磁之間的關聯。西元 1820 年 4 月終於發現了電流對磁針的作用，即電流的磁效應。同年 7 月以「關於磁針上電衝突作用的實驗」為題發表了他的發現。這篇短短的論文使歐洲物理學界產生了極大震動，導致了大批實驗成果的出現，由此開闢了物理學的新領域 —— 電磁學。

他是一位熱情洋溢、重視科學研究和實驗的教師，他說：「我不喜歡那種沒有實驗的枯燥的講課，所有的科學研究都是從實驗開始的。」因此受到學生歡迎。他還是卓越的演說家和自然科學普及工作者，西元 1824 年倡議成立丹麥科學促進協會，建立了丹麥第一個物理實驗室。

1908 年丹麥自然科學促進協會建立奧斯特獎章，以表彰作出重大貢獻的物理學家。1934 年以「奧斯特」命名國際通用單位制中的磁場強度單位。1937 年美國物理教師協會設立奧斯特獎章，獎勵在物理教學上作出貢獻的物理教師。

▋ 發現電流的磁效應

自從庫侖提出電和磁有本質上的區別以來，很少有人再會去考慮它們之間的關聯。而安培和必歐等物理學家認為電和磁不會有任何關聯。可是奧斯特一直相信電、磁、光、熱等現象相互存在內在的關聯，尤其是富蘭克林曾經發現萊頓瓶放電能使鋼針磁化，更堅定了他的這個信念。當時，有人做過實驗以尋求電和磁的關聯，結果都失敗了。奧斯特分析這些實驗後認為：在電流方向上去找效應，看來是不可能的，那麼磁效應的作用會不會是橫向的？

西元 1820 年 4 月，在一次講座中，奧斯特示範了電流磁效應的實驗。當伽伐尼電池與鉑絲相連時，靠近鉑絲的小磁針擺動了。這一不顯眼的現象沒有引起聽眾的注意，奧斯特卻非常興奮，他接連三個月深入地研究，在西元 1820 年 7 月，終於宣布了實驗結果。

奧斯特認為在通電導線的周圍發生了一種「電流衝擊」。這種衝擊只能作用在磁性粒子上，對非磁性物體是可以穿過的。磁性物質或磁性粒子受到這些衝擊時，阻礙它穿過，於是就被帶動，發生偏轉。導線放在

磁針的下面，小磁針就向相反方向偏轉；如果導線水平地沿東西方向放置，這時不論將導線放在磁針的上面還是下面，磁針始終保持靜止。他認為電流衝擊是沿著以導線為軸線的螺旋線方向傳播，螺紋方向與軸線保持垂直。這就是奧斯特對橫向效應的描述。

奧斯特對磁效應的解釋，雖然不完全正確，但並不影響這一實驗的重大意義——證明了電和磁能相互轉化，這為電磁學的發展打下基礎。

法拉第評價這一發現時說：「它猛然開啟了一扇科學領域的大門，那裡過去是一片漆黑，如今充滿光明。」

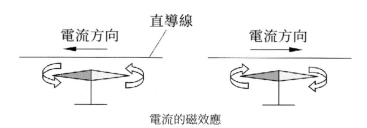

電流的磁效應

奧斯特與安徒生

安徒生 16 歲時，第一次在哥本哈根拜見了 44 歲的奧斯特。那時，奧斯特由於發現電流的磁效應已經響滿全球。6 年後，安徒生從外地歸來回到哥本哈根。從那時起，他每週應邀到奧斯特家做一次客，即使在奧斯特去世後，他依舊是奧斯特家的座上賓。另一個習慣是，每個聖誕節的上午，安徒生都要去奧斯特家協助裝點聖誕樹，寫一些短詩貼在奧斯特為孩子們準備的聖誕禮物上。安徒生曾說過：「奧斯特大概是我最熱愛的一個人。」西元 1829 年，安徒生考哥本哈根大學時，奧斯特是主考官。所以說，他們二人首先是師生關係。後來，師生關係發展成了朋友關係。於是，安徒生寫信給奧斯特時，有時就不再規規矩矩地稱呼對

方了，而戲稱自己是「小漢斯·克里斯蒂安」，稱對方是「大漢斯·克里斯蒂安」。安徒生與奧斯特的子女的關係也很好，並曾暗戀過奧斯特的小女兒。安徒生對奧斯特一家太熟悉了，他西元 1859 年創作的童話《兩兄弟》(Two Brothers) 就是以奧斯特和他的哥哥（長大後成為一名法學家）為原型的。《兩兄弟》中描寫了終身痛恨迷信的奧斯特小時候的情況：哥哥還沒起床；弟弟站在窗前，凝視著草地上升起的水氣。這不是小精靈在跳舞，如同誠實的老僕人所說的那樣；他懂的可多了，才不信這一套呢。那是水蒸氣，比空氣要暖，所以往上升。

146
高斯（西元 1777 年－ 1855 年）

和阿基米德、牛頓、尤拉並列為世界四大數學家。

約翰・卡爾・弗瑞德呂希・高斯 (Johann Carl Friedrich Gauss)，西元 1777 年（清乾隆四十二年，丁酉雞年）出生於德國布倫瑞克，著名數學家、物理學家、天文學家、大地測量學家，近代數學奠基者之一。高斯被認為是歷史上最重要的數學家之一，並享有「數學王子」之稱。

高斯和阿基米德、牛頓、尤拉並列為世界四大數學家。一生成就極為豐碩，以「高斯」命名的成果達 110 個，屬數學家中之最。他對數論、代數、統計、分析、微分幾何、大地測量學、地球物理學、力學、靜電學、天文學、矩陣理論和光學皆有貢獻。

西元 1788 年，11 歲的高斯進入文科學校，他在新的學校裡，所有的功課都極好，特別是古典文學、數學尤為突出。他的教師們如慈母般把他推薦給布倫瑞克公爵，希望公爵能資助這個聰明的孩子上學。

布倫瑞克公爵卡爾・威廉・斐迪南 (Karl II. Wilhelm Ferdinand, Herzog zu Braunschweig-Lüneburg) 召見了 14 歲的高斯。這個樸實、聰明但家境貧寒的孩子贏得了公爵的同情和讚賞。公爵慷慨地表示願意作高斯的資助人，讓他繼續學習。

　　西元 1792 年高斯進入布倫瑞克的卡羅琳學院繼續學習。西元 1795 年，公爵又為他支付各種費用，送他入德國著名的哥廷根大學，這樣就使得高斯得以按照自己的理想，勤奮地學習和開始進行創造性的研究。

　　西元 1796 年，高斯 19 歲，發現了正十七邊形的尺規作圖法，解決了自歐幾里得以來懸而未決的一個難題。同年，發表並證明了二次互反律。這是他的得意傑作，一生曾用八種方法證明，稱之為「黃金律」。

　　西元 1799 年，高斯完成了博士論文，獲黑爾姆施泰特大學的博士學位，回到家鄉布倫瑞克，雖然他的博士論文順利通過了，被授予博士學位，同時獲得了講師職位，但他沒有能成功地吸引學生選他的課，因此只能回老家。又是公爵伸手援助他。

　　後來，慷慨、仁慈的資助人去世了，因此高斯必須找一份合適的工作，以維持一家人的生計。由於高斯在天文學、數學方面的傑出工作，他的名聲從西元 1802 年起就已開始傳遍歐洲。聖彼得堡科學院不斷暗示他，自從西元 1783 年李昂哈德·尤拉去世後，尤拉在聖彼得堡科學院的位置一直在等待著像高斯這樣的天才。公爵在世時堅決勸阻高斯去俄國，他甚至願意替高斯增加薪水，為他建立天文臺。

　　為了不使德國失去最偉大的天才，德國著名學者洪堡聯合其他學者和政界人物，為高斯爭取到了享有特權的哥廷根大學數學和天文學教授，以及哥廷根天文臺臺長的職位。西元 1807 年，高斯赴哥廷根就職，全家遷居於此。

　　從這時起，除了一次到柏林去參加科學會議以外，他一直住在哥廷根。洪堡等人的努力，不僅使高斯一家人有了舒適的生活環境，高斯本人可以充分發揮其天才，而且為哥廷根數學學派的創立、德國成為世界科學中心和數學中心創造了環境。同時，這也象徵著科學研究社會化的

一個良好開端。

後來，他越來越多的學生成為有影響力的數學家，如後來聞名於世的戴德金（Julius Wilhelm Richard Dedekind）和黎曼（Georg Friedrich Bernhard Riemann）。

▋哥廷根大學：高斯的母校，歐洲近代數學的搖籃

哥廷根是一個只有十幾萬人口的德國小鎮。而哥廷根大學，一個小眾的學校名字，相較於牛津大學、劍橋大學、哈佛大學、耶魯大學來說，可能幾乎沒有什麼人聽說過，就像沒有多少人聽說過黎曼的名字一樣。但是，歷史無法掩蓋它昔日耀眼奪目的光芒。那是一個風雲際會、百花齊放的哥廷根時代。

它的輝煌始於數學奇才高斯，在此之後，黎曼、狄利克雷、雅各布和克萊因相繼湧現，眾星雲集，在數學的眾多領域，包括代數、幾何和分析領域作出了重大的貢獻。一直到希爾伯特，德國哥廷根數學學派進入了全盛時期。

除此之外，哥廷根大學在物理學領域也毫不遜色，著名的物理學家包括普朗克、赫茲、海德堡、費米、包立和奧本海默（Robert Oppenheimer）等。據統計，前後共有 46 名諾貝爾獎得主，或在此讀書或教學。恐怕世界上很難再找到一個城市，能有如此偉大的學術榮耀。

147
戴維（西元 1778 年－ 1829 年）

這位農民的兒子得到了只有皇族才可能得到的全部榮譽。

漢弗里・戴維（Sir Humphry Davy），西元 1778 年（清乾隆四十三年，戊戌狗年。生物科學家卡爾・林奈病逝；伏爾泰逝世；盧梭病逝）出生於英國。化學家、發明家，電化學的開拓者之一。

西元 1801 年在英國皇家學會講授化學，西元 1803 年成為英國皇家學會會員，西元 1813 年被選為法國科學院院士，西元 1815 年發明了在礦業中檢測易燃氣體的戴維燈。西元 1820 年任英國皇家學會會長，西元 1826 年被封為爵士。西元 1826 年因病赴歐洲大陸求治，西元 1829 年逝於日內瓦。

戴維的主要成就有：

(1) 西元 1802 年開創農業化學。

(2) 發明煤礦安全燈，一直沿用到 1930 年代（此後，被電池燈逐漸取代）。

(3) 用電解方法得到鹼金屬等。西元 1807 年戴維用 250 對鋅－銅原電池串聯作為電源電解得到鈉、鉀，西元 1808 年電解得到鎂、鈣、鍶、鋇、矽、硼。

(4) 確定氯為單質。

(5) 戴維本人認為，自己的最大貢獻是發現法拉第。

148
給呂薩克（西元 1778 年－ 1850 年）

由於給呂薩克的傑出成就，法國成了當時最大的科學中心。

約瑟夫・路易・給呂薩克 (Joseph Louis Gay-Lussac)，西元 1778 年（清乾隆四十三年，戊戌狗年）生於上維埃納省聖萊昂納德，法國化學家、物理學家。西元 1850 年 5 月 9 日卒於巴黎。他以對氣體的研究而知名。

西元 1797 年入巴黎綜合工科學校學習。西元 1800 年畢業，法國化學家貝托萊請他到他的私人實驗室當助手。西元 1802 年他任巴黎綜合工科學校的輔導教師，後任化學教授。西元 1806 年當選為法國科學院院士。西元 1809 年任索邦大學物理學教授。西元 1832 年任法國自然歷史博物館化學教授。

西元 1805 年研究空氣的成分，證實水可以用氧氣和氫氣按體積 1：2 的比例製取。

西元 1806 年，他往容器裡充滿等體積的氮和氧，然後讓混合物通過電火花，於是就產生了新的氣體 —— 一氧化氮。

西元 1808 年他證明，體積的一定比例關係不僅在參加反應的氣體中存在，而且在反應物與生成物之間也存在。6 月，給呂薩克和泰納 (Louis Jacques Thénard) 宣布，他們曾把鉀作為試劑去分解硼酸，實驗中，當把

鉀作用於熔化的硼酸時，得到了一種橄欖灰色的新物質。經過了 5 個月的深入研究後，他們肯定這是一種新的單質，取名為硼 (boron)。

西元 1813 年法國兩位化學家在海草灰裡發現了一種新元素，但在尚未分離出來時無意地把原料都給了戴維，給呂薩克知道後十分激動地說：「不可原諒的錯誤！空前嚴重的錯誤！居然傾其所有，拱手送給了外國人。戴維會發現這種元素，並把研究成果公之於世。這樣，發現新元素的光榮就會屬於英國，而不屬於法國了。」於是他和兩位化學家一起立即動手，從頭做起，晝夜不停，終於與戴維同時確證了新元素 —— 碘。

西元 1815 年發現氰，並弄清楚它作為一個有機基團的性質。

由於給呂薩克的傑出成就，法國成了當時最大的科學中心。

149
夫朗和斐（西元 1787 年－ 1826 年）

波動光學的先驅。

> 　　約瑟夫・馮・夫朗和斐（Joseph von Fraunhofer），西元 1787
> 年（清乾隆五十二年，丁未羊年。拉瓦節證明氫是一種單質並為
> 它命名；赫雪爾用自製的反射望遠鏡，發現了天王星的第三、四
> 顆衛星；美國召開制憲會議，通過《美利堅合眾國憲法》草案）出
> 生於德國慕尼黑附近的施特勞斯，物理學家。夫朗和斐從一個光
> 學研究所的工人成為該所的負責人，曾自己設計製造了許多光學
> 儀器，如消色差透鏡、大型折射望遠鏡、繞射光柵等，在當時的
> 物理學界都是非常了不起的成果。

　　西元 1801 年，夫朗和斐被送往著名的本訥迪克特伯伊昂修道院光學
學院接受訓練，這所本篤會修道院十分重視玻璃製作工藝。

　　西元 1818 年，夫朗和斐已經成為光學學院的主要領導者。他設計和
製造了消色差透鏡，首創用牛頓環方法檢查光學表面加工精度及透鏡形
狀，對應用光學的發展產生了重要的影響。他所製造的大型折射望遠鏡
等光學儀器負有盛名。由於夫朗和斐的努力，巴伐利亞取代英國成為當
時光學儀器的製作中心，連麥可・法拉第也只能甘拜下風。

　　西元 1823 年，擔任慕尼黑科學院物理陳列館館長和慕尼黑大學教

授，慕尼黑科學院院士。

西元 1824 年，夫朗和斐被授予藍馬克斯勳章，成為貴族和慕尼黑榮譽市民。由於長期從事玻璃製作而導致重金屬中毒，夫朗和斐年僅 39 歲便與世長辭。

夫朗和斐的科學研究成果主要集中在光譜方面。西元 1814 年，他發明了分光儀，在太陽光的光譜中，他發現了 574 條黑線，這些線被稱作夫朗和斐線。現在人們已經發現了三萬多條。

夫朗和斐由於發現了太陽光譜中的吸收線，了解到它們相當於火花和火焰中的發射線，以及首先採用了繞射光柵（也曾製成各種形式的光柵），也可被認為是光譜學的奠基者之一。

西元 1821 年，他發表了平行光透過單縫繞射的研究結果（後人稱其為夫朗和斐繞射，遠場繞射），做了光譜解析度的實驗，第一個定量地研究了繞射光柵，用其測量了光的波長，以後又給出了光柵方程式。

150
菲涅耳（西元 1788 年－ 1827 年）

波動光學的主將。

> 奧古斯汀 - 尚 · 菲涅耳（Augustin-Jean Fresnel），西元 1788 年
> （清乾隆四十三年，戊戌狗年）生於布羅利耶，波動光學的前驅。

西元 1806 年，畢業於巴黎工藝學院。

西元 1809 年，又畢業於巴黎橋梁與公路學校。

西元 1823 年，當選為法國科學院院士。

西元 1825 年，被選為英國皇家學會會員。

西元 1827 年，在重病後獲得了人生最後一項殊榮 —— 英國皇家學會授予的拉姆福德獎章。菲涅耳因肺病醫治無效逝世，享年僅 39 歲。

菲涅耳的科學成就主要有兩個方面。一是繞射。他以惠更斯原理和干涉原理為基礎，用新的定量形式建立了惠更斯－菲涅耳原理，完善了光的繞射理論。他的實驗具有很強的直覺性、明銳性，很多現在仍通行的實驗和光學元件都冠有菲涅耳的姓氏，如雙面鏡干涉、波帶片、菲涅耳透鏡、圓孔繞射等。另一成就是偏振。他與阿拉果（Arago）一起研究了偏振光的干涉，確定了光是橫波（西元 1821 年）；他發現了光的圓偏振和橢圓偏振現象（西元 1823 年），用波動說解釋了偏振面的旋轉；他推出了反射定律和折射定律的定量規律，即菲涅耳公式；解釋了馬呂斯

（Malus）的反射光偏振現象和雙折射現象，奠定了晶體光學的基礎。被譽為「物理光學之始祖」。作為 72 位法國知名人士之一，他的名字被刻於艾菲爾鐵塔上。

151
柯西（西元 1789 年－ 1857 年）

很多高等數學的定理和公式也都以他的名字來命名，如柯西不等式、柯西積分公式等。

奧古斯丁 - 路易・柯西（Augustin-Louis Cauchy），西元 1789 年（清乾隆五十四年，己酉雞年。喬治・華盛頓〔George Washington〕當選為美國首任總統；法國大革命爆發，通過《人權宣言》）出生於巴黎。柯西是法國數學家、物理學家、天文學家。19 世紀初期，微積分已發展成一個龐大的分支，內容豐富，應用非常廣泛。與此同時，它的薄弱之處也越來越暴露出來，微積分的理論基礎並不嚴格。為解決新問題並澄清微積分概念，數學家們展開了數學分析嚴謹化的工作，在分析基礎的奠基工作中，作出卓越貢獻的要首推偉大的數學家柯西。很多數學的定理和公式也都以他的名字來命名，如柯西不等式、柯西積分公式。

父親是一位精通古典文學的律師，與當時法國的大數學家拉格朗日和拉普拉斯交往密切。柯西少年時代的數學才華頗受這兩位數學家的讚賞，並預言柯西口後必成大器。拉格朗日向其父建議「趕快給柯西一種堅實的文學教育」，以便他的愛好不致把他引入歧途。父親因此加強了對柯西的文學教養，使他在詩歌方面也表現出很高的才華。

原本就天賦過人的他再得到拉格朗日的指點更是有點「要上天」的意

思。拉格朗日十分欣賞柯西的天賦，可是也為他的性格擔憂：他小時候性格奇怪，平時不愛說話，說話時又太簡短，讓人摸不著頭腦。同學們不喜歡和他聊天，也嫉妒他聰明，大家都叫他「苦瓜」。為此拉格朗日讓柯西在學習數學之前先學習天文學，以此沉澱個性。柯西年輕時能得到如拉格朗日這般優秀前輩的指點，是他成長路上極為重要的一點。他果然沒有辜負拉格朗日的期望，成為十分偉大的數學家。

柯西在數學上的最大貢獻是在微積分中引進了極限概念，並以極限為基礎建立了邏輯清晰的分析體系，挽救數學於第二次危機中。這是微積分發展史上的精華，也是柯西對人類科學發展所作的重大貢獻。

柯西在其他方面的研究成果也很豐富。複變函數的微積分理論就是由他創立的。在代數、理論物理、光學、彈性理論方面，也有突出貢獻。柯西的數學成就不僅輝煌，而且數量驚人。柯西全集共有 27 卷，800 多篇，在數學史上是僅次於尤拉的多產數學家。他的名字與許多定理、準則一起出現在當今許多教材中。

柯西的大量筆記和其他手稿資料，包括許多用法語和拉丁語寫成的詩歌，在第二次世界大戰前被肆意毀壞了。他一生中發表了大量數學著作，有研究專著，有教科書，也有穩定產出的研究論文，還有經過他指導的一些尚未發表的作品後來也補充到他的多卷本全集中。不幸的是，他寫的許多東西都是雜亂無章的。陳述了一個結果，然後否定它，接著只是再一次陳述它；對某種方法嚴厲批評，接著卻在下一個時機成功地應用它；各種記號被無緣無故地變來變去。他恰好是高斯的對立面，高斯發表的東西遠比他做出的成果少。高斯真正發表的東西非常深刻，只有極少人能理解。相形之下，柯西的著作看起來就膚淺了，但它們立即會激發進一步的研究。有時柯西甚至會忘記自己曾經寫過的東西，從而

會將同樣的東西發表兩次。

　　如果他偶然有了一個新想法，他會迫不及待地想發表出來。《法國科學院通報》週刊直到西元 1835 年才建立。柯西在西元 1825 年創辦了自己的月刊《數學練習》，其頁面被柯西自己的文章以最不可能的次序用最不可能選擇的主題全部填滿。在他離開巴黎之前，《數學練習》出版了 5 卷。在杜林，他恢復了這一工作，甚至在當地報紙上發表文章，後來又延續到了布拉格，當他回到巴黎以後，成功將《數學練習》擴充到 10 卷。他也在其他刊物上發表作品，他至少有 18 篇獨立的研究報告沒有出現在任何期刊或文集中，他還寫了許多教科書。有時候即使以他本人的標準來看，他的活力也是爆炸性的。在西元 1848 年 8 月科學院的 3 次會議上，他提交了不少於 5 篇筆記和 5 篇研究報告。在不久之後的 9 次會議上，他又提交了 19 篇筆記和 10 篇研究報告。科學院對這種「洪水猛獸」不堪重負，頒布了一條至今仍然有效的規定：凡發表在《法國科學院通報》上的論文，篇幅不得超過 4 頁。這一時期聽過他的本科課程的人會有一種奇特的經歷，有時他會花費整整一個小時用他剛剛發明的方法來計算 17 的平方根的前 10 位小數，而這一方法是所有學生都已經熟知的。

　　作為一位學者，他思路敏捷，功績卓著。從柯西卷帙浩大的論著和成果，人們不難想像他一生是怎樣孜孜不倦地勤奮工作。但柯西卻是個具有複雜性格的人。他是忠誠的保王黨人，熱心的天主教徒，落落寡合的學者。尤其作為久負盛名的科學泰斗，他常常忽視年輕學者的創造。例如，由於柯西「失落」了才華出眾的年輕數學家阿貝爾（Abel）與伽羅瓦（Galois）的開創性的論文手稿，造成群論晚問世約半個世紀。

　　40 歲後的柯西不願對新政府效忠，他認為學術應有不受政治影響的自由。他放棄工作與祖國，帶著妻子到瑞士、義大利旅行教書，各地大

學都很歡迎他。但是他寫道：「對數學的興奮，是身體無法長期的負荷，累！」柯西 40 歲後，除授課外就不再做研究工作了。

西元 1857 年柯西在巴黎因為熱病突然去世。臨終前他對巴黎大主教說：「人總是要死的，但是，他們的成績永存。」此語長久地叩擊著一代又一代學子的心扉。

152
法拉第（西元 1791 年－ 1867 年）

法拉第說：「閣下，您不久就會收它的稅了！」

> 麥可‧法拉第（Michael Faraday），西元 1791 年（清乾隆五十六年，辛亥豬年）出生於英國薩里郡紐因頓一個貧苦的鐵匠家庭。物理學家、化學家，也是著名的自學成才的科學家，僅上過小學。

法拉第是英國著名化學家戴維的學生和助手，他的發現奠定了電磁學的基礎，是馬克士威的先導。西元 1831 年，法拉第首次發現電磁感應現象，並進而得到產生交流電的方法。同年法拉第發明了圓盤發電機，是人類創造出的第一臺發電機。

我們的時代是電氣的時代，不過事實上我們有時稱為太空時代，有時稱為原子時代，但是不管太空旅行和原子武器的意義多麼深遠，它們對我們的日常生活相對來說影響不大。然而我們卻無時不在使用電器，事實上沒有哪一項技術能像電的使用那樣完全地滲入當代世界。

許多人對電學都作出過貢獻，庫侖、伏特、奧斯特、安培等就在最重要的人物之列。但是比其他人都遙遙領先的是兩位偉大的英國科學家法拉第和馬克士威。雖然他倆在一定程度上互為補充，但卻不是合作人。其中各自的貢獻就足以使他們在史冊中排在前列。

法拉第的一生是偉大的，然而法拉第的童年卻是十分悽苦的。

法拉第不放過任何一個學習的機會，在哥哥的資助下，他有幸參加了學者塔特姆（John Tatum）領導的青年科學組織——倫敦城哲學會。透過一些活動，他初步掌握了物理、化學、天文、地質、氣象等方面的基礎知識，為以後的研究工作打下了良好的基礎。法拉第的好學精神感動了一位書店的老主顧，在他的協助下，法拉第有幸聆聽了著名化學家戴維的演講。他把演講內容全部記錄下來並整理清楚，回去和朋友們認真討論研究。他還把整理好的演講紀錄送給戴維，並且附信，表達自己願意獻身科學事業。結果他如願以償。20 歲時成為戴維的實驗助手。從此，法拉第開始了他的科學生涯。

法拉第勤奮好學，工作努力，很受戴維器重。西元 1813 年 10 月，他隨戴維到歐洲各國考察，他的公開身分是僕人，但他不計較地位，也毫不自卑，而把這次考察當作學習的好機會。他見到了許多著名的科學家，參加了各種學術交流活動，還學會了法語和義大利語，大大開闊了眼界，增長了見識。

西元 1815 年 5 月法拉第回到皇家研究所，並且在戴維指導下做獨立的研究工作，獲得了幾項化學研究成果。西元 1816 年法拉第發表了第一篇科學論文。從西元 1818 年起他和史托達（Stoddart）合作研究合金鋼，首創了金相分析方法。西元 1820 年他用取代反應製得六氯乙烷和四氯乙烯。西元 1821 年任皇家學院實驗室總監。西元 1823 年他發現了氯氣和其他氣體的液化方法。西元 1824 年 1 月他當選為皇家學會會員。西元 1825 年 2 月，接替戴維任皇家研究所實驗室主任。同年發現苯。

西元 1821 年法拉第完成了第一項重大的電發明。在兩年前，奧斯特已發現如果電路中有電流通過，它附近的普通羅盤的磁針就會發生偏

移。法拉第從中得到啟發，認為假如磁鐵固定，線圈就可能會運動。根據這種設想，他成功地發明了一種簡單的裝置。在裝置內，只要有電流通過線路，線路就會繞著一塊磁鐵不停地轉動。事實上法拉第發明的是第一臺電動機，是一臺可以使用電流將物體運動的裝置。雖然裝置簡陋，但它卻是今天世界上使用的所有電動機的祖先。

法拉第為此發表了論文。不過，他很快就後悔了，他意識到在論文中沒有提及戴維和威廉·沃拉斯頓（William Wollaston）。後者也做過類似的實驗，只是他們失敗了。被助手忽視，戴維有些難以容忍。3 年後，法拉第在被提名為皇家學會會員時，只有一人投票反對。反對的正是會長戴維，提名的卻是當年同樣被法拉第疏忽的沃拉斯頓。不過，在戴維去世之前，有人問他這一生最大的成就是什麼時，這位發現了 15 種元素的「無機化學之父」說：我雖然在科學上有許多了不起的貢獻，但我對科學最大的貢獻是發現了法拉第。

西元 1820 年，奧斯特發現電流的磁效應，受到科學界的關注，西元 1821 年，英國《哲學年鑑》的主編約請戴維撰寫一篇文章，敘述自奧斯特的發現以來電磁學實驗的理論發展概況。戴維把這一工作交給了法拉第。法拉第在收集資料的過程中，對電磁現象產生了極大的熱情，並開始轉向電磁學的研究。他仔細地分析了電流的磁效應等現象，認為既然電能夠產生磁，那麼反過來，磁也應該能產生電。西元 1831 年法拉第發現當一塊磁鐵穿過一個閉合線路時，線路內就會有電流產生，這個效應稱為電磁感應，產生的電流稱為感應電流。一般認為法拉第的電磁感應定律是他的一項最偉大的貢獻。法拉第的這個發現掃清了探索電磁本質道路上的「攔路虎」，開通了在電池之外大量產生電流的新道路。根據這個實驗，西元 1831 年 10 月 28 日法拉第發明了圓盤發電機，這是法

拉第第二項重大的電發明。這個圓盤發電機，結構雖然簡單，但它卻是人類創造出的第一臺發電機。現代世界上產生電力的發電機就是從它開始的。

在一次演講中，當法拉第講述電磁感應時，當時的財政大臣打斷法拉第的話，不耐煩地問道：「它到底有什麼用？」法拉第答道：「閣下，不久你就會收它的稅了。」

西元 1852 年，他又引進了磁力線的概念，從而為經典電磁學理論的建立奠定了基礎。這些概念與當時流行的思想大相逕庭，因而受到冷眼。當時，馬克士威對法拉第的思想卻獨具慧眼，他曾預言：「法拉第運用力場的思想來解釋電磁感應現象，這一方法說明，他是一個具有很高能力的數學家……」後來，英國物理學家馬克士威用數學工具研究法拉第的磁力線理論，最後完成了經典電磁學理論。

西元 1857 年，維多利亞女王（Queen Victoria）正準備冊封一人為爵士。不過，這個名叫麥可‧法拉第的人拒絕受封，沒給女王仿效先人的機會（西元 1706 年，安妮女王曾冊封牛頓為爵士，歷史上最偉大的科學家欣然接受的東西，在法拉第這裡卻一文不值）。同年，英國皇家學會選法拉第為會長，也遭到法拉第本人的謝絕。

西元 1867 年，已經失去記憶的法拉第在椅子上安然離世。在他的葬禮上，妻子宣讀了他的遺言：「我的一生，是用科學來侍奉我的上帝。」而他的墓碑上，只寫著他的出生年月和名字。皇室和政府在西敏寺牛頓墓旁為法拉第預留了墓地。這次，法拉第還是拒絕了，他被安葬在倫敦海格特公墓。

153
雪萊（西元 1792 年－ 1822 年）

哦，狂野的西風，秋之生命的氣息。

珀西・比希・雪萊 (Percy Bysshe Shelley)，西元 1792 年（清乾隆五十七年，壬子鼠年）出生於英國英格蘭霍舍姆市，著名作家、浪漫主義詩人，被認為是歷史上最出色的英語詩人之一。

雪萊 12 歲進入伊頓公學，西元 1810 年進入牛津大學，西元 1811 年 3 月由於散發傳單「無神論的必然」，入學不足一年就被牛津大學開除。西元 1813 年 11 月完成敘事長詩〈麥布女王〉（*Queen Mab*），西元 1818 年至西元 1819 年完成了兩部重要的長詩《解放了的普羅米修斯》（*Prometheus Unbound*）和《倩契》（*The Cenci*），以及其不朽的名作〈西風頌〉（*Ode to the West Wind*）。西元 1822 年 6 月開始作長詩〈生命的凱旋〉，未完。6 月赴萊杭迎接自英來義的利・亨特 (Leigh Hunt)。7 月在回家途中，斯貝齊亞海上突然起風暴，雪萊等數人覆舟淹死，雪萊時年不滿 30 歲。拜倫、亨特等友人參加了雪萊的葬禮。他的墓誌銘是引自莎士比亞《暴風雨》中的詩句：他並沒有消失什麼，不過感受了一次海水的變幻，他成了富麗珍奇的瑰寶。

徐志摩〈讀雪萊詩後〉評論說：我實在夠不上讀他，因為太濃厚偉大了。他的小詩，很輕靈，很微妙，很真摯，很美麗，讀的時候，心靈真是顫動起來，猶如看一塊純潔的水晶，真是內外通靈。

　　人們常引用雪萊〈西風頌〉最末一句：冬天既然來臨，春天還會
遠嗎？

154
羅巴切夫斯基（西元 1792 年－ 1856 年）

就連非歐幾何的另一位發現者高斯也不肯公開支持他。

> 尼古拉・伊萬諾維奇・羅巴切夫斯基 (Nikolas Lvanovich Lobachevsky)，西元 1792 年（清乾隆五十八年，癸丑牛年。中國最早的天文館建成，英國使者向乾隆皇帝進獻天文儀器）生於俄國。數學家，非歐幾何的早期發現人之一。

羅巴切夫斯基於西元 1807 年進入喀山大學，西元 1811 年獲得物理數學碩士學位，並留校工作。西元 1814 年任教授助理。西元 1816 年升為額外教授。西元 1822 年成為常任教授。從西元 1818 年起，羅巴切夫斯基開始擔任行政職務，最先被選進喀山大學校委會。西元 1822 年擔任新校舍工程委員會委員。西元 1825 年被推選為該委員會的主席。在這期間，還曾兩度擔任物理數學系主任（西元 1820 年－ 1821 年，西元 1823 年－ 1825 年）。由於工作成績卓著，在西元 1827 年，大學校委會選舉他擔任喀山大學校長。西元 1846 年以後任喀山學區副督學，直至去世。

羅巴切夫斯基在嘗試證明平行公理時發現以前所有的證明都無法逃脫循環論證的錯誤。於是，他作出假定：過直線外一點，可以作無數條直線與已知直線平行。如果這假定被否定，則就證明了平行公理。然而，他不僅沒有能否定這個命題，而且用它與其他歐氏幾何中與平行公理無關的命題一起展開推論，得到了一個邏輯合理的新的幾何體系——

非歐幾里得幾何學，這就是後來人們所說的羅氏幾何。

　　羅氏幾何的創立對幾何學和整個數學的發展起了重大作用，但一直得不到同行的認可，反而被嘲諷與攻擊。就連非歐幾何的另一位發現者德國的高斯也不肯公開支持他的工作。

　　高斯是當時數學界首屈一指的學術巨匠，負有「歐洲數學之王」的盛名。早在西元 1792 年，也就是羅巴切夫斯基誕生的那一年，他就已經產生了非歐幾何思想萌芽，到了西元 1817 年已達成熟。他將這種新幾何最初稱為「反歐幾何」，後稱「星空幾何」，最後稱「非歐幾何」。但是，高斯由於害怕新幾何會激起學術界的不滿和社會的反對，並由此影響他的尊嚴和榮譽，生前一直不敢把自己的這一重大發現公之於世，只是謹慎地把部分成果寫在日記和與朋友的往來書信中。

　　當高斯看到羅巴切夫斯基的德文非歐幾何著作後，內心是矛盾的，他一方面私下在朋友面前高度稱讚羅巴切夫斯基是「俄國最卓越的數學家之一」，並下決心學習俄語，以便直接閱讀羅巴切夫斯基的全部非歐幾何著作；另一方面，卻又不准朋友向外界洩露他對非歐幾何的相關告白，也從不以任何形式對羅巴切夫斯基的非歐幾何研究工作加以公開評論。他積極推選羅巴切夫斯基為哥廷根皇家科學院通訊院士，可是，在評選會和他親筆寫給羅巴切夫斯基的推選通知書中，對羅巴切夫斯基在數學上的最卓越貢獻 —— 創立非歐幾何卻避而不談。

　　高斯憑其在數學界的聲望和影響，完全有可能減少羅巴切夫斯基的壓力，促進學術界對非歐幾何的公認。然而，在頑固的保守勢力面前，他卻喪失了勇氣。高斯的沉默和軟弱表現，不僅嚴重限制了他在非歐幾何研究上所能達到的高度，而且客觀上也助長了保守勢力對羅巴切夫斯基的攻擊。

晚年的羅巴切夫斯基心情更加沉重，他不僅在學術上受到壓制，而且在工作上也受到限制。按照當時俄國大學委員會的條例，教授任職的最高期限是 30 年，依照這個條例，西元 1846 年羅巴切夫斯基向教育部提出呈文，請求免去他在數學教研室的工作，並推薦讓位給他的學生波波夫（Popov）。

　　西元 1856 年，偉大的學者羅巴切夫斯基在苦悶和憂鬱中走完了他生命的最後一段路程。喀山大學師生為他舉行了隆重的追悼會。在追悼會上，他的許多同事和學生高度讚揚他在建設喀山大學、提高民族教育水準和培養數學人才等方面的卓越功績，可是誰也不提他的非歐幾何研究工作，因為此時，人們還普遍認為非歐幾何純屬無稽之談。

　　歷史總是公允的，因為它終將會對各種思想、觀點和見解作出正確的評價。西元 1868 年，義大利數學家貝爾特拉米（Beltrami）發表了一篇著名論文「非歐幾何解釋的嘗試」，證明非歐幾何可以在歐氏空間的曲面上實現。這就是說，非歐幾何命題可以「翻譯」成相應的歐氏幾何命題，如果歐氏幾何沒有矛盾，非歐幾何也就自然沒有矛盾。

　　直到這時，長期無人問津的非歐幾何才開始獲得學術界的普遍關注和深入研究，羅巴切夫斯基的獨創性研究也由此得到學術界的高度評價和一致讚美，這時的羅巴切夫斯基被人們讚譽為「幾何學中的哥白尼」。

155
卡諾（西元 1796 年－ 1832 年）

孤獨地生活、淒涼地死去，生前著作無人閱讀，無人承認。

尼古拉．萊昂納爾．薩迪．卡諾（Nicolas Léonard Sadi Carnot），西元 1796 年（清嘉慶元年，丙辰龍年。高斯得到了一個數學史上極重要的成果：正十七邊形尺規作圖之理論與方法；牛痘疫苗成功；拉普拉斯《宇宙體系論》提出行星起源的星雲假說）出生於巴黎小盧森堡宮，時值法國資產階級大革命之後和拿破崙奪取法國政權之前的動亂年月。法國年輕工程師，熱力學的創始人之一。

兼有理論科學才能與實驗科學才能，是第一個把熱和動力相連起來的人，是熱力學真正的理論基礎建立者。他出色地、創造性地用「理想實驗」的思考方法，提出了最簡單、但有重要理論意義的熱機循環 —— 卡諾循環，並假定該循環在準靜態條件下是可逆的，與工質無關，創造了一部理想的熱機 —— 卡諾熱機。

卡諾的父親拉扎爾．卡諾（Lazare Carnot）在法國大革命和拿破崙第一帝國時期擔任要職。他先後是羅伯斯比的十二人公安委員會的成員之一、拿破崙第一執政手下的戰爭部長及滑鐵盧戰爭前百日政權的內政部長。當拿破崙帝國在西元 1815 年被傾覆後，拉扎爾被流放國外，直至西元 1823 年病死於馬格德堡。拉扎爾的民主共和的思想為卡諾打上了深刻

的烙印，他後來遭受的厄運對卡諾造成了重大的精神創傷，並導致了社會對卡諾的歧視。

拉扎爾不僅是一位政治家，同時也是一位科學家。他於西元 1782 年、西元 1787 年和西元 1803 年先後發表過《通用機器》、《拉扎爾・卡諾數學集》和《運動和平衡的基本原理》(*Principes fondamentaux de l'équilibre et du mouvement*)；在熱學及能量守恆與轉化定律的發現上，均有貢獻。西元 1807 年，他辭去戰爭部長的職務，專心對卡諾和卡諾的弟弟伊波利特・卡諾 (Hippolyte Carnot) 進行科學教育。

西元 1812 年，卡諾考入巴黎綜合理工大學，在那裡受教於帕松 (Siméon Denis Poisson)、給呂薩克、安培和阿拉果這樣一批卓有成就的老師。他主要攻讀分析數學、分析力學、畫法幾何和化學。

由於蒸汽機的發明，工業革命在歐洲逐步興起。蒸汽機正在使法國和蒸汽機的故鄉 —— 英國日益工業化，為它們增加國力和財力。身為法國人的卡諾親身經歷了這場蒸汽機革命的衝擊，親眼看到了蒸汽機是怎樣促進人類文明向前發展的。然而，他也看到：人們只是知道怎樣製造和使用蒸汽機，而對蒸汽機的理論卻了解得不夠。

當時的熱機工程界對這樣兩個問題進行著熱烈的討論：①熱機效率是否有一極限？②什麼樣的熱機工作物質是最理想的？

在對熱機效率缺乏理論認識的情況下，工程師只能就事論事，從熱機的適用性、安全性和燃料的經濟性幾個方面來改進。他們曾盲目採用空氣、二氧化碳，甚至酒精來代替蒸汽，試圖找到一種最佳的工作物質。這種研究只具有針對性，而不具備普遍性；從某一熱機上獲得的最佳資料不能套用於另一熱機。這就是當時熱機理論研究的狀況。卡諾採用了截然不同的途徑，他不是研究個別熱機，而是要尋找一種可以作為

一般熱機的比較標準的理想熱機。

當拉扎爾西元 1823 年 8 月病故後，卡諾的弟弟回到巴黎，協助卡諾完成了《論火的動力》(*Reflections on the Motive Power of Fire*) 一書的寫作，使它在西元 1824 年 6 月發表出來。卡諾在這部著作中提出了「卡諾熱機」和「卡諾循環」的概念及「卡諾原理」（現在稱為「卡諾定理」）。

卡諾性格孤僻而清高，他一生只有可數的幾位好友。在學派林立的巴黎學界，卡諾的厭世情緒越來越嚴重。

西元 1831 年，卡諾開始研究氣體和蒸汽的物理性質。西元 1832 年 6 月，他患了猩紅熱，不久後轉為腦炎，他的身體受到致命的打擊。後來他又染上了流行性霍亂，同年 8 月被奪去了生命。

卡諾去世時年僅 36 歲，按照當時的防疫條例，霍亂病者的遺物應一律付之一炬。卡諾生前所寫的大量手稿被燒毀，幸得他的弟弟將他的小部分手稿保留了下來。這部分手稿中有一篇是僅有 21 頁紙的論文 ——「關於適合於表示水蒸氣的動力的公式的研究」；其餘內容是卡諾在西元 1824 年－ 1826 年寫下的 23 篇論文，它們的論題主要集中在三個方面：①關於絕熱過程的研究。②關於用摩擦產生熱源。③關於拋棄「熱質」學說。卡諾這些遺作直到西元 1878 年才由他的弟弟整理發表出來。

卡諾的熱機理論一直沒有得到廣泛傳播。卡諾生前的好友羅貝林 (Robelin) 在法國《百科評論》雜誌上曾經這樣寫道：卡諾孤獨地生活、淒涼地死去，生前他的著作無人閱讀，無人承認。

156
海涅（西元 1797 年－ 1856 年）

海涅一生都無法忘記騎在父親背上觀看拿破崙騎馬入城的場面。

> 海因里希・海涅（Heinrich Heine），西元 1797 年（清嘉慶二年，丁巳蛇年）生於德國萊茵河畔杜塞道夫一個猶太家庭。德國著名抒情詩人和散文家，被稱為「德國古典文學的最後一位代表」。

西元 1795 年，拿破崙的軍隊曾開進萊茵河流域，對德國的封建制度進行了一些民主改革。海涅童年和少年時期經歷了拿破崙戰爭（西元 1803 年－ 1815 年），他一生都無法忘記騎在父親背上觀看拿破崙騎馬入城的場面。正如恩格斯所指出，拿破崙「在德國是革命的代表，是革命原理的傳播者，是舊的封建社會的摧殘人」。法軍的這些改革，使備受歧視的猶太人的社會地位得到了較全面改善，因此海涅從童年起就接受了法國資產階級革命思想的影響。

西元 1821 年，他開始發表詩作，以 4 卷《遊記》（*Travel Pictures*）和《歌集》（*Book of Songs*）而聞名文壇。西元 1825 年為獲得德國公民權而皈依基督教，但因此疏遠了自己的猶太民族。而他的革命思想又使他在德國無法找到工作。西元 1830 年革命後自願流亡巴黎，從詩歌寫作轉向政治活動，成為國家民主運動的領導人，同時對法國和德國文化有許多敘述。「我跟一些人一樣，在德國感到同樣的痛苦，說出那些最壞的苦痛，也就說出我的痛苦。」

　　西元 1843 年跟馬克思相識，海涅的創作達到頂峰，同時作品也更多地批判現實主義。

　　西元 1845 年始，病痛困擾著海涅，癱瘓症開始惡化。西元 1848 年 5 月海涅最後一次出門，去了羅浮宮博物館。斷臂維納斯像勾起了他的傷感：「我在她的腳前待了很久，我哭得這樣傷心，一塊石頭也會對我同情。女神也憐憫地俯視著我，可是她又是這樣絕望，她好像想說：難道你沒有看見，我沒有臂膀，不能幫助你嗎？」自從這一天起，海涅在床上過了 8 年「床褥墓穴」的生活，但他仍然不斷創作，西元 1851 年完成了《羅曼采羅》(Romanzero)。

　　西元 1856 年 2 月 17 日，在巴黎逝世。後來有人評價他：「海涅，一個偉大的德語詩人，一個不朽的精靈，就在西元 1856 年 2 月 17 日被一隻蝴蝶引去，他去了另一個世界，去尋找那永恆的夜鶯，留下了他的肉體在蒙馬特公墓安息。」

　　海涅的代表作有《羅曼采羅》、《佛羅倫斯之夜》(Florentinische Nächte)、《遊記》、〈德國，一個冬天的童話〉(Deutschland: Ein Wintermärchen)。

▎海涅語錄

　　(1) 崇高到可笑，僅一步之遙。

　　(2) 哪裡有人在燒書，哪裡最後就燒人。

　　(3) 我播下的是龍種，收穫的卻是跳蚤。

　　(4) 生命不可能從謊言中開出燦爛的鮮花。

　　(5) 冬天從這裡奪去的，春天會交還給你。

(6)人生是疾病，世界是醫院，而死是我們的醫生。

(7)我曾很久地占有你的心房，你已完全把它淡忘。

(8)誰一生中從未當過傻瓜，誰就永遠成不了聰明人。

(9)堅貞之中含有多少天真！不忠之中又有多少真誠！

(10)教師不是為了在學生的心裡留下陰影，而是為了留下希望。

(11)照耀人的唯一的燈是理性，引導生命於迷途的唯一手杖是良心。

(12)春天的特色只有在冬天才能認清，在火爐背後，才能吟出最好的五月詩篇。

(13)星星很聰明，它們有理由遠遠地避開我們人寰；星星掛在天幕上面，像世界之燈，永遠安全。

157
克拉佩龍（西元 1799 年－ 1864 年）

高中學過物理的人，都知道克拉佩龍方程式。

克拉佩龍（Benoît Paul Émile Clapeyron），西元 1799 年（清嘉慶四年，己未羊年。喬治・華盛頓去世）生於巴黎，物理學家和土木工程師。主要從事熱學、蒸汽機設計和理論、鐵路工程技術方面的研究。他設計了法國第一條鐵路路線。在設計計算中發明了以他的名字命名的支撐力矩計算法。

西元 1818 年畢業於巴黎工藝學院。

西元 1820 年－ 1830 年在俄國聖彼得堡交通工程部門擔任工程師，在鐵路部門有較大貢獻。

西元 1844 年起任巴黎橋梁道路學校教授。

西元 1848 年被選為法國科學院院士。

西元 1834 年賦予卡諾理論以易懂的數學形式，使卡諾理論顯出重大的意義。西元 1834 年克拉佩龍還由氣體的實驗定律歸納出了理想氣體的狀態方程式，這個方程式在西元 1874 年被門得列夫推廣，故稱為克拉佩龍－門得列夫方程式。

他利用瓦特發明汽缸蒸汽的壓容圖示法（即現在的 p-V 圖），將由兩個等溫過程和兩個絕熱過程組成的卡諾循環表示出來，並且用數學形式

證明了：卡諾熱機在一次循環過程中所做的功在數值上正好等於循環曲線所圍成的面積。他還提出由蒸汽機所做的功和在這一循環中所供應的熱量之比，可定出蒸汽機的效率。這種圖示法直覺地顯示出熱機在一個循環過程中所做的功。瓦特發明的壓容圖示法埋沒多年，由於克拉佩龍的重新發現，在熱力學、熱機效率研究中得到廣泛應用。他在卡諾定理的基礎上研究了汽－液平衡問題。按照熱質說，利用一個無限小的可逆卡諾循環得出了著名的克拉佩龍方程式，後來西元 1851 年克勞修斯從熱力學理論也匯出了這個方程式。因而稱之為克拉佩龍－克勞修斯方程式，它是研究物質相變的基本方程式。

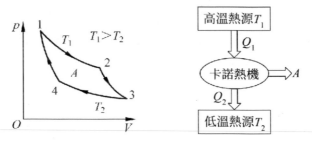

卡諾循環的 p-V 圖

158
費爾巴哈（西元 1804 年－ 1872 年）

人活著的第一要務就是要使自己幸福。

路德維希・安德列斯・費爾巴哈 (Ludwig Andreas Feuer-bach)，西元 1804 年（清嘉慶九年，甲子鼠年。《拿破崙法典》頒布；物理學家冷次〔Lenz〕、韋伯、植物學家許萊登〔Schleiden〕誕生）生於德國巴伐利亞蘭茨胡特，德國舊唯物主義哲學家。他批判了康德的不可知論和黑格爾的唯心主義，恢復了唯物主義的權威；肯定自然離開人的意識而獨立存在，時間、空間是物質的存在形式，人能夠認識客觀世界；對宗教神學進行了有力的揭露和批判。

費爾巴哈出身於書香門第，父親是令人敬重的刑法學家，在德國和歐洲學術界頗負盛名，三個哥哥都是大學教授和知名學者。在這樣的家庭環境中，費爾巴哈從小就受到了良好的教育。在教會上小學，13 歲時進入安斯巴哈文科中學，因為平時沉默寡言、性情平和、學習勤奮、品行優良，常常被老師稱讚。

費爾巴哈早年在黑森州的海德堡學習神學，並在那裡結識了道布 (Karl Daub)，對道布的神祕主義思想推崇備至。他稱道布是「實現了神學和哲學真正統一，令人肅然起敬的典範」。就是在道布這個黑格爾哲學忠誠的傳播者那裡接觸了黑格爾哲學，並產生了濃厚的興趣，西元 1824

年 4 月，費爾巴哈轉學到柏林大學，改從黑格爾學習哲學，隨後他成為「青年黑格爾學派」的成員。

西元 1826 年，費爾巴哈結束了在柏林大學兩年的哲學學習，鼓起勇氣對黑格爾說：「我聽了您兩年課，兩年來我完全投身於研究您的哲學。但是，現在，我感覺需要就教於與思辨哲學直接對立的其他科學，即自然科學。」

西元 1828 年，他用黑格爾的客觀唯心主義的理論寫了畢業論文「論統一的，普遍的，無限的理性」，獲得哲學博士學位。之後，他到紐倫堡附近的埃爾蘭根學習了兩年自然科學，並任大學講師。

西元 1830 年，費爾巴哈匿名發表了第一部著作《論死與不朽》（Gedanken über Tod und Unsterblichkeit），抨擊個人不朽的概念，擁護史賓諾沙等人提出的「人死後會被自然重新吸收」的哲學。這篇反基督教的文章一發表，就引起了強烈的社會反響：進步的有識之士拍案叫絕，基督教會驚恐萬分，德國反動當局大為震怒，立即查禁該文，並追查作者的真實姓名。他的這種激進思想加上不善演講，使得他一直在學術界無法獲得成功，並被驅逐出大學講壇。費爾巴哈只能依靠他妻子在一座瓷廠中的股份生活，居住在紐倫堡附近的勃魯克堡。

西元 1839 年，費爾巴哈發表《論哲學和基督教》（Philosophie und Christentum），宣稱「基督教事實上不但早已從理性中消失，而且也從人類生活中消失，它只不過是一個固定不變的概念」，公開反叛當時的觀念。同年發表了《黑格爾哲學的批判》（Zur Kritik der Hegelschen Philosophie），對黑格爾的唯心論作了分析批判。《黑格爾哲學的批判》是費爾巴哈的一部重要哲學著作，他代表了當時的唯物主義觀點，從認識論的根源上，對黑格爾的唯心主義進行分析和批判。他認為人的精神、思想是人腦的屬性，是附屬於肉體的，黑格爾的錯誤在於把精神和思維看作

一種脫離人腦而獨立的東西，「沒有感覺，沒有人的，在人之外的思維」是十分荒謬的。

在西元 1848 年－ 1849 年，德國各公國出現的革命運動中，由於他對宗教的抨擊，使許多革命黨人將他看成英雄，但他自己從沒有參加過政治活動，只作過一些演講，他把全部精力用在寫作上。但他明確地反對君主制度，認為「無限制的君主國乃是無道德的國家」，革命失敗後，他公開責罵當時歐洲的反動局勢，比做「空間略大的監獄」。西元 1857 年出版了《神統》(*Theogonie*)。西元 1860 年由於他賴以為生的瓷廠倒閉，他只得離開在勃魯克堡的家，搬到紐倫堡。由於朋友們的幫助，他才得以出版最後一本書《上帝、自由和不朽》(*Gottheit, Freiheit und Unster-blichkeit*) （西元 1866 年）。西元 1870 年他加入德國社會民主黨。由於長時間的精力消耗，僅兩年後的西元 1872 年在紐倫堡去世。

▌費爾巴哈語錄

(1)宗教是人類精神之夢。

(2)凡是活著的就應當活下去。

(3)人活著的第一要務就是要使自己幸福。

(4)神的主體是理性，而理性的主體是人。

(5)唯弱者乃需要宗教，唯愚者乃接受宗教。

(6)理論所不能解決的疑難問題，實踐將為你解決。

(7)熱愛科學就是熱愛真理，因此，誠實是科學家的主要美德。

(8)唯有人的墳墓才是神的發祥地，若世上沒有死這回事，也就沒宗教了。

(9)科學是非常愛妒忌的，科學只把最高的恩典賜給專心致志地獻身於科學的人。

159
韋伯（西元 1804 年－ 1891 年）

他到底是數學家、物理學家還是天文學家？

威廉‧愛德華‧韋伯（Wilhelm Eduard Weber），西元 1804 年（清嘉慶九年，甲子鼠年。法蘭西第一帝國建立，拿破崙加冕）出生於德國維滕貝格，19 世紀最重要的物理學家之一。國際單位制中磁通量的單位韋伯（Wb）就是以他的名字命名的。

在哥廷根，韋伯與高斯結下了深厚的友誼，並合作研究地磁學和電磁學，共事多年。他們在哥廷根市上空搭建了兩條銅線，建構了第一臺電磁電報機，在西元 1833 年的復活節實現了物理研究所到天文臺之間距離約兩千多公尺的電報通訊。西元 1836 年，韋伯、高斯和洪堡建立了哥廷根磁學協會。高斯在給洪堡的信中寫道：「我們的韋伯獨自一人架設了電報線……表現出驚人的耐心。」

後來由於反對漢諾威廢除西元 1833 年自由憲法，發生了「哥廷根七君子」事件，西元 1837 年 12 月 14 日，韋伯與其他六位教授（包括格林兄弟和高斯的女婿）一同失去了教職。此後的西元 1838 年 3 月至 8 月間，韋伯出遊柏林、倫敦和巴黎，此後生活在哥廷根，但並未任教。

西元 1848 年德國爆發革命後，韋伯被允許返回哥廷根並任哥廷根天文臺臺長。重返哥廷根後，韋伯為建立電學單位的絕對測量作出了很多

貢獻，他提出了電流強度和電磁力的絕對單位，高斯在韋伯的協助下提出了磁學量的絕對單位。韋伯還提出了物質的電磁結構理論。

　　韋伯和高斯提出的單位制於西元 1881 年在巴黎的一次國際會議上被確認，但是德國代表團團長亥姆霍茲在會議上建議用「安培」（Ampère）取代早已廣泛使用的「韋伯」（Weber）作為電流強度的單位。1935 年，「韋伯」成為磁通量的正式單位。

　　西元 1891 年 6 月，韋伯在哥廷根去世。與馬克斯・普朗克和馬克斯・玻恩葬於同一墓地。

160
密爾（西元 1806 年－ 1873 年）

完美的折中主義大師。

約翰・密爾（John Mill），又被譯作約翰・穆勒。西元 1806 年（清嘉慶十一年，丙寅虎年）出生於英國倫敦。19 世紀英國著名哲學家、經濟學家、邏輯學家、政治理論家。

密爾早年所受的教育是十分獨特的。他從未上過正規學校，他的教育是在父親詹姆士・密爾（James Mill）的嚴格指導下完成的：小密爾 3 歲開始學習希臘語，8 歲學習拉丁文，並廣泛閱讀希臘、羅馬的文學、歷史及哲學著作。密爾的父親與邊沁（Jeremy Bentham）是好友，密爾在其自傳中稱邊沁「是他另外一個父親」，可見邊沁對密爾思想的影響非同一般。此後，又在父親的友人大衛・李嘉圖（David Ricardo）影響下研讀政治經濟學。密爾的「個性自由」深受他的教育經歷的影響。

西元 1830 年，密爾的感情生活出現重大轉折。他結識了哈麗雅特・泰勒（Harriet Taylor Mill）夫人並開始了不尋常而浪漫的愛情。密爾第一次見到哈麗雅特是在西元 1830 年的夏天。當時密爾 24 歲，而哈麗雅特只有 23 歲。不過，哈麗雅特那時已結婚四年並有兩個孩子。在其後的 20 年，他們二人享有了人世間難得的精神戀愛之幸福，但也飽嘗了因不能結合而帶來的痛苦。哈麗雅特是約翰・泰勒（John Taylor）的妻子。密爾與哈麗雅特相處多年，互相愛慕，在英國上流社會招致頗多非議。密爾

在其自傳中說：「我第一次認識這位女士是在西元 1830 年，當時我 24 歲，
她 23 歲。在經過 20 年的交往之後，她同意做我的妻子……從外表上看，
她美麗聰慧，所有接近她的人都能感受到她的天生麗質。在內心，她有
深沉強烈的感情、觀察力與直覺的才智和愛冥想的詩人氣質。」

　　西元 1849 年約翰·泰勒去世，西元 1851 年密爾和哈麗雅特結婚。
婚後最重要的著作是《論自由》（On Liberty），密爾在《論自由》卷首寫了
對妻子非常感人的獻辭，提到這本書是他和妻子一字一句反覆討論的結
果，幾乎每一句都是兩人共同的作品。

　　在這段戀愛與婚姻的前後，特別是結婚之後，密爾的公開活動一度
變得很少，在兩人思想的激盪下，密爾的重要著作有許多都在此時誕生。
包括《邏輯體系》（A System of Logic）（西元 1843 年）、《政治經濟學原理》
（The Principles of Political Economy: with some of their applications to social
philosophy）（西元 1848 年）、《論自由》（西元 1859 年）、《論代議制政府》
（Considerations on Representative Government）（西元 1861 年）、《功利主
義》（Utilitarianism）（西元 1861 年）、《女性的屈從地位》（The Subjection
of Women）（西元 1869 年）與《論社會主義》（Socialism）（西元 1876 年）等。

　　不幸的是，《論自由》還沒來得及出版，哈麗雅特便離開了人世。
由於哈麗雅特是在法國度假時去世的，她被葬在法國亞維農的聖維蘭公
墓。妻子去世之後，密爾萬分悲痛，為了能讓自己感到仍然在妻子身
邊，他在離哈麗雅特的墓地聖維蘭公墓最近的地方購置了一個小屋，在
那裡度過他的餘生。哈麗雅特去世後，對妻子的懷念在密爾的心中已成
為一種宗教。為此，密爾最早想到的就是出版《論自由》，「這本論著裡
有很大一部分是我亡妻寫的，我以此奉獻給她，作為對她的紀念。此稿
我沒有再作改動或補充，以後也永遠不會更動它。」

西元 1873 年 5 月，密爾在法國的亞維農去世，死後與哈麗雅特合葬在一起。

161
達爾文（西元 1809 年－ 1882 年）

不信上帝的達爾文，提出進化論，死後卻被葬於西敏寺。

查爾斯·羅伯特·達爾文 (Charles Robert Darwin)，西元
1809 年（清嘉慶十四年，己巳蛇年）出生於英國小城施洛普郡。英
國生物學家，進化論的奠基人。曾經乘坐「小獵犬」號軍艦作了歷
時 5 年的環球航行，對動植物和地質結構等進行了大量的觀察和
採集。出版了《物種起源》(On the Origin of Species)，提出了生物
進化論學說，從而摧毀了各種神造論以及物種不變論。除了生物
學外，他的理論對人類學、心理學、哲學的發展都有不容忽視的
影響。恩格斯將進化論列為 19 世紀自然科學的三大發現之一（其
他兩個是細胞學說和能量守恆轉化定律），對人類有傑出的貢獻。

達爾文的祖父曾預示過進化論，但礙於聲譽，始終未能公開其信
念。他的祖父和父親都是當地的醫生，家裡希望他將來繼承祖業。

16 歲時便被父親送到愛丁堡大學學醫。因為達爾文無意學醫，進到
醫學院後，他仍然經常到野外採集動植物標本並對自然歷史產生了濃厚
的興趣。父親認為他「遊手好閒、不務正業」，一怒之下，於西元 1828 年
又送他到劍橋大學，改學神學，希望他將來成為一個「尊貴的牧師」，這
樣，他可以繼續對博物學的愛好而又不至於使家族蒙羞。但是達爾文對
自然歷史的興趣變得越加濃厚，完全放棄了對神學的學習。在劍橋大學

期間，達爾文結識了當時著名的植物學家韓斯洛和著名地質學家塞奇威克（Adam Sedgwick），並接受了植物學和地質學研究的科學訓練。

西元 1831 年從劍橋大學畢業後，他的老師韓斯洛推薦他以「博物學家」的身分參加同年 12 月英國海軍「小獵犬」號艦環繞世界的科學考察航行。先在南美洲東海岸的巴西、阿根廷等地和西海岸及相鄰的島嶼上考察，然後跨太平洋至大洋洲，繼而越過印度洋到達南非，再繞好望角經大西洋回到巴西，最後於西元 1836 年 10 月返抵英國。

這次航行徹底改變了達爾文的生活。回到英格蘭後，他一直忙於研究，立志成為一個促進進化論的嚴肅的科學家。西元 1838 年，他偶然讀了馬爾薩斯（Thomas Robert Malthus）的《人口論》（*An Essay on the Principle of Population*），從中得到啟發，更加確定自己正在發展的一個很重要的想法：世界並非在一週內創造出來的，地球的年紀遠比《聖經》所講的老得多，所有的動植物也都改變過，而且還在繼續變化之中。至於人類，可能是由某種原始動物轉變而成的，也就是說，亞當和夏娃的故事根本就是神話。達爾文領悟到生存競爭在生物生活中的意義，並意識到自然條件就是生物進化中所必須有的「選擇者」，具體的自然條件不同，選擇者就不同，選擇的結果也就不相同。

然而，他對發表研究結果抱著極其謹慎的態度。西元 1842 年，他開始撰寫一份大綱，後將它擴展至數篇文章。西元 1858 年，出於年輕的博物學家華萊士（Alfred Russel Wallace）的壓力，加之好友的鼓動，達爾文決定把華萊士的文章和他自己的一部分論文呈交專業委員會。西元 1859 年，《物種起源》一書問世，初版 1,250 冊當天即告售罄。之後達爾文費了 20 年的時間蒐集資料，以充實他的物種透過自然選擇進化的學說，並闡述其後果和意義。

作為一個不求功名但具創造性的人，達爾文迴避了對其理論的爭議。當宗教狂熱者攻擊進化論與《聖經》的創世說相違背時，達爾文為科學家和心理學家寫了另外幾本書。《人類的由來及性選擇》(*The Descent of Man, and Selection in Relation to Sex*) 一書報告了人類自較低的生命形式進化而來的證據，報告了動物和人類心理過程相似性的證據，還報告了進化過程中自然選擇的證據。

達爾文以後進化論經西元 1865 年奧地利植物學家孟德爾從豌豆的雜交實驗中得出了顆粒遺傳的正確結論。孟德爾證明遺傳物質不融合，在繁殖傳代的過程中，可以發生分離和重新組合。20 世紀初遺傳學建立，摩爾根 (Thomas Hunt Morgan) 等人進而建立了染色體遺傳學說，全面揭示了遺傳的基本規律。

達爾文在事業上的成功，離不開他賢良的妻子。

達爾文是個性格溫和的人，喜歡和女人閒聊，他就是要找傳統的賢妻良母。他並不是沒有別的選擇。朋友家的三個女兒，個個博學聰明，能跟他辯論哲學和科學，更能容納他的觀點。不過最後他選擇了從小認識的表姐艾瑪 (Emma Darwin，原姓 Wedgwood)。艾瑪比達爾文大一歲，她的父親是達爾文母親的弟弟。艾瑪一口答應達爾文的求婚 —— 這個愛聽女人嘮叨的男人，女孩子似乎都把他當做理想丈夫對象。雖然艾瑪擔心死後會和丈夫永遠分開，她將上天堂，不拜上帝的丈夫則不知去何方，但她也只是要求達爾文對信仰保持開放的心態。

對於婚姻大事，達爾文也有著科學家式的謹慎。他拿了一張紙，中間畫條線，線的一邊寫結婚的好處，另一邊寫單身的好處。達爾文感嘆不結婚太孤單，然後連寫三個「結婚」—— 證明完畢，必須結婚。兩個半月後，他們就結婚了。

達爾文夫婦共生了 10 個子女。其中有 3 個夭折：二女兒瑪麗（Mary Eleanor Darwin）僅活了 3 個星期，小兒子查爾斯（Charles Waring Darwin）在兩歲時死於猩紅熱，大女兒安妮（Anne Elizabeth Darwin）在 10 歲時死於肺結核（後來有人把達爾文子女的夭折歸咎於近親結婚。這個理由不充分，近親結婚並沒有對達爾文的子女帶來更高的夭折率）。

艾瑪未必同意《物種起源》中自然選擇的觀點（而不是上帝創造），但也正因為如此，艾瑪可以代表當時的未受過科學教育的信教大眾。她還對《物種起源》手稿作出第一反應。艾瑪仔細閱讀了手稿，糾正拼寫，改正標點，並建議達爾文將一些容易刺激信徒和教會的段落寫得語氣溫和一些，論據更清楚一些。

如果當初不結婚的那一欄裡理由再多一些，如果達爾文保持單身，繼續生活在倫敦的知識分子中間，如果不是和艾瑪結婚，他很可能寫出一本較為激烈的書。由於艾瑪的參與，對書中觀點的爭論，多少能擺脫感情的羈絆，而集中於事實和邏輯。

後來，他們存活下來的最大的女兒伊蒂（Etty Darwin）嫁人了。達爾文告訴她：我有一個幸福的人生，這要完全歸功於你的母親 —— 你應以你母親為榜樣，你的丈夫將會愛你有如我愛你的母親。

達爾文早於艾瑪 14 年去世。有一個傳說，說他在去世前皈依了信仰。或許，是為了安慰艾瑪的天堂不得相見的悲傷？但在艾瑪的日記裡，未曾發現此類紀錄。達爾文至死是一個堅持自己立場的科學家。

去世後，不信上帝的達爾文被厚葬於西敏寺，墓室與牛頓相鄰。

162
焦耳（西元 1818 年－ 1889 年）

能量守恆與轉化。

> 詹姆斯・普雷史考特・焦耳（James Prescott Joule），西元 1818 年（清嘉慶二十三年，戊寅虎年）出生於英國曼徹斯特近郊的沙爾福。物理學家，英國皇家學會會員。

由於焦耳在熱學、熱力學和電學方面的貢獻，皇家學會授予他最高榮譽的科普利獎章。後人為了紀念他，把能量和功的單位命名為焦耳，簡稱焦；並用焦耳姓氏的第一個字母「J」來標記熱量以及功的物理量。

焦耳在研究熱的本質時，發現了熱和功之間的轉換關係，並由此得到了能量守恆定律，最終發展出熱力學第一定律。他和克耳文合作發展了溫度的絕對尺度。他還觀測過磁致伸縮效應，發現了導體電阻、透過導體電流及其產生熱能之間的關係，也就是常說的焦耳定律。

西元 1840 年他的第一篇重要的論文被送到英國皇家學會，其中指出電導體所發出的熱量與電流強度、導體電阻和通電時間的關係，即焦耳定律。

焦耳提出能量守恆與轉化定律：能量既不會憑空消失，也不會憑空產生，它只能從一種形式轉化成另一種形式，或者從一個物體轉移到另一個物體，而能量的總量保持不變，奠定了熱力學第一定律（能量不滅

原理）的基礎。

　　西元 1875 年，英國科學協會委託他更精確地測量熱功當量。他得到的結果是 4.15，非常接近 1 卡＝ 4.184 焦耳。西元 1875 年，焦耳的經濟狀況大不如前。這位曾經富有過但卻沒有一定職位的人發現自己在經濟上處於困境，幸而他的朋友幫他弄到一筆每年 200 英鎊的養老金，使他得以維持中等且舒適的生活。55 歲時，他的健康狀況惡化，研究工作減慢了。西元 1878 年，當焦耳 60 歲時，他發表了最後一篇論文。

　　西元 1889 年 10 月，焦耳在塞爾逝世。

163
南丁格爾（西元 1820 年－ 1910 年）

她的生日，每年的 5 月 12 日被定為護士節。

佛蘿倫絲・南丁格爾（Florence Nightingale），西元 1820 年（清嘉慶二十五年，庚辰龍年。南極洲被發現；奧斯特以「關於磁針上電衝突作用的實驗」為題發表了電流的磁效應）出生於義大利佛羅倫斯的一個英國上流社會家庭。英國護士和統計學家。她諳熟數學，精通英、法、德、義四門語言，除古典文學外，還精於自然科學、歷史和哲學，擅長音樂與繪畫。

由於家庭富有，南丁格爾的幼年生活極為優裕。與他們往來的人士也都是社會名流，包括當時的政界人士、文藝作家、藝術家以及一些地方紳士。這使她充分享受了維多利亞時代的安逸生活。但在南丁格爾的小小心靈中，面對這種養尊處優的生活並不覺得快樂，她靦腆害羞，不願見生人，常有一種莫名的寂寞感。到了 12 歲，她跟父親學習希臘文、拉丁文、法文、德文、義大利語、歷史、數學和哲學等。在父親的循循善誘下，南丁格爾的學業大有長進。她常常跟父親一起朗讀，高談闊論，遇父親出外遠遊時，便以書信交流感受。西元 1837 年，他們全家到歐洲大陸旅行，父母帶著女兒們在歐洲各地增長見識。這時南丁格爾已經 17 歲，長成了一個美麗的大家閨秀。

她也收到了愛情的橄欖枝。在一次宴會上，她結識了年輕的慈善家

理查（Richard Monckton Milnes）（將少年犯與成年犯分離，以接受更合理、更人性的管教，就是出自他的提議）。理查對她一見鍾情，兩人一起談詩作畫，交流愉快。在南丁格爾寂寞無助的時候，理查的數不清的信箋，給過她很大的精神安慰，她也曾把理查稱為「我所崇拜的人」。但是，在他求婚時，她考慮良久，卻拒絕了他。她寫信給理查說：我注定是個漂泊者。為了我的使命，我寧可不要婚姻，不要社交，不要金錢。

南丁格爾說：「擺在我面前的只有三條路：一是成為文學家；二是結婚當主婦；三是當護士。」她不顧父母的反對，毅然選擇了第三條道路。在德國學習護理後，曾往倫敦的醫院工作。於西元 1853 年成為倫敦慈善醫院的護士長。當時英國護士的形象是：無知、粗魯、酗酒、沒有受過訓練的女人，更不能執行醫療任務；在當時英國人的觀念中，護士與各式各樣的病人打交道，是非常骯髒而危險的。

西元 1854 年 8 月，倫敦郊區貧民窟發生霍亂，南丁格爾不顧個人安危，志願參加緊急救護工作。她在醫院裡照料垂死的病人，終日奔忙，不少人在她懷中死去。卡斯凱爾（Gaskell）夫人對南丁格爾的義行推崇備至，因為她親自體會和感受到了南丁格爾的奉獻精神，她這樣描述：「她身材高躺，消瘦修長；一頭棕色茂密的短髮，膚色白皙，灰色的眼睛閃現著憂鬱消沉的神色；但有時卻流露出快樂的波光，真是令人難忘；她的牙齒美麗整齊，笑起來甜美無比。頭上蒙著一條長的柔軟髮巾，沿著髮角紮起來，使她白靜的瓜子臉襯托得更為美麗。她經常穿一件黑絲質料的長衫，外加一件黑色披肩，給人一種雍容高雅、落落大方的印象……」

西元 1853 年，土耳其英法等國與俄國爆發了克里米亞戰爭。在前方發回的報導中，對傷兵沒人照顧頗有意見。南丁格爾聞知這一消息，

立即向當時的作戰部長賀伯特（Sidney Herbert）的夫人寫了一封信，表示願自費率領 40 名護士赴戰地救傷。當時對於一位 35 歲的女性而言，這是一個非常艱鉅的挑戰。當時，在歐洲各先進國家早有被稱為「姐妹」（Sisters）的女護士出現，但英國由於受宗教和社會的成見，一直反對在醫院特別是戰地醫院出現女護士。她極力向英國軍方爭取在戰地開設醫院，為士兵提供醫療護理。她分析過堆積如山的軍事文件，指出在克里米亞戰役中，英軍死亡的原因是在戰場外感染疾病，及在戰場上受傷後沒有得到適當的護理而傷重致死，真正死在戰場上的人反而不多。南丁格爾於西元 1854 年 10 月 21 日和 38 位護士到克里米亞野戰醫院工作，成為該院的護士長。

最初，醫師們基於傳統認知及嫉妒心理，主張沒有醫師指示不讓她們涉足病房。一連四天被拒之門外。面對這種局面，南丁格爾首先著手進行改善傷兵的飲食，換洗骯髒的衣服，共同致力於清理工作。她深深感到，一所完善的醫院，必須有充足的供水與良好的排水系統。三個月下來，她們清理了 1 萬件襯衫。為了收容 800 名新傷患，她自己出錢支付緊急修理病房的費用。南丁格爾的積極服務精神，終於化解了軍醫們的敵視心理，更贏得了傷患的敬愛與信任。她夜以繼日地將全部心力投入護理工作，使醫院逐漸走上軌道，而她的辦公室，也自然成為放射溫暖與愛心光芒的中心。

醫院惡劣的環境和藥品的極度匱乏，使大批傷兵感染了痢疾與霍亂。南丁格爾拿出自己的 3 萬英鎊為醫院添置藥物和醫療裝置，並重新組織醫院，改善傷員的生活環境和營養條件，整頓手術室、食堂和化驗室。很快改變了戰地醫院的面貌，只能收容 1,700 名傷員的戰地醫院經她安排竟可接收 3,000 ～ 4,000 名傷員。在這裡，她的管理和組織才能

得到充分發揮。6 個月後，戰地醫院發生了極大的變化，傷員死亡率從 42% 迅速下降至 2%。這種奇蹟般的、有目共睹的護理效果震撼了全國，同時改變了英國朝野對護士們的評價，並提高了婦女的地位，護理工作從此受到社會重視。每個夜晚，她都手執油燈巡視，傷病員們親切地稱她為「提燈女郎」、「克里米亞的天使」。

馬克思和南丁格爾是同時代的人，他對南丁格爾的勇敢和獻身精神十分敬佩和感動，寫下兩篇充滿熱情的文章，分別刊載在德國的《新奧得報》和美國的《紐約論壇報》，使世人皆知這位偉大的女性。馬克思說：「在當地找不到一個男人有足夠的毅力去打破這套陳規陋習，能夠根據情況的需求，不顧規章地去負責採取行動。只有一個人勇於這樣做，那是一個女人，南丁格爾小姐。」

南丁格爾將護理工作正規化的重要意義在於使社會知道護理工作是一種技術，並把它提高到專門職業的地位，護士不再是愚昧無知、骯髒醜陋的老女人的工作，南丁格爾因此被稱為「現代護理工作的創始人」。隨之如護理人員品德的提升，社會地位的提高，薪資的增加等，都成為自然的結果。而南丁格爾完成和改善這些工作的方法主要是三條，即以身作則、著書宣教和親身實踐。由於南丁格爾的努力，讓昔日地位低微的護士，於社會地位與形象都大為提高，成為崇高的象徵。「南丁格爾」也成為護士精神的代名詞。她是世界上第一位真正的女護士，開創了護理事業。「5 月 12 日」國際護士節設立在南丁格爾的生日這一天，就是為了紀念這位近代護理事業的創始人。

美國大詩人朗費羅（Longfellow，西元 1807 年－ 1882 年）為她作詩〈提燈女郎〉，讚美她的精神是高貴的，是英雄。西元 1867 年，在倫敦滑鐵盧廣場為南丁格爾鑄造了提燈銅像。

164
柴比雪夫（西元 1821 年－ 1894 年）

聖彼得堡數學學派的奠基人和領袖。

帕夫努季・利沃維奇・柴比雪夫 (Pafnuty Lvovich Cheby-shev)，西元 1821 年（清道光元年，辛巳蛇年）生於卡盧加省奧卡託沃。他一生共發表了 70 多篇科學論文，內容涉及數論、機率論、函數逼近論、積分學等方面。他證明了伯特蘭公式，自然數列中質數分布的定理，大數定律的一般公式以及中心極限定理。他不僅重視純數學，而且十分重視數學的應用。

西元 1837 年，16 歲的柴比雪夫進入莫斯科大學，成為哲學系下屬的物理數學專業的學生。在大學階段，數學家布拉什曼 (Brashman) 對他有較大的影響。西元 1865 年 9 月柴比雪夫曾在莫斯科數學會上宣讀了一封信，信中把自己應用連分數理論於級數展開式的工作歸因於布拉什曼的啟發。在大學的最後一個學年，柴比雪夫遞交了一篇題為「方程式根的計算」（西元 1841 年）的論文，在其中提出了一種建立在反函數的級數展開式基礎之上的方程式近似解法，因此獲得該年度系裡頒發的銀質獎章。

大學畢業後，柴比雪夫一邊在莫斯科大學當助教，一邊攻讀碩士學位。大約在這個時期，他家在卡盧加省的莊園因為災荒而破產了。柴比雪夫不僅失去了父母方面的經濟支持，而且還要負擔兩個未成年弟弟的

部分教育費用。西元 1843 年，柴比雪夫通過了碩士課程的考試，並在萊歐維爾（(Joseph Liouville)）的《純粹與應用數學雜誌》(*Journal de matématiques pures et appliquées*)上發表了一篇關於多重積分的文章。西元 1844 年，他又在 L. 格列爾（Grelle）的同名雜誌上發表了一篇討論泰勒級數收斂性的文章。西元 1845 年，他完成了碩士論文「試論機率論的基礎分析」（西元 1845 年），於次年夏天通過了答辯。

柴比雪夫是聖彼得堡數學學派的奠基人和領袖。

19 世紀以前，俄國的數學是相當落後的。在彼得大帝去世那年建立起來的科學院中，早期數學方面的院士都是外國人，其中著名的有尤拉、尼古拉二世・白努利、丹尼爾・白努利和哥德巴赫等。俄國沒有自己的數學家，沒有大學，甚至沒有一部像樣的初等數學教科書。19 世紀上半葉，俄國才開始出現了像羅巴切夫斯基、布尼亞科夫斯基（Bunyakovsky）和奧斯特洛格拉德斯基（Ostrogradski）這樣優秀的數學家；但是除了羅巴切夫斯基之外，他們當中的大多數人都是在國外（特別是法國）接受訓練的，而且他們的成果在當時還不足以引起西歐同行們的關注。柴比雪夫就是在這種歷史背景下從事他的數學創造的。他不僅是土生土長的學者，而且以他自己的卓越才能和獨特魅力吸引了一批年輕的俄國數學家，形成了一個具有鮮明風格的數學學派，從而使俄國數學擺脫了落後境地而開始走向世界前列。柴比雪夫是聖彼得堡數學學派的奠基人和當之無愧的領袖。他在機率論、解析數論和函數逼近論領域的開創性工作從根本上改變了法國、德國等傳統數學大國的數學家們對俄國數學的看法。

柴比雪夫終身未娶，日常生活十分簡樸，他的一點積蓄全部用來買書和製造機器。每逢假日，他也樂於與姪兒姪女們在一起輕鬆一下，但

是他最大的樂趣還是與年輕人討論數學問題。西元 1894 年 11 月底，他的腿疾突然加重，隨後思考也出現了障礙，但是病榻中的他仍然堅持要求研究生前來討論問題，這個學生就是後來成為俄國代數領域中的開拓者格拉維（Grave Dmitrii Alexandroxic）。西元 1894 年 12 月 8 日上午 9 時，這位令人尊敬的學者在自己的書桌前溘然長逝。他既無子女，也無金錢，但是卻給人類留下了一筆不可估價的遺產：一個光榮的學派。

165
亥姆霍茲（西元 1821 年－ 1894 年）

能量守恆定律的創立者。

赫爾曼‧路德維希‧費迪南德‧馮‧亥姆霍茲（Hermann Ludwig Ferdinand von Helmholtz），西元 1821 年（清道光元年，辛巳蛇年）生於柏林波茨坦。德國物理學家、數學家、生理學家、心理學家。能量守恆定律的創立者。中學畢業後由於經濟原因未能進大學，以畢業後須在軍隊服役 8 年的條件公費進入在柏林的皇家醫學科學院。學習期間，還在柏林大學聽了許多化學和生理學課程，自修了拉普拉斯、必歐和 D. 白努利等人的數學著作以及康德的哲學著作。西元 1842 年獲醫學博士學位後，被任命為波茨坦駐軍軍醫。這期間他開始研究生理學，特別是感覺生理學。西元 1847 年他在德國物理學會發表了關於力的守恆演說，在科學界贏得很大聲望，次年擔任了柯尼斯堡大學生理學副教授。亥姆霍茲在這次演說中，第一次以數學方式提出能量守恆定律。在生理學、光學、電動力學、數學、熱力學等領域中均有重大貢獻。研究了眼的光學結構，發展了楊格的色覺理論，即楊格－亥姆霍茲理論；對肌肉活動的研究使他豐富了早些時候尤利烏斯‧邁爾（Julius Robert von Mayer）的理論。

　　他的主要論點是：①一切科學都可以歸結到力學。②強調牛頓力學和拉格朗日力學在數學上是等價的，因而可以用拉氏方法以力所傳遞的能量或它所做的功來量度力。③所有這種能量是守恆的。亥姆霍茲發展了邁爾、焦耳等人的工作，討論了已知的力學的、熱學的、電學的、化學的各種科學成果，嚴謹地論證了各種運動中的能量守恆定律。這次演講內容後來寫成專著《力之守恆》（*Erhaltung der Kraft*）出版。在柯尼斯堡工作期間，亥姆霍茲測量了神經刺激的傳播速度，發表了生理力學和生理光學方面的研究成果。西元 1851 年他發明了眼科使用的檢眼鏡，並提出了這一儀器的數學理論。西元 1855 年他轉到波恩大學任解剖學和生理學教授，出版了《生理光學手冊》（*Handbuch der Physiologischen Optik*）第一卷，並開始流體力學的渦流研究。西元 1857 年起，他擔任海德堡大學生理學教授。他利用共鳴器（亥姆霍茲共鳴器）分離並加強聲音的諧音。西元 1863 年出版了他的鉅著《音調的生理基礎》（*Die Lehre von den Tonempfindungen als physiologische Grundlage für die Theorie der Musik*）。

　　西元 1868 年亥姆霍茲將研究方向轉向物理學，於西元 1871 年任柏林大學物理學教授。在電磁理論方面，他測出電磁感應的傳播速度為每秒 314,000 公里，由法拉第電解定律推匯出電可能是粒子。由於他的一系列演講，馬克士威的電磁理論才真正引起歐洲物理學家的注意，並且導致他的學生赫茲於西元 1887 年用實驗證實電磁波的存在，並獲得了一系列重大成果。

　　亥姆霍茲的一生，研究領域十分廣泛，除物理學外，在生理光學和聲學、數學、哲學諸方面都作出了重大貢獻。他測定了神經脈衝的速度，重新提出湯瑪士‧楊格的三原色視覺說，研究了音色、聽覺和共鳴理論，發明了驗目鏡、角膜計、立體望遠鏡。他對黎曼創立的非歐幾何

學也有研究。曾榮任柏林大學校長（西元 1877 年）和國家物理工程研究所所長（西元 1888 年），主張基礎理論與應用研究並重。亥姆霍茲不僅對醫學、生理學和物理學有重大貢獻，而且一直致力於哲學認識論。他確信：世界是物質的，而物質必定守恆。但他企圖把一切歸結為力，是機械唯物論者。他的成就被國際學術界所認可，西元 1860 年被選為倫敦皇家學會會員，並獲該會西元 1873 年度科普利獎章。亥姆霍茲於西元 1894 年在夏洛滕堡逝世。

166
孟德爾（西元 1822 年－ 1884 年）

看吧，我的時代來了。

格雷戈爾・約翰・孟德爾（Gregor Johann Mendel），西元 1822
年（清道光二年，壬午馬年。恩克彗星回歸，成為第二顆按預言
回歸的彗星；巴西宣布從葡萄牙獨立；詩人雪萊溺水身亡，年僅
30 歲）出生在奧匈帝國西利西亞（現屬捷克）海因策道夫村。奧地
利生物學家。在布隆（今捷克的布林諾）的修道院擔任神父，是遺
傳學的奠基人，被譽為「現代遺傳學之父」。他透過豌豆實驗，發
現了遺傳學三大基本規律中的兩個：分離規律和自由組合規律。

父親和母親都是園藝家（外祖父是園藝工人）。孟德爾童年時受到園
藝學和農學知識的薰陶，對植物的生長和開花非常感興趣。

西元 1840 年他考入奧爾米茨大學哲學院，主攻古典哲學，此外他還
學習了數學。

西元 1856 年，孟德爾就開始了長達 8 年的豌豆實驗。孟德爾首先從
許多種子商那裡買來了 34 個品種的豌豆，從中挑選出 22 個品種用於實
驗。它們都具有某種可以相互區分的穩定性狀，例如高莖或矮莖、圓粒
或皺粒、灰色種皮或白色種皮等。

孟德爾透過人工培植這些豌豆，對不同代的豌豆的性狀和數目進行

細膩入微的觀察、計數和分析。運用這樣的實驗方法需要極大的耐心和嚴謹的態度。他酷愛自己的研究工作，經常向前來參觀的客人指著豌豆十分自豪地說：「這些都是我的兒女！」

8 個寒暑的辛勤勞作，孟德爾終於發現了生物遺傳的基本規律，並得到了相應的數學關係式。人們分別稱他的發現為孟德爾第一定律（即孟德爾遺傳分離規律）和孟德爾第二定律（即基因自由組合規律），它們揭示了生物遺傳奧祕的基本規律。

可是，偉大的孟德爾的思維和實驗太超前了。同時代的人實在跟不上他的思維。孟德爾用心血澆灌的豌豆所告訴他的祕密，時人不能與之共識，一直被埋沒了 35 年之久！

孟德爾晚年曾經充滿信心地對他的好友說：「看吧，我的時代來到了。」這句話成為偉大的預言。直到孟德爾逝世 16 年後，豌豆實驗論文正式出版 34 年後，他從事豌豆試驗 43 年後，預言才變成現實。

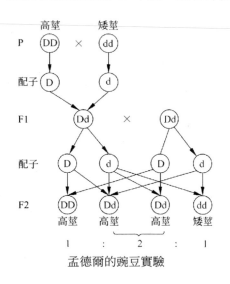

孟德爾的豌豆實驗

隨著 20 世紀雄雞的第一聲啼鳴，來自荷蘭的德弗里斯（Hugo Marie de Vries）、德國的科倫斯（Carl Erich Correns）和奧地利的切爾馬克（Erich von Tschermak）同時獨立地「重新發現了」孟德爾遺傳定律。1900 年，成為遺傳學史乃至生物科學史上劃時代的一年。從此，遺傳學進入了孟德爾時代。

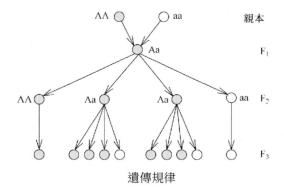

遺傳規律

西元 1884 年 1 月 6 日這天，他精神看起來「似乎不錯」，護士問候了他一句：「你的氣色真好。」五分鐘後，前去看望孟德爾的修女發現，他靠在沙發上已經停止了呼吸。

167
克勞修斯（西元 1822 年－ 1888 年）

宇宙的能量是恆定的，宇宙的熵是不斷增加的。

魯道夫・朱利葉斯・埃曼努埃爾・克勞修斯（Rodulf Julius Emanuel Clausius），西元 1822 年（清道光二年，王午馬年）生於普魯士的克斯林（今波蘭科沙林），卒於波恩。德國物理學家和數學家，熱力學的主要奠基人之一。他重新陳述了卡諾的定律（又稱卡諾循環），把熱理論推至一個更真實、更健全的基礎。

西元 1840 年入柏林大學。西元 1847 年在哈雷大學主修數學和物理學的哲學博士學位。

西元 1850 年起，曾先後任柏林砲兵工程學院、蘇黎世工業大學、維爾茨堡大學、波恩大學物理學教授。他曾被法國科學院、英國皇家學會和聖彼得堡科學院選為院士或會員。因發表論文「論熱的動力以及由此推出的關於熱本身的諸定律」而聞名。

月球上的克勞修斯環形山即以他的名字命名。

克勞修斯主要從事分子物理、熱力學、蒸汽機理論、理論力學、數學等方面的研究，特別是在熱力學理論、氣體動理論方面建樹卓著。他是歷史上第一個精確表示熱力學定律的科學家。西元 1850 年與蘭金（William John Macquorn Rankine，西元 1820 年－ 1872 年）各自獨立地

表述了熱與機械功的普遍關係——熱力學第一定律，並且提出蒸汽機的理想的熱力學循環（蘭金－克勞修斯循環）。西元 1850 年克勞修斯發表「論熱的動力以及由此推出的關於熱學本身的諸定律」的論文。他從熱是運動的觀點對熱機的工作過程進行了新的研究。論文首先從焦耳確立的熱功當量出發，將熱力學過程遵守的能量守恆定律歸結為熱力學第一定律，指出在熱機做功的過程中一部分熱量被消耗了，另一部分熱量從熱物體傳遞到了冷物體。論文的第二部分，在卡諾定理的基礎上研究了能量的轉換和傳遞方向問題，提出了熱力學第二定律最著名的表述形式（克勞修斯表述）：熱不能自發地從較冷的物體傳到較熱的物體。因此克勞修斯是熱力學第二定律的兩個主要奠基人之一（另一個是克耳文）。

　　人們永久銘記克勞修斯於西元 1865 年用過的兩句名言：

　　「宇宙的能量是恆定的」、「宇宙的熵趨向一個最大值」。

168
巴斯德（西元 1822 年－ 1895 年）

差不多有半個世紀，科學世界由他主宰。

路易·巴斯德 (Louis Pasteur)，西元 1822 年（清道光二年，王午馬年）生於法國東爾城。著名的微生物學家、化學家，畢業於巴黎大學，信仰天主教，西元 1895 年 9 月 28 日逝世。

他研究了微生物的型別、習性、營養、繁殖、作用等，把微生物的研究從主要研究微生物的形態轉移到研究微生物的生理途徑上來，從而奠定了工業微生物學和醫學微生物學的基礎，並開創了微生物生理學。

循此前進，在戰勝狂犬病、雞霍亂、炭疽病、蠶病等方面都獲得了成果。英國醫生萊斯特 (Joseph Lister) 據此解決了創口感染問題。從此，整個醫學邁進了細菌學時代，得到了空前的發展。美國學者麥可·哈特所著的《影響世界歷史 100 位名人》中，巴斯德名列第 12 位，可見其在人類歷史上強大的影響力。其發明的巴氏滅菌法直至現在仍被應用。

他用一生的精力證明了三個科學問題：

(1) 每一種發酵作用都是由於一種微菌的發展，這位法國化學家發現用加熱的方法可以殺滅那些讓啤酒變苦的惱人的微生物。很快，「巴氏滅菌法」便應用在各種食物和飲料上。

(2) 每一種傳染病都是一種微菌在生物體內的發展，由於發現並根除

了一種侵害蠶卵的細菌，巴斯德拯救了法國的絲綢工業。

（3）傳染病的微菌，在特殊的培養之下可以減輕毒力，使它們從病菌變成防病的疫苗。他意識到許多疾病均由微生物引起，於是建立起了細菌理論。

巴斯德被世人稱頌為「進入科學王國的最完美無缺的人」，他不僅是個理論上的天才，還是個善於解決實際問題的人。

西元 1843 年發表的兩篇論文 —— 「雙晶現象研究」和「結晶形態」，開創了對物質光學性質的研究。

西元 1856 年－ 1860 年，他提出了以微生物代謝活動為基礎的發酵本質新理論。

西元 1857 年發表的「關於乳酸發酵的紀錄」是微生物學界公認的經典論文。

西元 1880 年後又成功研製出雞霍亂疫苗、狂犬病疫苗等多種疫苗，其理論和免疫法引起了醫學實踐的重大變革。此外，巴斯德的工作還成功地挽救了法國處於困境中的釀酒業、養蠶業和畜牧業。

巴斯德並不是病菌的最早發現者。在他之前已有其他人提出過類似的假想。但是，巴斯德不僅熱情勇敢地提出關於病菌的理論，而且透過大量實驗，證明了他的理論的正確性，令科學界信服，這是他主要的貢獻。巴斯德被認為是醫學史上最重要的傑出人物。巴斯德的貢獻涉及幾個學科，但他的聲譽則集中在保衛、支持病菌論及發展疫苗接種以防疾病方面。

西元 1895 年 9 月 28 日，也就是 73 歲時，他在親友及學生的環繞中在維倫紐夫‧勒伊丹去世。

為表彰巴斯德在狂犬病研究領域作出的貢獻，法國政府於西元 1888年在巴黎建立了巴斯德研究所。起初，該研究所僅作為一個治療狂犬病和其他傳染病的臨床中心。如今，巴斯德研究所已成為著名的生物醫學研究中心，其主要方向為抗血清和疫苗的研究與生產。

169
克希荷夫（西元 1824 年－ 1887 年）

「物理學王國的宰相」，發現了銫和銣。

古斯塔夫・羅伯特・克希荷夫（Gustav Robert Kirchhoff），出生於柯尼斯堡（今俄羅斯加里寧格勒），德國物理學家。西元 1845 年，21 歲時他發表了第一篇論文，提出了穩恆電路網絡中電流、電壓、電阻關係的兩條電路定律，即著名的克希荷夫電流定律（KCL）和克希荷夫電壓定律（KVL），解決了電器設計中電路方面的難題。西元 1862 年得出絕對黑體的概念，他的熱輻射定律和絕對黑體概念是開闢 20 世紀物理學新紀元的關鍵之一。1900 年普朗克的量子論就發軔於此。

克希荷夫在柯尼斯堡大學讀物理，西元 1847 年畢業後去柏林大學任教，3 年後去布雷斯勞作臨時教授。西元 1854 年由化學家本生（Bunsen，西元 1811 年－ 1899 年）推薦任海德堡大學教授。在海德堡大學期間製成光譜儀，與化學家本生合作創立了光譜分析法（把各種元素放在本生燈上燒灼，發出波長一定的一些明線光譜，由此可以極靈敏地判斷某種元素的存在），從而發現了元素銫和銣。後人利用光譜化學分析法還發現了鉈、碘等多種元素。西元 1885 年到柏林大學作理論物理學教授，兩年後逝世。

19 世紀後半葉，克希荷夫在科學上的貢獻之多無人能及。他被稱作「物理學王國的宰相」。

▋維因（Wilhelm Wien，西元 1864 年－ 1928 年）

威廉‧維因，德國物理學家，研究領域為熱輻射與電磁學等。

中學畢業後，他在哥廷根大學學習數學，同年轉去柏林大學。後在亥姆霍茲的實驗室工作，西元 1886 年，獲得博士學位。論文題目是「光對金屬的繞射，以及不同材料對折射光顏色的影響」。

西元 1887 年，完成了金屬對光和熱輻射的導磁性實驗。西元 1893 年，維因提出了黑體輻射的維因位移定律，揭開量子論的序幕。

1900 年，維因赴維爾茨堡大學接替倫琴，同年出版了教科書《流體力學》（*Hydrodynamik*）。曾被邀請接替波茲曼出任萊比錫大學的物理學教授，但他拒絕了。

1911 年，他因對熱輻射等研究的貢獻，獲得諾貝爾物理學獎。

1920 年底前往慕尼黑，再次接替倫琴，直到逝世。

維因的研究成果，為從牛頓的經典物理學向量子物理學過渡作出了貢獻，正像勞厄（1914 年獲諾貝爾物理學獎）所說的，維因不朽的榮耀是「他為我們開啟了通往量子物理學的大門」。

170
克耳文（西元 1824 年－ 1907 年）

　　克耳文：19 世紀末，物理學的大廈已經建成，晴朗天空中的遠處飄浮著兩朵令人不安的烏雲……

　　威廉‧湯姆森（克耳文勛爵）（William Thomson〔Lord Kelvin〕），西元 1824 年（清道光四年，甲申猴年。貝多芬《第九交響樂》完成；法國作家小仲馬〔Alexandre Dumas fils〕出生；英國詩人拜倫、路易十八逝世）生於愛爾蘭貝爾法斯特。父親詹姆士（James Thomson）是貝爾法斯特皇家學院的數學教授。湯姆森一家在湯姆森 8 歲時遷往蘇格蘭的格拉斯哥，而詹姆士則任教格拉斯哥大學。湯姆森 10 歲便入讀格拉斯哥大學（在那個時代，蘇格蘭的大學會錄取最有才華的小學生），約在 14 歲開始學習大學程度的課程。15 歲時憑一篇題為「地球形狀」的文章獲得大學的金獎章。文章論及的一些重要概念，湯姆森在往後還常常用到。湯姆森後來到了劍橋大學就讀，以全年級第二名的成績畢業。他畢業後到了巴黎，在勒尼奧（Henri Victor Regnault）的指導下進行了一年實驗研究。

　　西元 1846 年，湯姆森再回到格拉斯哥大學擔任自然哲學（即現在的物理學）教授，直到西元 1899 年退休為止。他在學校建立起全英國大學中的第一個物理研究實驗室。他認為物質和電動力學的數學理論結果

必須用實驗來證明。他帶領學生進行各種實驗來檢定和發展新的物理理論。此外，他還利用實驗室的精密測量結果來協助擬定大西洋海底電纜的鋪設工程，使英國與美洲之間的通訊得到突破性的發展。他可以說是第一代電信工程師。

湯姆森也是熱力學的開創者之一，他對熱力學第一定律及熱力學第二定律的建立作出了重大貢獻。在 19 世紀，物理學界仍然普遍認為熱是一種不生不滅的物質（熱質說），湯姆森本來也堅信這種說法。他研究過焦耳多篇關於電流生熱的論文後，便開始改變想法，並和焦耳合作研究。他們的研究結果為熱力學第一定律（能量轉化和轉移守恆定律）提供了有力的實驗支持。湯姆森對熱力學第二定律的貢獻更大。他利用卡諾循環建立絕對溫標，重新設定水的熔點為 273.7 開；沸點為 373.7 開。為了紀念他的貢獻，絕對溫度的單位以克耳文（Kelvin，K）來命名。他在西元 1851 年發表題為「熱動力理論」的論文，寫出熱力學第二定律的克耳文表述：我們不可能從單一熱源取熱，使它完全變為有用功而不產生其他影響（即能量的轉移或轉化是有方向性的）。近代物理雖然修正了很多古典物理理論的錯誤，但是熱力學定律仍然是正確而普遍的宏觀物理定律。

1907 年，克耳文在蘇格蘭的艾爾郡去世，並被埋葬在西敏寺。

171
黎曼（西元 1826 年－ 1866 年）

萊布尼茲→約翰·白努利→尤拉→拉格朗日→高斯→黎曼。

伯恩哈德·黎曼（Bemhard Riemann），西元 1826 年（清道光六年，丙戌狗年。世界上第一臺相機和第一張照片誕生；法國化學家巴拉爾〔Balard〕發現溴）出生於漢諾威王國亞梅爾恩布列斯倫茨（今德國）。德國著名的數學家，他在數學分析和微分幾何方面作出過重要貢獻，開創了黎曼幾何，並且為後來愛因斯坦的廣義相對論提供了數學基礎。

西元 1840 年，黎曼搬到漢諾威生活並進入中學學習。上中學時，黎曼向老師借了一本數學著作，那是法國著名數學家勒壤得 800 多頁的名著《數論》(Number Theory)。僅僅一個星期後黎曼便將此書歸還，並向那位借書給他的老師說：「這是一部偉大的著作，我已經掌握了它。」那位老師半信半疑地問了他書中所講的幾個困難之處，黎曼竟都能對答如流，老師默然。

西元 1846 年，黎曼進入哥廷根大學學習哲學和神學。在此期間他去聽了一些數學講座，包括高斯關於最小二乘法的講座。在得到父親的允許後，他改學數學。在大學期間有兩年去柏林大學就讀，受到雅各布和狄利克雷的影響。

西元 1847 年，黎曼轉到柏林大學，投入雅各布、狄利克雷和施泰納（Steiner）門下。兩年後他回到哥廷根。

西元 1851 年，在柏林大學獲博士學位。

西元 1851 年，論證了複變函數可導的必要充分條件（即柯西－黎曼方程式）。藉助狄利克雷原理闡述了黎曼對映定理，成為函數的幾何理論的基礎。

西元 1853 年，定義了黎曼積分，並研究了三角級數收斂的準則。

西元 1854 年，發揚了高斯關於曲面的微分幾何研究，提出用流形的概念理解空間的實質，用微分弧長度的平方所確定的正定二次型理解度量，建立了黎曼空間的概念，把歐氏幾何、非歐幾何包括進了他的體系之中。

西元 1854 年，成為哥廷根大學的講師。

西元 1857 年，初次登臺作了題為「論作為幾何基礎的假設」的演講，由此創立了黎曼幾何學。黎曼將曲面本身看成一個獨立的幾何實體，而不是把它僅僅看作歐氏空間中的一個幾何實體。1915 年，愛因斯坦運用黎曼幾何和張量分析工具創立了新的引力理論 —— 廣義相對論。應該說對於廣義相對論的創立，黎曼功不可沒。數學界公認，黎曼幾何是黎曼對數學的最大貢獻，由此黎曼成為近現代最偉大的幾何學家。

西元 1857 年，發表的關於阿貝爾函數的研究論文，引出黎曼曲面的概念，將阿貝爾積分與阿貝爾函數的理論帶到新的轉捩點並作系統性的研究，其中對黎曼曲面從拓撲、分析、代數幾何各角度作了深入研究。他創造了一系列對代數拓撲發展影響深遠的概念，闡明了後來為 G. 羅赫（Gustav Roch）所補足的黎曼－羅赫定理。西元 1857 年，黎曼升為哥廷根大學的編外教授。西元 1859 年，接替狄利克雷成為教授。並發表論文

「論小於某給定值的質數的個數」，提出黎曼假設。

西元 1862 年，他與愛麗絲‧科赫 (Elise Koch) 結婚。

西元 1866 年 7 月，他在第三次去義大利休養的途中因肺結核在塞拉斯卡去世，年僅 40 歲。

黎曼的著作主要有《單複變函數一般理論的基礎》、《關於以幾何學為基礎的假設》、《藉助三角級數表示函數的可能性》、《數學物理的微分方程式》（與韋伯合著）、《橢圓函數論》、《引力、電、磁》、《不超過已知數的質數的數量》等。戴德金於西元 1876 年出版了《黎曼全集》(*Bernhard Riemann's Gesammelte mathematische Werke und Wissenschaftlicher Nachlass*)。黎曼的學生們收集他們的講義筆記，並於 1902 年出版，作為全集的補充。

▌黎曼猜想

黎曼留給後人的難題之一就是當今著名的黎曼猜想，是希爾伯特在 1900 年提出的二十三個問題中的第八個，現在又被列為七大難題之一。它要求解決的是黎曼 zeta 函數 $\zeta(s)$ 的非平凡零點都位於複平面 Re (s) = 1/2 直線上。數學家們把這條直線稱為臨界線。運用這一術語，黎曼猜想可以表述為：黎曼 $\zeta(s)$ 函數的所有非平凡零點都位於臨界線上。

近代數學史家貝爾 (Bell) 認為：「作為一個數學家，黎曼的偉大在於他為純數學和應用數學揭示的方法和新觀點的有力的普遍性和無限的範圍。」

德國數學家克萊因說：「黎曼的直覺確實是光輝耀目，他那無所不包的天才超越了他的所有同時代人。不論在哪個地方，只要他的興趣被激

發起來，他都會從頭開始，從不讓自己被傳統引入歧途。黎曼的羞怯甚至是笨拙的舉止常遭到同事們的嘲笑，他時常神情憂鬱，哀傷地回應這些攻擊。他與周圍的世界完全隔絕，過著一種無比豐富的內心生活。我們從黎曼身上看到了一個典型的親切的天才：從外表看，他是平靜的，而且有點古怪；但從內心看，則是充滿了活力和力量。」

說到黎曼，可以捋出一條大數學家的師生關係鏈：萊布尼茲→約翰・白努利→尤拉→拉格朗日→高斯→黎曼。可惜，黎曼走得太早，到黎曼這裡，這個關係終止了。

172
杜南（西元 1828 年－ 1910 年）

紅十字會（紅新月會）的奠基人。

尚·亨利·杜南 (Jean Henri Dunant)，西元 1828 年（清道光八年，戊子鼠年。德國化學家維勒〔Wöhler〕，將一種無機物的水溶液加熱得到了尿素（NH_2CONH_2），開創了有機化學人工合成的新紀元）出生於瑞士日內瓦，商人、人道主義者，首屆諾貝爾和平獎得主、紅十字會創辦人、一位不可不知的偉大人物，開闢了一項譽滿全球、造福全人類的偉大事業，尊稱「紅十字會之父」。

在瑞士蘇黎世的蒼松翠柏間，聳立著一座白色的大理石紀念碑，碑上正面的浮雕是一位白衣戰士，他正跪下向一個瀕於死亡的傷兵餵水；碑上面刻著幾行字：尚·亨利·杜南，西元 1828 年－ 1910 年，紅十字會創始人。

他的父親和母親都是生意人，他是家裡的長子。在生活中，他的父母都極力強調做人的價值，並願意幫助貧弱者。

在這樣的環境下，杜南從小就有幫助人的習慣。19 歲，他和朋友們一起建立了一個讀經小組「星期四協會」，每週四聚會讀聖書，討論幫助窮人的事情。他花了很多空閒時間從事監獄探訪和社會工作。杜南的學習成績並不好，西元 1849 年，也就是他 21 歲那年，不得不從著名的加

爾文學院退學。接下來，他去了一家銀行（典當行）做學徒，後來進入一家銀行成為一名雇員。

　　之後他乾脆自己在阿爾及利亞成立公司，打算經營自己的事業。當時，阿爾及利亞是法國殖民地。為了獲得土地與水權，他前往義大利北部的倫巴底，打算直接向正在當地率軍打仗的法國皇帝拿破崙三世（Napoléon III）提出申請計畫。這個當時看來不相關的舉動卻促使杜南後來創辦了紅十字會。就在西元 1859 年 6 月，他未能見到拿破崙三世，但在途經索爾費里諾，正好遇上拿破崙三世率領的法國、薩丁尼亞聯軍對奧地利作戰，雙方死傷慘重，戰場上都是無人照顧的傷兵。杜南目睹慘狀，為傷兵乏人照顧、輾轉致死而感到震撼。他立刻果斷地把附近的居民組織了起來，在附近的教堂搭建了一所戰地醫院，在屍橫遍野的戰場上搶救傷患，不分國籍地為雙方無數受傷士兵在戰場上給予基本醫療，並且自費購買必要的物資。他向作戰雙方遊說，要求釋放被俘的醫生。他們對法國士兵與奧地利士兵一視同仁，甚至還記錄了垂死士兵的臨終遺言，並把它們寄給了他們的親人。他們夜以繼日、不知疲倦地照料著這些戰爭受害者。跟他一起救人的當地人開始流傳著一句話：Tuttifratelli（大家都是弟兄）。

　　後來，他寫了《索爾費里諾回憶錄》（*Un Souvenir de Solferino*）（西元 1862 年），杜南自費印製了 1,600 本，並送給歐洲各國的政治和軍事領導人。他的目的是，呼籲建立一個中立而且常設的國際救援組織，無論戰爭的哪一方都必須尊重這個組織的獨立，以便在戰爭發生時，能及時救助在戰場上受傷的傷兵。杜南周遊歐洲各國來推廣他的想法，他的提議得到了法國大作家雨果的聲援，甚至連拿破崙三世都贊同他。後來日內瓦公共福利協會主席古斯塔夫・穆瓦尼耶（Gustave Moynier）注意到了

這本書，並在西元 1863 年 2 月的會議中提出來討論。隨後他們組織了包括杜南與穆瓦尼耶在內的五人小組開始進行研究杜南的構想的可行性。同年 10 月，瑞士贊助了一個國際會議以討論實行杜南想法的方法，共有 16 個國家參與了這次會議。在西元 1864 年有 12 個國家簽署了該文件，成為國際紅十字會和首個日內瓦公約的基礎。

杜南後來都在忙著紅十字會與其他的人道救護事業，還推廣成立類似世界圖書館的機構，因此沒有時間管理自己的企業，而且最後水權也沒拿到，因此在西元 1867 年宣告破產。

西元 1890 年一個教師在一個叫海登的小鎮發現了他，才喚起世人一點注意，但隨即又無聲無息。杜南最終於西元 1892 年住進海登地區醫院而不被人知曉。在那裡度過了他生命的最後 18 年。西元 1895 年杜南在海登所住的一個療養院附近又再度被一位記者發現，聖加侖《東部瑞士人》報主編格奧爾格‧鮑姆貝格爾（Georg Baumberger）撰寫了一篇文章記述了一個月前在海登遇到的這位國際紅十字會創始人。這篇名為「亨利‧杜南，紅十字會創辦人」的文章見報後被歐洲各國報刊不斷轉載，引起轟動，杜南重新得到人們的重視與支持。他獲得了瑞士賓特－芬特（Binet-Fendt）獎，以表彰他的行動促進了和平與團結。莫斯科國際醫學大會也為他頒獎，頌揚他為受苦人民所做的貢獻。

這些世界各地遲來的褒獎紛沓而至，許多國家的紅十字會急切希望接納他為會員或擔任名譽會長。1901 年，他和弗雷德里克‧帕西（Frédéric Passy）（國際和平聯盟和各國議會聯盟創辦人）同獲首屆諾貝爾和平獎。關於其得獎有些爭議，紅十字會的創始來自杜南，可是他竟然被遺忘了。有些人建議他應獲得醫學獎，因為那是紅十字會的基本貢獻。但杜南未能去領獎，因為那時債主還在向他逼債。在諾貝爾委員會上支

持杜南的挪威軍醫漢斯·達亞（Hans Daae）成功將杜南的 10.4 萬瑞士法郎獎金存在挪威銀行，以避免被杜南的債主拿去。雖然晚期的杜南很貧窮，但他一直沒有動用諾貝爾獎所提供的獎金。

1910 年 10 月，杜南因病去世。去世前，杜南請求不要為他舉辦任何形式的葬禮，並決定把他遺產的大部分捐贈給挪威和瑞士兩國的慈善團體。

1948 年，也就是杜南逝世 38 年之後，國際紅十字協會理事會決定把 5 月 8 日，也就是亨利·杜南的生日，定為「世界紅十字日」。

紅十字運動以倡導和弘揚人道主義為基本宗旨，堅持人道、公正、中立、獨立、統一、普遍性和志願服務為行動的基本準則。杜南和他的同伴們選定紅十字標誌，實際是在選定一種能夠代表救死扶傷精神的象徵。在杜南從小到大的環境中，這種精神就伴隨著他。另外，當初之所以選定紅十字標誌，還有一個直接的原因是杜南和其他幾位創辦人都來自瑞士，而瑞士的國旗是紅底白色的十字。為了跟瑞士國旗區別開來，這個組織的標誌採用了相反的顏色，成了白底紅色的十字。

在阿拉伯地區的國家則使用白底紅色的月形作為標誌，並稱之為「紅新月會」。

此外白底紅稜框的紅水晶標誌也是「紅十字會與紅新月會國際聯合會」的正式標誌。

紅十字　　　紅新月　　　紅水晶

150 多個國家使用的紅十字標誌（左），
30 多個阿拉伯國家使用的紅新月標誌（中），以色列使用的紅水晶標誌（右）

173
托爾斯泰（西元 1828 年－ 1910 年）

他背叛了貴族，和整個國家為敵。

> 列夫・尼古拉耶維奇・托爾斯泰 (Lev Nikolayevich Tolstoy)，
> 19 世紀中期俄國批判現實主義作家、思想家、哲學家，代表作
> 有《戰爭與和平》(*War and Peace*)、《安娜・卡列尼娜》(*Anna Kar-
> enina*)、《復活》(*Resurrection*) 等。

　　這是一個自我折磨、自我折騰的人，離家出走的老翁，一個打破生活的安寧以便安撫良心的英雄。他很早就擁有了財富、名譽與地位，但他卻像一個瘋狂的信徒一樣，不斷地解剖自己，不斷地懺悔，以至於為了自己的信仰拋棄了家庭，拋棄了世俗的歡樂，最後做了一個離家出走的耄耋老者，客死荒郊。托爾斯泰面對內心的惶惑矛盾，最終創作出不朽名篇。托爾斯泰被稱為「俄國革命的鏡子」。環顧托爾斯泰的一生，他不僅僅是一位文學巨匠，關於人生目的、宗教和社會的闡述又使他成為一位有世界影響力的思想家。托爾斯泰從沒放棄對人生真諦的執著追求。他一直在思考，社會上層與下層、地主與農奴之間的隔閡與矛盾在哪裡，農民貧困的根源何在，這突出反映了他的人道主義思想。

　　西元 1828 年出生於俄國亞斯的貴族家庭，1 歲半喪母，10 歲喪父，他由親戚撫養成人。西元 1844 年考入喀山大學東方語言系，攻讀土耳其、阿拉伯語。期中考試不及格，第二年轉到法律系。他不專心學業，

痴戀社交生活，同時卻對哲學，尤其是對道德哲學發生濃厚的興趣，喜愛盧梭的學說及其為人，並廣泛閱讀文學作品。西元 1847 年 4 月為農民子弟興辦學校。11 月起名義上在圖拉省行政管理局任職，次年 12 月被提升為十四品文官。西元 1851 年托爾斯泰和他的兄長前往高加索參軍。西元 1852 年他參加了一場戰鬥，表現勇敢，並發表了小說《童年》（Child-hood）。

西元 1853 年托爾斯泰讀到了屠格涅夫（Ivan Turgenev）的《獵人筆記》（A Hunter's Sketches），非常欽佩。西元 1854 年托爾斯泰被調往多瑙河戰線，並參與了克里米亞戰爭中的塞瓦斯托波爾圍城戰，寫成《少年》（Boyhood）、《青年》（Youth）和《塞瓦斯托波爾故事集》（Sevastopol Sketch-es）。

西元 1855 年 11 月他來到聖彼得堡，受到屠格涅夫和涅克拉索夫（Nikolay Nekrasov）等人的歡迎，並結識了眾多知名作家和批評家。托爾斯泰傾向於德魯日寧（N. M. Druzhinin）等人的觀點，但又認為任何藝術不能脫離社會生活。至西元 1859 年，他與《現代人》雜誌決裂。西元 1856 年底以中尉銜退役。次年年初到法國、瑞士、義大利和德國遊歷。

西元 1862 年托爾斯泰與 17 歲的索菲亞‧安德烈耶芙娜‧托爾斯泰婭（Sofia Tolstaya）結婚，索菲亞是沙皇御醫的女兒，他們婚後育有 13 個孩子。妻子幫助他管理莊園，這使得托爾斯泰可以將全部時間用於文學作品的精雕細刻。在這裡，托爾斯泰為人類留下了《戰爭與和平》、《安娜‧卡列尼娜》等傳世之作。他每一部作品都要修改很多次，他妻子進行謄清和保存文稿的工作。

西元 1869 年 9 月因事途經阿爾扎馬斯，深夜在旅館中突然感到一種從未有過的憂愁和恐怖。這就是所謂「阿爾扎馬斯的恐怖」。西元 1868

年秋至西元 1869 年夏，他對叔本華哲學產生興趣，一度受到影響。從
1870 年代初起，他開始新的思想危機和新的探索時期。他研讀各種哲學
和宗教書籍，不能找到答案。這些思想情緒在當時創作的《安娜‧卡列
尼娜》中得到了鮮明的反映。他訪晤神父、主教、修道士和隱修士，並
結識農民、獨立教徒。他終於完全否定了官辦教會，接受了宗法制農民
的信仰。

托爾斯泰在世界觀激變後，於西元 1882 年和西元 1884 年曾一再想
離家出走。這種意圖在他 1880 － 1890 年代的創作中有頗多反映。在他
生前的最後幾年，他意識到農民的覺醒，因為自己和他們的思想情緒有
距離而不免悲觀失望；對自己的地主莊園生活方式不符合信念又深感不
安。他的信徒托爾斯泰主義者與他的夫人之間的糾紛更使他深以為苦。

在托爾斯泰離家之前，他與妻子的決裂程度人人皆知。一天晚上，
夫妻二人又鬧不和。之後，托爾斯泰的妻子曾跪下懇求托爾斯泰為她再
讀一遍早年他為自己創作的詩歌和散文，以找回當初的甜蜜，但是托爾
斯泰當時已死了心。最後，他於 1910 年 10 月從亞斯納亞波利亞納祕密
出走。在途中患肺炎，11 月在阿斯塔波沃車站逝世。遵照他的遺言，遺
體安葬在亞斯納亞波利亞納的森林中，墳上沒有樹立墓碑和十字架。

這一個不朽的靈魂，永遠散發著博愛與奮鬥的靈魂，安葬在溪流不
停的峽谷深處。

174
馬克士威（西元 1831 年－ 1879 年）

　　無線電、網站、WIFI，全部源於馬克士威方程組。有人稱讚馬克士威方程組為「上帝之眼中看到的光」。

> 　　詹姆士・克拉克・馬克士威 (James Clerk Maxwell)，西元 1831 年 (清道光十一年，辛卯兔年。法拉第發現電磁感應；達爾文開始環球航行) 生於蘇格蘭愛丁堡，英國物理學家、數學家，經典電動力學的創始人，統計物理學的奠基人之一。

　　15 歲時，馬克士威寫出了第一篇論文「關於卵形線及多焦點曲線的繪製」。對於圓或橢圓，人們知道是圓錐曲線，已經由阿波羅尼斯詳細論述過。但對於卵形線，人們對它的了解還很少。笛卡兒在研究光學時討論過；天文學家喬凡尼・卡西尼 (Giovanni Domenico Cassini，西元 1625 年－ 1712 年，發現了四個土星的衛星及土星光環中間的縫隙，卡西尼縫由此得名) 對卵形線很感興趣。因此，有兩類卵形線分別以笛卡兒和卡西尼的名字命名。但在幾何上怎樣像畫圓或畫橢圓一樣輕鬆畫出卵形線，人們不得而知。年僅 15 歲的少年卻輕鬆解決了這一難題。他畫卵形線的方法簡單，卻令人拍案叫絕，如下圖。

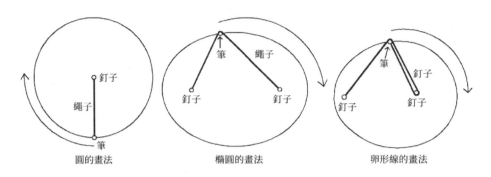

圓的畫法　　　　　　橢圓的畫法　　　　　　卵形線的畫法

　　馬克士威西元 1847 年進入愛丁堡大學學習數學和物理，畢業於劍橋大學。他成年時期的大部分時光是在大學裡當教授，最後是在劍橋大學任教。西元 1873 年出版的《論電和磁》(*A Treatise on Electricity and Magnetism*)，被尊為繼牛頓《自然哲學的數學原理》之後的一部最重要的物理學經典。馬克士威被普遍認為是對物理學最有影響力的物理學家之一。沒有電磁學就沒有現代電工學，也就不可能有現代文明。

　　西元 1850 年他轉入劍橋大學三一學院數學系學習，西元 1854 年以第二名的成績獲史密斯獎學金，畢業後留校任職兩年。西元 1856 年在蘇格蘭阿伯丁的馬里沙耳任自然哲學教授。西元 1860 年到倫敦國王學院任自然哲學和天文學教授。西元 1861 年被選為皇家學會會員。西元 1865 年春辭去教職回到家鄉，開始系統性地總結他的關於電磁學的研究成果，完成了電磁場理論的經典鉅著《論電和磁》，並於西元 1873 年出版。

　　西元 1871 年受聘為劍橋大學新設立的卡文迪許物理學教授，負責籌建著名的卡文迪許實驗室。西元 1874 年實驗室建成後擔任第一任主任，直到西元 1879 年 11 月 5 日在劍橋逝世。

　　他系統、全面、完美地闡述了電磁場理論，這一理論成為經典物理學的重要支柱之一。在熱力學與統計物理學方面馬克士威也作出了重要貢獻，他是氣體動理論的創始人之一。西元 1859 年他首次用統計規律得

出馬克士威速度分布律，從而找到了由微觀量求統計平均值的更確切的途徑。西元 1866 年他給出了分子按速度的分布函數的新推導方法，這種方法是以分析正向和反向碰撞為基礎的。他引入了弛豫時間的概念，發展了一般形式的輸運理論，並把它應用於擴散、熱傳導和氣體內摩擦過程。西元 1867 年引入了「統計力學」這個術語。馬克士威是運用數學工具分析物理問題和精確地表述科學思想的大師，他非常重視實驗，由他負責建立起來的卡文迪許實驗室，在他和以後幾位主任的領導下，發展成為舉世聞名的學術中心之一。

馬克士威主要從事電磁理論、分子物理學、統計物理學、光學、力學、彈性理論方面的研究。尤其是他建立的電磁場理論，將電學、磁學、光學統一起來，是 19 世紀物理學發展的最光輝的成果，是科學史上最偉大的綜合之一。

他預言了電磁波的存在，這種理論預見後來得到了充分的實驗驗證。他為物理學樹起了一座豐碑。造福於人類的無線電技術，就是以電磁場理論為基礎發展起來的。

▌馬克士威方程組

馬克士威方程組是最美的方程組，是可以和萬有引力公式和愛因斯坦引力公式媲美的方程組，於西元 1865 年被提出來。

1931 年，愛因斯坦在馬克士威百年誕辰的紀念會上，評價其建樹「是牛頓以來，物理學最深刻和最富有成果的工作」。

馬克士威在電磁學上取得的成就被譽為繼牛頓之後，「物理學的第二次大統一」。馬克士威被普遍認為是對 20 世紀最有影響力的 19 世紀物理學家。

▎卡文迪許實驗室

第一任：馬克士威

　　由馬克士威於西元 1871 年創立，西元 1874 年建成。劍橋大學時任校長威廉・卡文迪許（William Cavendish）（第七代德文郡公爵）是亨利・卡文迪許的親屬，私人捐助了 8,450 英鎊以幫助實驗室的籌建。馬克士威而後獲聘為劍橋大學第一任卡文迪許物理學教授（即實驗室主任）。由於馬克士威的崇高地位和卡文迪許實驗室的光輝歷史，卡文迪許物理學教授已成為如盧卡斯數學教授般備受尊敬且代代相傳的榮譽頭銜，至今已傳至第九代。實驗室的研究領域包括天體物理學、粒子物理學、固體物理學、生物物理學。卡文迪許實驗室是近代科學史上第一個社會化和專業化的科學實驗室，催生了大量足以影響人類進步的重要科學成果，包括發現電子、中子、原子核的結構、DNA 的雙螺旋結構等，為人類的科學發展作出了舉足輕重的貢獻。

第二任：瑞利（見第 178，瑞利）

　　馬克士威的繼任者是瑞利。他在聲學和電學方面很有造詣。在他的主持下，卡文迪許實驗室有系統地開設了學生實驗。西元 1884 年，瑞利因被選為皇家學院教授而辭職，由 28 歲的湯姆森繼任。

第三任：J.J. 湯姆森

　　湯姆森（Joseph John Thomson，即約瑟夫・約翰・湯姆森）對卡文迪許實驗室有卓越貢獻，在他的建議下，從西元 1895 年開始，卡文迪許實驗室實行吸收外校（包括國外）畢業生當研究生的制度，一批批優秀的年輕人陸續來到這裡，在湯姆森的指導下進行學習與研究。在他任職的 35

年間，卡文迪許實驗室的工作人員開展了如下工作：進行了氣體導電的研究，從而導致電子的發現；進行了正射線的研究，發明了質譜儀，從而導致同位素的研究；對基本電荷進行測量，不斷改進方法，為以後的油滴實驗奠定了基礎；膨脹雲室的發明，為基本粒子的研究提供了有力武器；電磁波和熱電子的研究導致了真空二極體和三極體的發明，促進了無線電電子學的發展和應用。其他如 X 射線、放射性以及 α 射線、β 射線的研究都處於世界領先地位。

卡文迪許實驗室在湯姆森的領導下，建立了一整套研究生培養制度並形成了良好的學風。他培養的研究生中，著名的有拉塞福、朗之萬、布拉格、C.T.R. 威爾遜（Charles Thomson Rees Wilson）、理查森（Owen Willans Richardson）、巴克拉（Charles Barkla）等，這些人都有重大建樹，其中有多人獲得諾貝爾獎，有的後來調到其他大學主持物理系工作，成為科學研究的中堅力量。

第四任：拉塞福（見第 200，拉塞福）

1919 年，湯姆森讓位於他的學生歐內斯特・拉塞福。拉塞福是一位成績卓著的實驗物理學家，是原子核物理學的開創者。拉塞福更重視對年輕人的培養。在他的帶領下，查德威克（James Chadwick）發現了中子，考克饒夫（J. D. Cockcroft）和瓦爾頓（T. S. Walton）發明了靜電加速器，布拉凱特（P. Blackett）觀察到核反應，彼得・卡皮察（Pyotr Kapitsa）在高電壓技術和低溫研究獲得碩果，另外還有電離層的研究，空氣動力學和磁學的研究等。

後繼者及現狀

1937 年，拉塞福去世後，由布拉格（William Lawrence Bragg）繼任第五任教授，以後是莫特（Nevill Mott）和皮帕爾德（Brian Pippard）。1970 年代以後，研究的領域包括天體物理學、粒子物理學、固體物理學以及生物物理學等。卡文迪許實驗室至今仍不失為世界著名實驗室之一。

應該指出，卡文迪許實驗室之所以能在近代物理學的發展中作出這麼多的貢獻，有它特定的時代背景和社會條件，但是它創造的經驗還是很值得人們吸取和借鑑的。

卡文迪許實驗室作為劍橋大學物理學院的一個系，1904 年－ 1989 年的 85 年間一共產生了 29 位諾貝爾獎得主，占劍橋大學諾貝爾獎總數的三分之一。若將其視為一所大學，則其獲獎人數可列全球第 20 位，與史丹佛大學並列。其科學研究效率之驚人，成果之豐碩，舉世無雙。在鼎盛時期甚至獲譽「全世界二分之一的物理學發現都來自卡文迪許實驗室」。

175
門得列夫（西元 1834 年－ 1907 年）

玩玩牌、做做夢，也可以有重大發現。

> 德米特里・伊凡諾維奇・門得列夫（Dmitry Ivanovich Mendel-
> eye），西元 1834 年（清道光十四年，甲午馬年。冷次發表確定感
> 應電流方向的定律；德國化學家李比希〔Justus von Liebig〕合成三
> 聚氰胺）出生於西伯利亞托博爾斯克。

俄國科學家，發現化學元素的週期性（但是真正第一位發現元素週
期律的是紐蘭茲〔Newlands〕，門得列夫是後來經過總結，改進得出現在
使用的元素週期律的），依照原子量，製作出世界上第一張元素週期表，
並據此預見了一些尚未發現的元素。他的名著、伴隨著元素週期律而誕
生的《化學原理》（*Principles of Chemistry*），在 19 世紀後期和 20 世紀初，
被國際化學界公認為權威著作，前後共出了 8 版，影響了一代又一代的
化學家。

父親在他 13 歲時去世。他是 17 個兄弟姐妹中的第 14 個，讀書時拉
丁語常常被當，勉強畢業。一年後，母親變賣家產搬遷至 2,000 多公里
外的莫斯科，而後又輾轉柏林、巴黎，最後定居俄國首都聖彼得堡。後
來門得列夫考上醫學院，但上人體解剖學課時，直接暈過去，不得不退
學。後經人幫助，進入聖彼得堡高等師範學校物理數學系學習，並以優
異成績畢業。

　　西元 1855 年獲得教師資格，並獲金質獎章，畢業後任敖德薩中學教師。西元 1856 年獲化學高等學位，西元 1857 年首次獲得大學職位，任聖彼得堡大學副教授。這段時間，薪資微薄的門得列夫須常常兼職家教。其實，他的前輩齊寧（N. N. Zinin），也常常如此。有個北歐來的工程師為沙皇研製水雷，工程師帶著家眷來，齊寧就替工程師的孩子當家教。這個小孩就是後來的炸藥大王並設立科學獎的阿佛列・諾貝爾。19 世紀中葉，化學工業飛速發展，化學家很容易成為企業家，如諾貝爾，著名的武器工廠博福斯公司就是他家開的；發明製鹼法的索爾維（Ernest Solvay），實現了氨鹼法的工業化，也成為歐洲著名企業家。

　　西元 1859 年，門得列夫到德國海德堡大學深造。

　　西元 1860 年，他參加了在卡爾斯魯厄召開的國際化學家代表大會。

　　西元 1861 年，他回聖彼得堡從事科學著述工作。西元 1863 年他任工藝學院教授。西元 1864 年，門得列夫任技術專科學校化學教授，西元 1865 年獲化學博士學位。

　　西元 1866 年他任聖彼得堡大學普通化學教授，西元 1867 年任化學教研室主任。

　　門得列夫在大學教授無機化學，那時已經發現 56 種元素，平均每年能發現一種新元素。德國化學家德貝萊納（Johann Wolfgang Döbereiner）曾提出「三元素組合」，把當時的 44 種元素中的 15 種分成 5 組，似乎表現出一定的週期規律。後來又有人相繼提出「螺旋圖」和「六元素表」。後來英國的紐蘭茲提出「八音錄」，即每隔 7 種元素就會出現化學性質類似的情況。但那時的歐洲，人們以發現新元素為榮，對總結已知元素的規律嗤之以鼻、不屑一顧，元素週期表的研究工作常常受到冷落。

　　門得列夫卻在研究元素間的關聯與規律。他把元素的各種性質畫在

撲克牌上反覆把玩、排列、組合，常常痴迷到寢食難安。迷糊中，門得列夫看到撲克牌在眼前飛來飛去，不知所措。恍惚覺得按某一種性質進行排列會出現規律。醒來後，門得列夫發現，按原子量的增加排列就會出現規律，並且元素的性質會不斷重複，這是之前所有人都未曾預料到的。比如，鋅的性質與鎂相近，這兩個元素便排在相鄰的兩行中，彼此相鄰；鋅的後面應該是砷，但如果把砷排在鋅的後面，它就落到鋁的一行中了，可是砷和鋁的性質並不相近；砷的後面是矽，可矽的性質與砷又不同；砷可以再往後排，但鋅和砷之間就會留兩個空位。門得列夫比紐蘭茲更向前一步，他大膽假設，這些空位都屬於還未被發現的元素。

門得列夫提出的元素週期表，一共有 67 個格子，其中有 4 個是空著的。門得列夫預言並描述了當時尚不知道的三種元素：「類硼」、「類鋁」、「類矽」。

門得列夫需要新元素的發現來證明元素週期表的正確性。一天，門得列夫在閱讀法國科學院院刊時，看到勒科克‧德布瓦博德蘭（Paul Émile Lecoq de Boisbaudran）聲稱發現了一種叫做「鎵」的新元素。他在閃鋅礦（ZnS）礦石中提取的鋅的原子光譜上觀察到了一個新的紫色線，他知道這意味著一種未知的元素出現了。他沒有意識到的是，它的存在和屬性都已經被門得列夫成功預言了，他的元素週期表顯示出在鋁下面有個間隙尚未被占據。門得列夫發現「鎵」與他的「類鋁」很相似，他預測這種未知的元素原子量大約是 68，密度是 $5.9g/cm^3$。這樣，勒科克無意中證實了門得列夫元素週期表的正確性。後來，瑞典人尼爾松（Lars Fredrik Nilson）發現一種新元素與門得列夫的「類硼」符合，他把它叫做「鈧」。德國化學家溫克勒（Clemens Alexander Winkler）發現「鍺」，證實了門得列夫「類矽」元素的預言。

　　門得列夫在排列元素週期表的過程中，又大膽指出，當時一些公認的原子量不準確。如那時金的原子量公認為 196.2，按此在元素表中，金應排在鋨、銥、鉑的前面，因為它們被公認的原子量分別為 198.6、196.7、196.7，而門得列夫堅定地認為金應排列在這三種元素的後面，原子量都應重新測定。大家重測的結果，鋨為 190.9、銥為 193.1、鉑為 195.2，而金是 197.2。實踐證實了門得列夫的論斷，也證明了週期律的正確性。

　　元素週期表終獲公認，門得列夫成為世界一流的化學家。西元 1880 年齊寧去世後，科學院空出一個院士名額。按照對科學的貢獻和在國外的聲望，門得列夫就可以遞升為俄國科學院院士。著名的有機化學家布特列洛夫（Alexander Butlerov）提名門得列夫為科學院院士候選人，並且強調指出：「門得列夫有資格在俄國科學院中占有地位，這是任何人都不能否認的。」但因門得列夫得罪沙皇，未能入選。1906 年，人們預測門得列夫應榮獲諾貝爾化學獎，也因人作梗，以一票之差落選。

　　正當人們期待來年門得列夫榮獲諾貝爾獎時，1907 年 2 月，門得列夫卻因心肌梗塞去世，享壽 73 歲。不知道這該算是門得列夫的不完整，還是諾貝爾獎的遺憾。也許是後者，這才有後來諾貝爾獎對待另一位俄國天才朗道（Lev Davidovich Landau）的額外禮遇。

　　由於時代的局限，門得列夫的元素週期律並不是完整無缺的。西元 1894 年，稀有氣體氬的發現，對週期律是一次考驗和補充。1913 年，英國物理學家莫斯利（Moseley，西元 1887 年－ 1915 年）在研究各種元素的 X 射線波長與原子序數的關係後，證實原子序數在數量上等於原子核所帶的正電荷，進而明確作為週期律的基礎不是原子量而是原子序數。在門得列夫週期表中的任意兩個相鄰的元素之間，均可設想插入數

目不等的一些元素，因為相鄰元素在原子量上的最小差值沒有什麼規律。然而，如果按照原子序數去排列，情況便迥然不同。原子序數必須是整數，因此，在原子序數為 26 的鐵和原子序數為 27 的鈷之間，不可能再有未被發現的新元素存在。這還意味著，從當時所知的最簡單的元素氫到最複雜的元素鈾，總共僅能有 92 種元素存在。進而言之，莫斯利的 X 射線技術還能夠確定週期表中代表尚未被發現的各元素的空位。實際上，在莫斯利於 1914 年悟出原子序數概念時，尚存在 7 個這樣的空位。此外，如果有人宣稱發現了填補某個空位的新元素，那麼便可以利用莫斯利的 X 射線技術去檢驗這個報導的真實性，例如，為鑑定烏爾班（Georges Urbain）關於鉿（celtium）和德海韋西（George Charles de Hevesy）關於鉿（hafnium）的兩個報導的真偽，就使用了這種方法。

在週期律指導下產生的原子結構學說，不僅為元素週期律賦予了新的說明，並且進一步闡明了週期律的本質，把週期律這一自然法則放在更嚴格更科學的基礎上。

為紀念這位偉大的科學家，1955 年，由美國的喬索（A. Gniorso）、哈維（B. G. Harvey）、蕭邦（G. R. Choppin）等人，在加速器中用氦核轟擊鑀（253Es），鑀與氦核相結合，發射出一個中子，而獲得了新的元素，便以門得列夫（Mendeleyev）的名字命名為鍆（Mendelevium，Md）。

諾貝爾（Alfred Nobel，西元 1833 年－ 1896 年）及諾貝爾獎

阿佛列・伯恩哈德・諾貝爾，瑞典化學家、工程師、發明家、軍工裝備製造商和炸藥的發明者，西元 1833 年 10 月 21 日出生於斯德哥爾摩，西元 1896 年 12 月 10 日逝世。

　　諾貝爾一生擁有 355 項發明專利，並在歐美等五大洲 20 個國家開設了約 100 家公司和工廠，累積了鉅額財富。

　　西元 1895 年，諾貝爾立遺囑將其遺產的大部分（約 920 萬美元）作為基金，將每年所得利息設立諾貝爾獎，分為物理學獎、化學獎、生理學或醫學獎、文學獎及和平獎 5 種獎金，授予世界各國在這些領域對人類作出重大貢獻的人。

　　為了紀念諾貝爾作出的貢獻，人造元素鍩（Nobelium）以諾貝爾命名。1968 年，瑞典國家銀行在成立 300 週年之際，捐出大額資金給諾貝爾基金，增設「瑞典國家銀行紀念諾貝爾經濟科學獎」。該獎於 1969 年首次頒發，人們習慣上稱這個額外的獎項為諾貝爾經濟學獎。

　　(1)諾貝爾物理學獎：由瑞典科學研究院決定，頒發給對於物理方面有重要發明和發現的人。

　　(2)諾貝爾化學獎：由瑞典科學研究院決定，頒發給在化學領域有重要發現和改良的人。

　　(3)諾貝爾生理學或醫學獎：由斯德哥爾摩加羅林學會決定，頒發給在生理學或醫學上有重要發現的人。

　　(4)諾貝爾文學獎：由斯德哥爾摩學術院決定，頒發給對文學思想有啟發引導作用的人。

　　(5)諾貝爾和平獎：由挪威議會組成的五人委員會決定，頒發給為促進國際的友好關係，且為和平會議的設立和普及竭盡心力，在軍備的廢除和縮減上有重要貢獻的人。

　　據相關資料統計，截至 2018 年，世界上諾貝爾獎人數（校友、教職員及正式研究人員）最多的十所大學分別是：①美國哈佛大學（158 位），②英國劍橋大學（118 位），③美國加州大學柏克萊分校（107 位），④美

國芝加哥大學（98 位），⑤美國哥倫比亞大學（96 位），⑥美國麻省理工學院（93 位），⑦美國史丹佛大學（83 位），⑧美國加州理工學院（73 位），⑨英國牛津大學（69 位），⑩美國普林斯頓大學（65 位）。

評選過程和規定：

（1）每年 9 月至次年 1 月 31 日，接受各項諾貝爾獎推薦的候選人。通常每年推薦的候選人有 1,000 ～ 2,000 人。

（2）具有推薦候選人資格的有：以往的諾貝爾獎得主、諾貝爾獎評委會委員、特別指定的大學教授、諾貝爾獎評委會特邀教授、作家協會主席（文學獎）、國際性會議和組織（和平獎）。

（3）不得毛遂自薦。

（4）瑞典政府和挪威政府無權干涉諾貝爾獎的評選。

（5）2 月 1 日起，各項諾貝爾獎評委會對推薦的候選人進行篩選、審定，工作情況嚴加保密。

（6）10 月中旬，公布各項諾貝爾獎得主名單。

（7）每年 12 月 10 日是諾貝爾逝世紀念日，在斯德哥爾摩和奧斯陸分別舉行隆重的諾貝爾獎頒獎儀式，瑞典國王及王后出席並授獎。

諾貝爾獎軼事：

法國籍波蘭裔科學家瑪麗‧斯克沃多夫斯卡‧居禮（居禮夫人），第一位獲得諾貝爾獎的女性，第一位兩次在不同領域獲得諾貝爾獎的人：1903 年物理學獎（發現放射性與釙元素）和 1911 年化學獎（提煉出鐳）。

美國科學家萊納斯‧鮑林，1954 年化學獎（化學鍵的研究）和 1962 年和平獎（反對核武器在地面測試）。

美國科學家約翰‧巴丁，第一位兩次在物理學領域獲得諾貝爾獎的

人：1956 年物理學獎（發明電晶體）和 1972 年物理學獎（建立低溫超導 BCS 理論）。

英國科學家弗雷德里克．桑格，第一位兩次在化學領域獲得諾貝爾獎的人：1958 年化學獎（測定胰島素分子的結構）和 1980 年化學獎（DNA 序列的確定方法）。

諾貝爾獎原則上僅能授予在世者，但有三次例外：

（1）1931 年諾貝爾文學獎得主艾瑞克．阿克塞爾．卡爾費爾特（Erik Axel Karlfeldt）。

（2）1961 年諾貝爾和平獎得主道格．哈瑪紹（Dag Hammarskjöld）。

（3）2011 年諾貝爾生理學或醫學獎得主瑞夫．史坦曼（Ralph M. Steinman）。

▌「氬」的發現

氬，非金屬元素，是單原子分子，單質為無色、無臭和無味的氣體，是稀有氣體中在空氣中含量最多的一個，也是目前最早發現的稀有氣體。氬的化學性質極不活潑，但是已製得其化合物 —— 氟氬化氫。氬不能燃燒，也不能助燃。氬的最早用途是向電燈泡內充氣。銲接和切割金屬也使用大量的氬。用作電弧銲接不鏽鋼、鎂、鋁和其他合金的保護氣體，即氬弧焊。

西元 1785 年由亨利．卡文迪許製備出來，但他當時卻沒有意識到這是一種新的元素；直到西元 1894 年，約翰．威廉．斯特拉特和蘇格蘭化學家威廉．拉姆齊（William Ramsay）透過實驗才確定氬是一種新元素。他們先從空氣樣本中去除氧、二氧化碳、水氣等後將得到的氮氣與從氨

分解出的氮氣比較，結果發現從氨裡分解出的氮氣比從空氣中得到的氮氣輕 1.5%。雖然這個差異很小，但是已經大到誤差範圍之外了。

拉姆齊將在空氣中提取的氬移除了其中的所有氮，由其和熱的鎂反應實現，形成固態的氮化鎂。之後他得到了一種不發生反應的氣體，當檢查其光譜後，他看到了一組新的紅色和綠色的線，從而確認這是一種新的元素。

西元 1894 年 8 月 13 日，英國科學協會在牛津開會，瑞利作報告，根據馬丹（H. G. Madan）主席的建議，把新的氣體稱為 Argonium（希臘文，意為不工作、懶惰），元素符號 Ar。所以那時把氬稱為惰性氣體，在門得列夫週期表上喜添一個（類）新成員。

▌ 科學史上的幾大遺憾

（1）門得列夫未獲得諾貝爾獎

（2）羅莎琳‧富蘭克林未獲獎

我們都知道 DNA 的雙螺旋結構，卻很少有人知道羅莎琳‧富蘭克林的名字，事實上她才是發現 DNA 雙螺旋結構的關鍵。她利用 X 射線繞射技術完成了對 DNA 的拍照，清晰分辨出了 DNA 的兩種結構，從而啟發華生（James Watson）和克里克（Francis Crick）悟出了 DNA 的雙螺旋結構。可惜的是，華生和克里克拿到諾貝爾獎時，羅莎琳已經去世四年了。

（3）亨利‧莫斯利死於戰場

被稱為「現代化學奠基人」之一的英國化學家莫斯利提出了原子序數，修正了門得列夫的元素週期表，卻作為一名工程兵中尉在第一次世

界大戰中於土耳其的格利博盧陣亡，年僅 27 歲。有人說從莫斯利已經獲得的成就來看，「他的死亡是這場戰爭中對全人類而言代價最為慘重的犧牲」。如果莫斯利能活下來，無論科學的發展多麼難以預料，他會獲得諾貝爾物理學獎這一點則是可以肯定的。西格巴恩（Kai Siegbahn）繼承了莫斯利的研究工作，並獲得了諾貝爾獎。從此，英國政府開始正式禁止重要的科學家參戰。

（4）1948 年諾貝爾生理學或醫學獎頒給了合成 DDT 的瑞士化學家穆勒（Paul Hermann Müller）

DDT 作為一種高效殺蟲劑，當時被認為對人類無害，價格低廉。使用過 DDT 的莊稼地，糧食大豐收。美國農民甚至用 DDT 相互噴灑，歡慶豐收。

但當被全球大面積使用後，科學家發現，DDT 其實對人和動物有害！醫學研究發現，DDT 會影響人體荷爾蒙分泌和具有殺精作用，對肝臟功能也有影響，甚至可能致癌。

1972 年全球多國開始禁用 DDT。到如今，除了少數非洲國家外，已很少見到 DDT 了。

176
范德瓦耳斯（西元 1837 － 1923 年）

一直沒搞懂，為什麼化學書上叫范德華。

> 約翰尼斯‧迪德里克‧范德瓦耳斯 (Johannes Diderik van der Waals)，通常稱為范德瓦耳斯或范德華，西元 1837 年（清朝道光十七年，農曆丁酉雞年。美國人摩斯〔Samuel F. B. Morse〕發明有線電報）出生於荷蘭萊頓，物理學家。

他以題為「論氣態和液態的連續性」的論文獲得了博士學位。在這篇論文中，他提出了自己的連續性思想。他認為，儘管人們在確定壓強時除了考慮分子的運動外，還要考慮其他因素，但是在物質的氣態和液態之間並沒有本質區別，需要考慮的一個重要因素是分子之間的吸引力和這些分子所占的體積，而這兩點在理想氣體中都被忽略了。從以上考慮出發，他得出了非理想氣體的狀態方程式，即著名的范德瓦耳斯方程式：

$$\left(p - \frac{a}{V^2}\right)(V-b) = RT$$

其中，p、V 和 T 分別代表氣體的壓強、體積和溫度，R 是氣體常數，a 代表分子之間的相互吸引，b 為分子的體積，且 a、b 對於不同的氣體有不同的值。

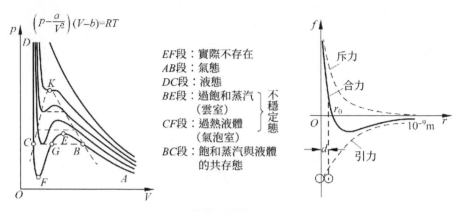

實際氣體狀態方程式

　　由於對氣體和液體的狀態方程式所做的工作，獲得 1910 年諾貝爾物
理學獎。

177
馬赫（西元 1838 年 — 1916 年）

包立的教父，多少人的精神教父。

今天提到馬赫，人們首先想到速度。馬赫即音速，小於 1 者為亞音速，馬赫數大於 5 左右為超高音速。其實，它的提出者恩斯特・馬赫當時在歐洲享有盛譽。

恩斯特・馬赫（Ernst Mach），奧地利－捷克物理學家、心理學家和哲學家，馬赫主義的創始人。馬赫數和馬赫帶效應因其得名。西元 1838 年（清道光十八年，戊戌狗年）生於摩拉維亞（現屬捷克）。馬赫熱愛大自然，善於觀察和思考，但算是沒有多少天賦的少年。4 歲時到維也納，父親親自教他希臘文、拉丁文、現代語言、歷史、幾何和其他課程，在父親的影響下迷戀上科學。

西元 1867 年，馬赫任布拉格大學物理學教授，1901 年就任奧地利貴族院議員。他在力學、聲學、光學、熱學、流動力學以及電學等許多方面都有重要建樹。提出了超聲學原理和後來以其名字命名的馬赫數。馬赫數成為流體力學中的一個常用概念，即物體（如飛機）在流體中的運動速度與聲音在流體中的速度之比。

馬赫不僅是一位實驗物理學家，還是一位具有批判精神的理論物理學家，寫了幾部富有濃厚認識論色彩和歷史觀點的著作：《功守恆定律的

歷史和根源》、《力學史評》、《熱學原理》、《物理光學》。馬赫其他著名的
科學和哲學著作包括《感覺的分析》、《認識和謬誤》、《空間和幾何》、《文
化和力學》，以及在他逝世後出版的《物理光學原理》。其中《力學史評》
幾乎傳遍世界，對物理學的發展產生了深刻的影響。馬赫在這部書中，
從經驗論的觀點對力學概念和原理作了歷史性的考察。他在書中對牛頓
的絕對時間、絕對空間的批判以及對慣性的理解，是極有啟發性的思想；
但在當時並沒有成為物理學家們共同的財富。這個思想對愛因斯坦建立
廣義相對論發揮過積極的作用，成了寫出引力場方程式的依據。後來愛
因斯坦把他的這一思想稱為馬赫原理。

　　馬赫是最早對古典物理學提出批評的學者之一，20 世紀物理學的兩
大傑出成果，即相對論和量子力學的創立，都受到馬赫的積極影響和啟
發。但是他的哲學思想在一定程度上影響了他的科學研究，使他長期否
認力、場、原子、分子的客觀存在。

　　1910 年到 1914 年，斯德哥爾摩的諾貝爾委員會收到許多科學家的信
和呼籲書，提名恩斯特・馬赫為諾貝爾物理學獎的候選人。在這些書信
中，勞侖茲 (Hendrik Lorentz) 讚揚馬赫的「美妙的工作」，特別是聲學和
光學方面的工作，至今仍未失去光輝，他補充說，「所有的物理學家」都
知道馬赫的歷史和方法論著作，並且「許多物理學家尊稱他為大師，是
他們的思想導師」。愛因斯坦在他的《愛因斯坦自述》(*Express Oneself By
Einstein*) 中承認，馬赫的《力學史評》曾對他產生了深刻的影響，馬赫的
批判論證的範例是他發現相對論所必需的。他寫了一封信給馬赫，自稱
為「敬仰您的學生」。幾年以後，愛因斯坦在 1916 年對馬赫的悼詞中，更
為引人注目地說：「我甚至相信，那些自命為馬赫的反對者的人，幾乎不
知道他們曾經如同吸他們母親的奶那樣吮吸了多少馬赫的思考方式。」同

年，發表在德國《物理學雜誌》上的愛因斯坦悼念馬赫去世的文章中說，馬赫「對牛頓水桶實驗的那些看法顯示他的思想與普遍意義的相對性（加速度的相對性）要求多麼接近」。而 1930 年 9 月 18 日愛因斯坦在一封信中敘述廣義相對論的來源時，他也十分肯定地說：「可以十分正確地認為馬赫是廣義相對論的先驅」。F. 布朗的提名信指出，既然諾貝爾獎要授予新的時空理論，首先應該授予馬赫，因為他是思想上最早的創導者，又是傑出的實驗物理學家；布朗堅持認為，馬赫透過「他的明晰的、深刻的物理學歷史研究」和哲學澄清，產生了廣泛的影響。

馬赫於 1901 年退休，但仍在家繼續從事科學著述。馬赫在不幸癱瘓之後，並沒有向冷酷的現實低頭，他以頑強的意志和過人的精力與命運抗爭，做出了令正常人也難以想像和完成的工作。

1916 年 2 月在德國特斯特騰，馬赫因患心臟病不癒而安詳地合上了他的雙眼，享壽 78 歲零一天。一個不斷噴湧新思想的大腦永遠停止了思考，一位從不知道疲倦的偉大的人永遠地安息了！馬赫生前留下遺囑，他的葬禮應該「最大可能的節省」，節省下來的錢捐贈普及教育協會和維也納社會民主黨的機關報《工人報》。他的家人遵照死者的遺願，葬禮簡樸而肅穆。卡魯斯用如下語句描述了馬赫的火葬儀式：「他躺在冷杉樹叢之中，他最近喜愛在冷杉樹下消磨時光。他的左手旁放著枴杖，這根手杖 16 年來是他的忠實夥伴。他頭上戴著月桂花環，這是他女兒親手編織的。2 月 22 日清晨，馬赫教授的遺體被十分平靜地送入火焰之中。」

178
瑞利（西元 1842 年－ 1919 年）

466 篇論文中，沒有一篇是無足輕重的。

原名約翰·威廉·斯特拉特（John William Strutt），尊稱瑞利男爵三世（Third Baron Rayleigh），西元 1842 年（清道光二十二年，王寅虎年。魏源寫成《海國圖志》；蘇格蘭物理學家、化學家、發明家詹姆斯·杜瓦〔James Dewar〕，法國作家小仲馬出生，法國作家司湯達〔Stendhal〕逝世）出生於英國埃塞克斯郡莫爾登的朗弗德林園。他的父親是第二世男爵約翰·詹姆斯·斯特拉特（John James Strutt, 2nd Baron Rayleigh）。因繼承了祖父和父親的爵位，他在 32 歲時，就根據英國的習慣，稱為瑞利男爵三世，科學界一般則簡稱他為瑞利爵士。

瑞利以嚴謹、廣博、精深著稱，並善於用簡單的裝置做實驗而獲得十分精確的資料。他是 19 世紀末達到經典物理學巔峰的少數學者之一，在眾多學科中都有成果，其中尤以光學中的瑞利散射和瑞利判據、物性學中的氣體密度測量幾方面影響最為深遠。1900 年瑞利從統計物理學的角度提出一個關於熱輻射的公式，即後來所謂的瑞利－金斯公式：在長波區域，輻射的能量密度正比於絕對溫度。這一結果與實驗符合得很好，為量子論的出現奠定了基礎。瑞利密切注意量子論和相對論的出現和發展。他對聲光相互作用、機械運動模式、非線性振動等項目的研

究，對整個物理學的發展都具有深遠影響。1904 年，因「研究氣體密度，並從中發現氬」，瑞利被授予諾貝爾物理學獎。

西元 1861 年進入劍橋大學三一學院學習數學，先後於西元 1865 年和西元 1868 年獲得學士和碩士學位。

西元 1871 年瑞利與伊夫琳‧鮑爾弗（Evelyn Balfour）結婚，婚後育有三個兒子。其中長子後來成為帝國理工學院物理學教授。

西元 1873 年，他的父親約翰‧詹姆斯‧斯特拉特，第二代瑞利男爵去世，他作為繼承人成為瑞利男爵三世。同年當選為英國皇家學會院士。

西元 1879 年被劍橋大學任命，接替詹姆斯‧克拉克‧馬克士威擔任實驗物理學教授及卡文迪許實驗室主任。

西元 1884 年，瑞利離開劍橋，到自己在埃塞克斯郡的別墅繼續實驗研究。

西元 1887 年－1905 年，他在英國皇家研究所擔任自然哲學教授。

1904 年，瑞利因發現氬獲得諾貝爾物理學獎。

1905 年－1908 年，擔任英國皇家學會會長。

1908 年－1919 年，任劍橋大學校長。

1919 年 6 月，瑞利在埃塞克斯郡威特姆去世。

瑞利把諾貝爾獎金捐贈給卡文迪許實驗室和劍橋大學圖書館。晚年還以很大興趣研究教育問題。

瑞利也許是經典物理學中最大的支柱之一。在瑞利 50 年的科學生涯中，他的創造力具有驚人的穩定性和連貫性。1921 年 12 月，約瑟夫‧湯姆森在西敏寺所作的紀念演講中，對瑞利的科學貢獻作了如下評價：

在構成這幾卷著作的 466 篇論文中，沒有一篇是無足輕重的，沒有一篇不是把論述的課題向前推進的，沒有一篇不是掃除了某種障礙的。在眾多的文章中幾乎找不到一篇因時代的進步而需要修正的。瑞利勳爵以物理學作為自己的領地，拓展了物理學的每一個分支。讀過他文章的人都留下了深刻印象，這不僅是由於他得到的新結果十分完美，而且還在於它們十分清晰和明瞭，使人們對該主題有了新的領會。

179
尼采（西元 1844 年－ 1900 年）

一位飽受精神折磨的哲學家。

> 弗里德里希‧威廉‧尼采（Friedrich Wilhelm Nietzsche），西元 1844 年（清道光二十四年，甲辰龍年）出生於普魯士薩克森州勒肯鎮洛肯村。著名哲學家、語言學家、文化評論家、詩人、作曲家、思想家。被認為是西方現代哲學的開創者，他的著作對宗教、道德、現代文化、哲學，以及科學等領域提出了廣泛的批判和討論。他的寫作風格獨特，經常使用格言和悖論的技巧。尼采對於後代哲學的發展影響極大，尤其是在存在主義與後現代主義方面。

在開始研究哲學前，尼采是一名文字學家。24 歲時尼采成為瑞士巴塞爾大學的德語區古典語文學教授，專攻古希臘語、拉丁文文獻。但在西元 1879 年由於健康問題而辭職，之後一直飽受精神疾病煎熬。西元 1889 年尼采精神崩潰，從此再也沒有恢復，在母親和妹妹的照料下一直活到 1900 年去世。

尼采主要著作有《權力意志》（Der Wille zur Macht）、《悲劇的誕生》（Die Geburt der Tragödie aus dem Geiste der Musik）、《不合時宜的考察》（Unzeitgemässe Betrachtungen）、《查拉圖斯特拉如是說》（Also sprach Zarathustra）、《希臘悲劇時代的哲學》（Philosophie im tragischen Zeitalter der Griechen）、《道德譜系學》(Zur Genealogie der Moral) 等。

對尼采來說，哲學思索是生活，生活就是哲學思索。他創立了不同以往的形態迥異的奇特哲學，展示了自己的哲學思想。他的哲學無須推理論證，沒有體系框架，根本不是什麼理論體系，是他對人生痛苦與歡樂的直接感悟。尼采在他的第一部學術著作——《悲劇的誕生》中就已開始了對現代文明的批判。他指出，在資本主義社會裡，儘管物質財富日益增多，人們並沒有得到真正的自由和幸福。僵死的機械模式壓抑了人的個性，使人們失去自由思想的熱情和創造文化的衝動，現代文化顯得如此頹廢，這是現代文明的病症，其根源是生命本能的萎縮。尼采指出，要醫治現代疾病，必須恢復人的生命本能，並賦予它一個新的靈魂，對人生意義作出新的解釋。他從叔本華那裡受到啟示，也指出世界的本體是生命意志。

如果從世俗的角度來看，尼采的一生是不幸的，他的結局是悲慘的。他是一個典型的「失敗者」：他的思想的發展未能達到預期的目標；在他生活的年代能夠理解他的人寥寥無幾，可怕的孤寂始終包圍著他；最後，病魔緩緩地悄然而至，甚至成了他生命的一部分。反過來，人們也可以這樣說，如果他沒有受疾病的折磨，他的生平與著作都是無法想像的。

但是，任何一個沒有偏見的人拿起尼采的著作，都會發覺它們才氣橫溢、光彩奪目、豪氣沖天。在這些著作中，尼采以非凡的勇氣和驚人的洞察力輕而易舉地顛覆了各種公認的觀念，奚落了一切美德，讚揚了所有的邪惡。尼采並沒有建立一個封閉而龐大的哲學體系，他只寫散文、格言和警句。在他的字裡行間並不證明什麼，只是預告和啟示。但恰恰不是憑藉邏輯推理而憑藉神奇的想像力，他征服了全世界。他獻給

人類的不只是一種新的哲學，也不僅僅是一首詩或一段警句，而是一種新的信仰、新的希望。很可惜，尼采的生命歷程太短暫，閱歷太簡單，還沒有來得及把自己的片面真理發展成智慧。如果他能活得更長一些，如果他能再多得到一些鼓勵，也許他會把自己那粗糙混亂的觀念整理成更和諧優美的哲學。

▋尼采語錄

（1）每一個不曾起舞的日子，都是對生命的辜負。

（2）一個人知道自己為什麼而活，就可以忍受任何一種生活。

（3）我感到難過，不是因為你欺騙了我，而是因為我再也不能相信你了。

（4）人要麼永不做夢，要麼夢得有趣；人也必須學會清醒，要麼永不清醒，要麼清醒得有趣。

（5）我的靈魂平靜而明亮，宛若清晨的群山。可是他們認為，我冷酷，是開著可怕玩笑的嘲諷者。

（6）對待生命你不妨大膽冒險一點，因為好歹你要失去它。如果這世界上真有奇蹟，那只是努力的另一個名字。生命中最難的階段不是沒有人懂你，而是你不懂你自己。

（7）你遭受了痛苦，你也不要向人訴說，以求同情，因為一個有獨特性的人，連他的痛苦都是獨特的，深刻的，不易被人了解。別人的同情只會解除你的痛苦的個人性，使之降低為平庸的煩惱，同時也就使你的人格遭到貶值。

（8）人生沒有目的，只有過程，所謂的終極目的是虛無的。人的情況

和樹相同。它愈想開向高處和明亮處，它的根愈要向下，向泥土，向黑暗處，向深處，向惡。千萬不要忘記：我們飛翔得越高，我們在那些不能飛翔的人眼中的形象越是渺小。

180
波茲曼（西元 1844 年－ 1906 年）

什麼樣的精神混亂才能讓一個天才兩次選擇自殺。

> 路德維希・波茲曼（Ludwig Boltzmann），西元 1844 年（清道光二十四年，甲辰龍年）出生於奧地利維也納，物理學家、哲學家、熱力學和統計物理學的奠基人之一。

歷任格拉茨大學、維也納大學、慕尼黑大學和萊比錫大學教授。西元 1869 年，他將馬克士威速度分布律推廣到保守力場作用下的情況，得到了波茲曼分布律。他發展了馬克士威的分子運動學說，把物理體系的熵和機率連結起來，闡明了熱力學第二定律的統計性質，並引出能量均分理論（馬克士威－波茲曼定律）。他首先指出，一切自發過程，總是從機率小的狀態向機率大的狀態變化，從有序向無序變化。西元 1872 年，波茲曼建立了波茲曼方程式（又稱輸運方程式），用來描述氣體從非平衡態到平衡態過渡的過程。西元 1877 年，波茲曼又提出，用「熵」來量度一個系統中分子的無序程度，並給出熵 S 與無序度 Ω（即某一個客觀狀態對應微觀態數目，或者說是宏觀態出現的機率）之間的關係為 $S = k \ln\Omega$。這就是著名的波茲曼公式，其中常數 $k_B = 1.38 \times 10^{-23}$ J/K，稱為波茲曼常數。他最先把熱力學原理應用於輻射，匯出熱輻射定律，稱斯特藩－波茲曼定律。身為一名物理學家，他最偉大的功績是發展了透過原子的性質（如原子量、電荷量、結構等）來解釋和預測物質的物理性質

（如黏性、熱傳導、擴散等）的統計力學，並且從統計意義對熱力學第二定律進行了闡釋。

波茲曼的一生頗富戲劇性，他獨特的個性也一直吸引著人們的關注。有人說他終其一生都是一個「鄉巴佬」，他自己要為一生的不斷搬遷和無間斷的矛盾衝突負責，甚至他以自殺來結束自己輝煌一生的方式也是其價值觀衝突的必然結果。也有人說，波茲曼是「當時的費曼」。他講課極為風趣、妙語連篇，課堂上經常出現諸如「非常大的小」之類的話語。幽默是他的天性，但他性格中的另一面 —— 自視甚高與極端不自信的奇妙結合對這位天才的心靈損害極大。

他曾兩度自殺。1900 年的那次沒有成功，他陷入了一種兩難境界。再加上晚年接替馬赫擔任歸納科學哲學教授後，幾次哲學課上得不大成功，使他對自己能否把課講好，產生了懷疑。

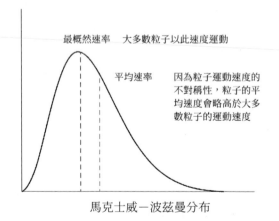

最概然速率　大多數粒子以此速度運動

平均速率　因為粒子運動速度的不對稱性，粒子的平均速度會略高於大多數粒子的運動速度

馬克士威－波茲曼分布

波茲曼的痛苦與日俱增，又沒有別的辦法解脫，他似乎不太可能從外界獲得幫助。如果把他的精神世界也比作一個系統的話，那也是一個孤立系統。按照熵增加原理，孤立系統的熵不可能永遠減小，它是在無情地朝著其極大值增長。也就是說，其混亂程度在朝極大值方向發展。

波茲曼精神世界的混亂成了一個不可逆的過程，他最後只好選擇用自殺的方式來結束其「混亂程度」不斷增加的精神生活。1906 年，在他鍾愛的杜伊諾（當時屬於奧地利，第一次世界大戰後劃給義大利），他選擇自殺的方式讓他那顆久已疲倦的天才心靈安息下來。波茲曼被葬在維也納中央公墓。

後語

差不多十數年來，一直思索寫一本書，把一些歷史人物的事蹟與軼聞呈現給大家。本書挑選了 230 個歷史人物，他們有的貢獻大，有的貢獻小；有的有多個貢獻，有的僅一個發明。但這裡不是為他們寫傳記，而是畫卷式鋪開他們的一個或多個剪影或足跡，有的甚至不一定是主要貢獻。透過閱讀全書，慢慢體會人類文明的發展歷程。如果閱讀本書後，對其中一個或幾個大師留下較深印象，再查詢他們的資料加深對他們生平和貢獻的了解，或閱讀他們的著作，則本書的第一個目的就達到了。本書的另一個目的在於，透過辨認「大師的足跡」和了解大師與眾不同的經歷，或感受大師黃鐘大呂般的聲音，來觸碰大師的思想並增長對其時代、其社會、其經歷的認識，增長閱歷，增加見識。

本書其實也是作者寫給自己的書。曾經在圖書館流連，在書店駐足，卻找不到一本類似的讀物。物理學史的只講物理學家；科學史的把數學、物理與化學各分篇目，而對其他領域的大師、天才巨匠視而不見，文明的發展歷程被分割在不同學科狹長的格子裡；多數書籍往往把東西方文明機械割裂開來，又常常厚此薄彼，讓人產生人類文明只有一個源流的錯覺；各類書籍只講大師巨匠的光輝貢獻而對他們或痛苦或曲折或快意恩仇或勇士般戰鬥的經歷或有時無助的呼喚甚至呻吟避而不談。在失望與無奈之際，作者嘗試為自己寫一本這樣的書。

所挑選的這些大師，從提出「水生萬物，萬物復歸於水」被譽為古希臘智慧第一人的天才泰利斯（本書第一位大師），到智商平平，但靠堅定、勤奮、毅力發現生命密碼而兩獲諾貝爾化學獎的桑格（本書最後一

位大師），他們大多被汗牛充棟的傳記及各式各樣的書籍和體裁不一的紀念文章所記錄或描述。作者只是把這些東西南北不同領域時間跨度近3,000 年的 230 位巨人都攝取一幀定格，以他們的生平貢獻和喜怒哀樂來窺視他們的時代，和他們的靈魂做一次短暫的交流。讓他們的思想在頭腦裡形成同頻共振，喚起內心的共鳴。

但由於作者知識範疇的限制，在人物選取和事蹟的選擇、取捨和描述上，存在諸多不足甚至謬誤，唯望本書能拋磚引玉。在編撰過程中，作者參考了大量的書籍及網路資料（包括匿名和佚名的），作者在此謹向原著者及其出版機構表示衷心感謝！可能還有一些文獻和資料的出處未能標出，作者在此誠致歉意。

參考文獻

[1] 米夏埃爾·艾克特·阿諾爾德·索末菲傳 —— 原子物理學家與文化信使 [M]·方在慶，何鈞，譯·長沙：湖南科學技術出版社，2018·

[2] 安德列婭·伍爾夫·創造自然：亞歷山大·馮·洪堡的科學發現之旅 [M]·邊和，譯·杭州：浙江人民出版社，2018·

[3] 周明儒·從尤拉的數學直覺談起 [M]·北京：高等教育出版社，2009·

[4] 馮八飛·大家手筆 [M]·北京：北京工業大學出版社，2011·

[5] 劉樹勇，白欣，周文臣，等·大眾物理學史 [M]·濟南：山東科學技術出版社，2015·

[6] 西奧尼·帕帕斯·發現數學原來這麼有趣 [M]·李中，譯·北京：電子工業出版社，2008·

[7] G·K·切斯特頓·方濟各傳 阿奎那傳 [M]·王雪迎，譯·北京：生活、讀書、新知三聯書店，2016·

[8] 勞拉·費米·費米傳 [M]·何芬奇，譯·北京：商務印書館，1997·

[9] 倪光炯，王炎森，錢景華，等·改變世界的物理學 [M]·上海：復旦大學出版社，2016·

[10] 亞當·哈特·戴維斯·改變物理學的 50 個實驗 [M]·陽曦，譯·北京：北京聯合出版公司，2017·

[11] 焦維新，鄒鴻·行星科學 [M]·北京：北京大學出版社，2009·

[12] 卡邁什瓦爾‧C‧瓦利‧孤獨的科學之旅（錢德拉塞卡傳）［M］‧何妙福，傅承啟，譯‧上海：上海科學教育出版社，2006‧

[13] 約翰‧德雷爾‧行星系統［M］‧王影，譯‧武漢：湖北科技出版社，2016‧

[14] J‧R‧柏廷頓‧化學簡史［M］‧胡作玄，譯‧北京：中國人民大學出版社，2010‧

[15] B‧И‧阿諾爾德‧惠更斯與巴羅，牛頓與胡克［M］‧李培廉，譯‧北京：高等教育出版社，2013‧

[16] 保羅‧A‧蒂普勒‧近代物理基礎及其應用［M］‧翻譯組，譯‧上海：上海科學技術出版社，1981‧

[17] 吳國勝‧科學的歷程［M］‧北京：北京大學出版社，2002‧

[18] 尼古拉‧查爾頓，梅瑞迪斯‧麥克阿德‧科學簡史［M］‧李一汀，譯‧北京：中國友誼出版公司，2018‧

[19] 恩斯特‧彼得‧費舍爾‧科學簡史：從亞里斯多德到費恩曼［M］‧陳恆安，譯‧杭州：浙江人民出版社，2018‧

[20] 特德‧戈策爾‧科學與政治的一生：萊納斯‧鮑林傳［M］‧劉立，譯‧上海：東方出版中心，2002‧

[21] 胡陽，李長鐸‧萊布尼茲：二進位制與伏羲八卦圖考［M］‧上海：上海人民出版社，2006‧

[22] 喬治‧約翰森‧歷史上最美的 10 個實驗［M］‧王悅，譯‧北京：人民郵電出版社，2010‧

[23] 羅伯特‧P‧克里斯‧歷史上最偉大的 10 個方程［M］‧馬瀟瀟，譯‧北京：人民郵電出版社，2010‧

[24] 婆什迦羅‧莉拉沃蒂 [M]‧徐澤林，譯‧北京：科學出版社，2008‧

[25] 華特‧艾薩克森‧列奧納多‧達文西傳 [M]‧汪冰，譯‧北京：中信出版社，2018‧

[26] 艾薩克‧邁克菲‧迷人的物理 [M]‧謝曉禪，譯‧北京：人民郵電出版社，2017‧

[27] 羅曼‧羅蘭‧名人傳 [M]‧傅雷，譯‧北京：中國文聯出版社，2017‧

[28] 羅布‧艾利夫‧牛頓新傳 [M]‧萬兆元，譯‧南京：譯林出版社，2015‧

[29] 陳志謙，穆鋒‧泡利對近代物理學的貢獻 [J]‧物理通報，1995，7：38‧

[30] 方誌遠‧千古一人蘇東坡 [M]‧北京：中國社會出版社，2009‧

[31] 史鈞‧千古一相王安石 [M]‧廈門：鷺江出版社，2008‧

[32] 項武義，張海潮，姚珩‧千古之謎與幾何天文物理兩年 [M]‧北京：高等教育出版社，2003‧

[33] S‧錢德拉塞卡‧莎士比亞、牛頓和貝多芬：不販創造模式 [M]‧楊建鄰，王曉明，譯‧長沙：湖南科學技術出版社，2007‧

[34] 楊建鄰‧上帝與天才的遊戲：量子力學史話 [M]‧北京：商務印書館，2017‧

[35] 曹天元‧上帝擲骰子嗎？ —— 量了物理史話 [M]‧北京：北京聯合出版公司，2013‧

[36] 布萊恩‧克萊格‧十大物理學家 [M]‧向夢龍，譯‧重慶：重慶出版社，2017‧

參考文獻

[37] 克卜勒・世界的和諧 [M]・張卜天，譯・北京：北京大學出版社，
    2011・

[38] 王鴻生・世界科學技術史 [M]・北京：中國人民大學出版社，
    2016・

[39] 梁衡・數理化通俗演義 [M]・北京：北京聯合出版公司，2015・

[40] 埃裡克・坦普爾・貝爾・數學大師：從芝諾到龐加萊 [M]・徐源，
    譯・上海：上海科技教育出版社，2012・

[41] 理查・曼凱維奇・數學的故事 [M]・馮速，譯・海口：海南出版社，
    2014・

[42] E・T・貝爾・數學菁英 [M]・徐源，譯・北京：商務印書館，
    1991・

[43] 約安・詹姆斯・數學巨匠：從尤拉到馮・諾依曼 [M]・潘澍原，譯・
    上海：上海科學技術出版社，2016・

[44] 李文林・數學史概論 [M]・北京：高等教育出版社，2011・

[45] 麥可・J・布拉德利・數學天才的時代 [M]・展翼文，譯・上海：上
    海科學技術文獻出版社，2014・

[46] 湯姆・傑克遜・數學之旅 [M]・顧學軍，譯・北京：人民郵電出版
    社，2014・

[47] 東方慧子・唐宋八大家故事集 [M]・武漢：武漢大學出版社，2015・

[48] 麥可・J・布拉德利・天才的時代：1300 —— 1800 年 [M]・展翼
    文，譯・上海：上海科學技術文獻出版社，2011・

[49] 威廉・鄧納姆・天才引領的歷程：數學中的偉大定理 [M]・李繁榮，
    譯・北京：機械工業出版社，2016・

[50] 尼古拉·哥白尼·天體運行論 [M]·徐萍，譯·北京：北京理工大學出版社，2017·

[51] 楊天林·天文的故事 [M]·北京：科學出版社，2018·

[52] G·伏古勒爾·天文學簡史 [M]·李珩，譯·北京：中國人民大學出版社，2010·

[53] 伊什特萬·豪爾吉陶伊·通往斯德哥爾摩之路：諾貝爾獎、科學和科學家 [M]·節豔麗，譯·上海：上海世紀出版集團，2007·

[54] 米卡埃爾·洛奈·萬物皆數：從史前時期到人工智慧，跨越千年的數學之旅 [M]·孫佳雯，譯·北京：北京聯合出版公司，2018·

[55] 梁啟超·王安石傳 [M]·北京：東方出版社，2009·

[56] 南宋布衣·王安石與司馬光的巔峰對決 [M]·杭州：浙江人民出版社，2009·

[57] 馬克思·玻恩·我們這一代的物理學 [M]·侯德彭，譯·北京：商務印書館，2015·

[58] 威廉·鄧納姆·微積分的歷程：從牛頓到勒貝格 [M]·李伯民，譯·北京：人民郵電出版社，2010·

[59] 郭伯南，包倩怡·文明的步伐 [M]·北京：五洲傳播出版社，2009·

[60] 吳京平·無中生有的世界：量子力學外傳 [M]·北京：北京時代華文書局，2018·

[61] 包景東·物含妙理：像費恩曼那樣機智地教與學 [M]·北京：清華大學出版社，2018·

[62] 朱恆足·物理五千年 [M]·武漢：湖北科技出版社，2018·

[63] 亞里斯多德·物理學 [M]·張竹明，譯·北京：商務印書館，1982·

[64] 弗·卡約裡·物理學史 [M]·戴念祖，譯·北京：中國人民大學出版社，2010·

[65] 郭奕玲，沈慧君·物理學史 [M]·北京：清華大學出版社，2013·

[66] 胡化凱·物理學史二十講 [M]·合肥：中國科學技術大學出版社，2010·

[67] 趙敦華·西方哲學簡史 [M]·北京：北京大學出版社，2012·

[68] 伯特蘭·羅素·西方哲學史 [M]·劉常州，譯·西安：陝西師範大學出版社，2010·

[69] 喬治·薩頓·希臘劃時代的科學與文化 [M]·魯旭東，譯·鄭州：大象出版社，2012·

[70] 喬治·薩頓·希臘黃金時代的古代科學 [M]·魯旭東，譯·鄭州：大象出版社，2010·

[71] 王國強·新天文學的起源 [M]·北京：中國科學技術出版社，2010·

[72] 穆勒·約翰·穆勒自傳 [M]·鄭曉嵐，等譯·北京：華夏出版社，2007·

[73] 詹姆斯·R·威爾克爾·約翰內斯·克卜勒與新天文學 [M]·劉堃，譯·西安：陝西師範大學出版社，2004·

[74] 汪振東·在悖論中前行：物理學史話 [M]·北京：人民郵電出版社，2018·

[75] 羅伯特·卡尼格爾·知無涯者 [M]·胡樂士，譯·上海：上海科技教育出版社，2008·

[76] 吳文俊·著名數學家傳記 [M]·北京：科學出版社，2003·

[77] 盧曉江·自然科學史十二講 [M]·北京：中國輕工業出版社，
2011·

[78] 艾薩克·牛頓·自然哲學的數學原理 [M]·余亮，譯·北京：北京
理工大學出版社，2017·

[79] 林言椒，何承偉·中外文明同時空 [M]·上海：上海錦繡文章出版
社，2009·

[80] 曹則賢·驚豔一擊：數理史上的絕妙證明 [M]·北京：外語教學與
研究出版社，2019·

[81] 松鷹·科學巨人的故事：馬克士威 [M]·太原：希望出版社，
2014·

[82] 達納·麥肯齊·無言的宇宙：隱藏在 24 個數學公式背後的故事
[M]·李永學，譯·北京：北京聯合出版公司，2015·

[83] 伯特蘭·羅素·西方的智慧 [M]·張卜天，譯，北京：商務印書館，
2019·

[84] 魏鳳文，高新紅·仰望量子群星 [M]·杭州：浙江教育出版社，
2016·

參考文獻

時間軸

泰利斯　阿那克西曼德　畢達哥拉斯　老子　孔子　赫拉克利特　希帕索斯　芝諾　墨子　蘇格拉底　恩諾皮德斯　德謨克利特　默冬　柏拉圖　第歐根尼　甘德　亞里斯多德　孟子　莊子　色諾克拉底　伊壁鳩魯　歐幾里得　阿里斯塔克斯　韓非　埃拉托斯特尼　阿波羅尼斯　喜帕恰斯　董仲舒　司馬遷

西元前600年　西元前500年　西元前400年　西元前200年　西元元年

第二婆什迦羅　奧瑪·開儼　蘇軾　沈括　王安石　司馬光　歐陽修　賈憲　范仲淹　伊本·西那　比魯尼　拉齊　花拉子米　柳宗元　劉禹錫　韓愈　酈道元　祖沖之　希帕提婭　帕普斯　丟番圖　劉徽　張仲景　加倫　托勒密　蔡倫　王充　波希多尼

西元1100年　西元500年　西元100年

斐波那契　秦九韶　楊輝　培根　郭守敬　但丁　佩脫拉克　薄伽丘　鄭和　達文西　馬基維利　哥白尼　米開朗基羅　麥哲倫　拉斐爾　卡丹諾　李時珍　吉爾伯特　第谷　徐光啟　莎士比亞　伽利略　克卜勒　哈維　宋應星　笛卡兒　費馬　托里拆利　黃宗羲　波以耳　惠更斯　賓諾沙

西元1500年　西元1700年

道耳頓　湯普森　歌德　拉普拉斯　詹納　蒙日　拉瓦節　孔多塞　舍勒　赫歇爾　拉格朗日　庫侖　卡文迪許　康德　亞當斯　狄德羅　盧梭　休謨　尤拉　林奈　富蘭克林　丹尼爾·白努利　伏爾泰　布拉德雷　哥德巴赫　孟德斯鳩　約翰·白努利　哈雷　雅各布·白努利　佛蘭斯蒂德　牛頓　虎克　雷文霍克

西元1800年

洪堡　貝多芬　黑格爾　湯瑪士·楊格　安培　亞佛加厥　奧斯特　高斯　戴維　給呂薩克　夫朗和斐　菲涅耳　柯拉第　法拉第　雪萊　羅巴切夫斯基　卡諾　海涅　費爾拉佩龍　草伯　密勒　達爾文　焦耳

黎曼　克耳文　克勞修斯　巴斯德　克希荷夫　斯托克斯　孟德爾　柴比雪夫　亥姆霍茲　克勞修斯　克耳文　黎曼

西元1900年

伍連德　勞厄　愛因斯坦　朗之萬　索末菲　居禮夫人　羅曼·羅蘭　能斯特　希爾伯特　布拉格　泰戈爾　詹天佑　普朗克　赫茲　佛洛伊德　龐加萊　勞侖茲　昂尼斯　邁克生　貝克勒　巴夫洛夫　倫琴　克萊因　波茲曼　尼采　瑞利　馬赫　范德瓦耳斯　門得列夫　馬克士威　托爾斯泰　杜南

弗萊明　戴維森　諾特　愛丁頓　玻恩　德拜　波耳　拉馬努金　薛丁格　拉塞福　德布羅意　玻色　包立　費米　海森堡　鮑林　狄拉克　馮紐曼　布洛赫　朗道　錢德拉塞卡　圖靈　吳健雄　克里克　費曼　桑格

時間軸　→

西元2000年

顛覆者，大師的足跡—— 17 世紀中葉至 19 世紀末：

從伽利略到尼采，歷史上那些改變科學與哲學面貌的關鍵人物

編　　著：陳志謙，陳樂濛

發 行 人：黃振庭

出 版 者：崧燁文化事業有限公司

發 行 者：崧燁文化事業有限公司

E-mail：sonbookservice@gmail.com

粉 絲 頁：https://www.facebook.com/
　　　　　sonbookss/

網　　址：https://sonbook.net/

地　　址：台北市中正區重慶南路一段六十一號八
　　　　　樓 815 室

Rm. 815, 8F., No.61, Sec. 1, Chongqing S. Rd.,
Zhongzheng Dist., Taipei City 100, Taiwan

電　　話：(02)2370-3310

傳　　真：(02)2388-1990

印　　刷：京峯數位服務有限公司

律師顧問：廣華律師事務所 張珮琦律師

-版權聲明

定　　價：520 元

發行日期：2024 年 05 月第一版

◎本書以 POD 印製

Design Assets from Freepik.com

國家圖書館出版品預行編目資料

顛覆者，大師的足跡—— 17 世紀
中葉至 19 世紀末：從伽利略到尼
采，歷史上那些改變科學與哲學面
貌的關鍵人物 / 陳志謙，陳樂濛 編
著 .-- 第一版 .-- 臺北市：崧燁文
化事業有限公司 , 2024.05
面；　公分
POD 版
ISBN 978-626-394-258-5(平裝)
1.CST: 世界傳記
781　　　113005341

電子書購買

臉書

爽讀 APP